ESTRATÉGIA

O Conhecimento Secreto
de Alexandre o Grande

Manuel Bogado

ESTRATÉGIA. O CONHECIMENTO SECRETO
DE ALEXANDRE O GRANDE

Edição: Siwa Books

Design Interior: Ivan Moretti

Foto da Capa: *Table des Grands Capitaines* - Royal Collection Trust

Imagem da dedicatória: A musa Clio © Arquivo Fotográfico
Museo Nacional do Prado

Primeira edição portuguesa - 2024

D. R. © 2022, MANUEL BOGADO

ISBN: Capa Flexível | 978-2-2135-1880-0
ISBN: Capa Dura | 978-2-2372-7315-0
ISBN: eBook | 978-2-2834-7626-0

Copyright - Número de Controle da Biblioteca do Congresso: 1-11824458611

Todos os direitos reservados. Nenhuma parte deste livro pode ser reproduzida de forma alguma ou por qualquer meio, eletrônico, mecânico, fotocópia, gravação ou outro, sem a permissão expressa por escrito do autor.

Para Alessandra

Índice

Prefácio 13

PRIMEIRA PARTE

1 - A Mesa dos Grandes Comandantes de Napoleão 23
2 - Sun Tzu e a importância da Estratégia 31
   I. O Rei Helü e Sun Tzu 32
   II. Em busca da essência do Método 33
3 - Em busca do Segredo da Estratégia 39
   I. Igor Ansoff, Michael Porter e The Economist 39
4 - O significado da Estratégia 45
   I. Queroneia e o strategos 45
   II. O que é Estratégia? Stratos - strategos - strategia 47
5 - As Três Maneiras de Transmitir o Conhecimento 51
   I. O Segredo da Estratégia - Decodificando o conhecimento esotérico 51
   II. Conhecimento comum, exotérico e esotérico. A medicina como exemplo de conhecimento comum, exotérico e esotérico 52
   III. Estratégia: um conhecimento originalmente esotérico 55
6 - A Escola de Estratégia 59
   I. A Escola Real de Pajens da Macedônia - A Escola de Estratégia 62
   II. A reclamação de Alexandre a Aristóteles 64
7 - Jomini e a descoberta dos princípios da arte do strategos 69
   I. Multidimensionalidade da Estratégia 69
   II. O Resgate dos Princípios da Estratégia (Além do termo) 71
   III. Três maneiras de adquirir conhecimento: experiência, observação e tradição 74

8 - Basil Liddell Hart - As mentes dos grandes estrategistas   77
    I. O trauma da Batalha do Somme   77
    II. A Mente dos Grandes Comandantes
    e Estrategistas da História   79

SEGUNDA PARTE

9 - Uma advertência sobre o uso do conhecimento de Estratégia   85
10 - O Princípio Estratégico Essencial   89
    I. O Principio Estratégico Essencial   90
    II. De onde surge o Principio Estratégico Essencial   91
    III. Primeiro Passo - Concentração   92
    IV. Segundo Passo - Concentração em sua fortaleza   93
    V. O Terceiro Passo para o Princípio Estratégico Essencial   96
    VI. Encontrar a dispersão - O que é uma dispersão?   97
11 - Exemplos da aplicação do Princípio Estratégico Essencial   101
    I. Davi e Golias como exemplo da aplicação
    do Principio Estratégico Essencial   101
    II. Davi e o Princípio Estratégico Essencial - Concentração
    em sua força aplicada a uma dispersão   105
    III. A aplicação do Princípio Estratégico Essencial - Até
    as portas de Ecrom   106
    IV. Davi e Golias   107
    V. Conheça a si mesmo, seja você mesmo e foque na Estratégia   108
12 - Steve Jobs, Apple, Microsoft e o Princípio Estratégico Essencial   113
    I. Steve Jobs   113
    II. Saber esperar   116
    III. Primeiro passo e segundo passo: Concentração na força   117
    IV. Terceiro passo: Concentração na força, aplicada à dispersão   118
    V. A dispersão   119
    VI. Microsoft e a dispersão que Jobs buscava   121
    VII. O Retorno da Microsoft   122

VIII. A Variação Competitiva
    do Princípio Estratégico Essencial   125
IX. Conclusão   125

13 - Grande Estratégia   127
    I. O conceito de Grande Estratégia   128
    II. A disputa entre Atena e Poseidon   131
    III. Grande Estratégia   134

14 - Táticas, Estratégia e Grande Estratégia   137
    I. O strategos Isoroku Yamamoto   138
    II. O contexto geopolítico   140
    III. Yamamoto e o Princípio Estratégico Essencial   142
    IV. As ações táticas e o Princípio Estratégico Essencial   144
    V. Princípio Estratégico Essencial. O primeiro passo:
        Concentração em suas fortalezas e concentração de forças   145
    VI. Outro strategos entra em cena   146
    VII. A estratégia de Yamamoto   146
    VIII. Um excelente planejamento tático   147
    IX. Vitória a curto prazo e erros estratégicos   149
    X. Consequências a médio prazo   149
    XI. Consequências a longo prazo - Hiroshima e Nagasaki,
        a vingança por Pearl Harbor   150

15 - As Cinco Sabedorias Estratégicas   153
    I. As Cinco Sabedorias Estratégicas são parte das leis naturais   153
    II. Axiomas - As mentes dos grandes comandantes   154
    III. A intenção dos exemplos e casos neste livro   155

16 - A Primeira Sabedoria Estratégica   157
    I. Ajuste seus objetivos aos seus meios   157
    II. A montanha mais alta   160
    III. O Comando Boina Verde   162
    IV. O Maratonista   163
    V. "Ajuste seus objetivos aos seus meios" - Nada em excesso   164

VI. A montanha e a Grande Estratégia ... 168
VII. A importância da experiência na 1SE ... 169

17 - *Hubris* ... 173

I. Marco Licinio Crasso e a Primeira Sabedoria Estratégica ... 173
II. A Batalha de Carras ... 179
III. Quem eram esses partos que Craso desejava derrotar? ... 180
IV. Breve análise da 1SE e Crasso ... 186
V. Conclusão ... 187
VI. Perguntas para meditar sobre a 1SE e trabalhar o autoconhecimento ... 189

18 - *A Segunda Sabedoria Estratégica* ... 191

I. Não esqueça o objetivo, mas adapte-se às circunstâncias ... 191
II. O iceberg ... 191
III. A realidade e a resiliência ... 192
IV. Alexandre e a Segunda Sabedoria Estratégica ... 194
V. "Ser como a água" uma analogia para a Segunda Sabedoria Estratégica ... 197
VI. O caso de James B. Stockdale ... 199
VII. Primeiro Passo: Ter um objetivo transcendental - Summum Bonum ... 201

19 - *Ferramentas estoicas para cumprir a Segunda Sabedoria Estratégica* ... 205

I. Ferramenta nº 1: Concentre-se apenas no que você pode controlar ... 205
II. Ferramenta nº 2: O Teatro da Vida ... 207
III. A glória não tem preço ... 209
IV. Ferramenta #3: A Andreia - Coragem ... 210

20 - *Amar o destino (amor fati)* ... 213

I. Ferramenta #4: Amor Fati ... 213
II. Hércules ... 215

   III. O Paradoxo Stockdale   220

21 - A Terceira Sabedoria Estratégica   223
   I. Escolha o caminho menos esperado   223
   II. Aníbal Barca - O caminho menos esperado   225
   III. Contexto histórico - Cartago e Roma   226
   IV. Amílcar escolhe o caminho menos esperado   229
   V. Grande Estratégia e a Terceira Sabedoria Estratégica   233

22 - A Quarta Sabedoria Estratégica   235
   I. Ataques frontais não devem ser tentados   235
   II. Caio Flamínio, o campeão do povo   237

23 - Estratégia Fabiana e a Quarta Sabedoria Estratégica   243
   I. Fábio Máximo   243
   II. Horácios vs. Curiácios   249
   III. Das razões pelas quais Alexandre reclamou a Aristóteles   252
   IV. Aníbal e a ausência de uma Grande Estratégia   255
   V. Uma conhecida anedota   259

24 - A Quinta Sabedoria Estratégica   261
   I. Se falhou, não reinicie a ação da mesma maneira.   261
   II. Mentalidade de Crescimento vs. Mentalidade Fixa   263
   III. As duas maneiras de se ver a si mesmo   265
   IV. Da Mente Fixa para a Mente de Crescimento - uma transição possível?   267

25 - A Doma de Bucéfalo   275

Epílogo   281

Bibliografia   285

Sobre o Autor   287

Ouvi dizer que você está ensinando abertamente aquilo que nos ensinou esotéricamente. Quero que saiba que não concordo, pois como poderemos nos diferenciar dos outros em algum conhecimento se aquilo que recebemos de você se torna agora exotérico, assunto comum a todos? Certamente, eu preferiria destacar-me no conhecimento do que é excelente em vez de ser reconhecido pelas grandezas das minhas conquistas e poderes imperiais.

CARTA DE ALEXANDRE O GRANDE, PARA ARISTÓTELES (328 A.C.)

Prefácio

"Quando o aluno está pronto, o mestre aparece", nos diz o pensamento zen, e isso se confirma com esta obra que está em suas mãos. Estamos nos aproximando rapidamente do segundo quarto do século 21, e o grande progresso tecnológico, materialista e consumista que cultivamos e admiramos por tanto tempo deixou um estado permanente de insatisfação e vazio. Grande parte da humanidade parece estar perdida, sem saber a quem ouvir, afogada em uma avalanche de informações e sob a influência do condicionamento profissional de marketing, que tenta convencer o indivíduo de que ele sempre precisa de mais. Essa forma de pensar leva as pessoas, no melhor dos casos, a vitórias pírricas e, no pior dos casos, a um sentimento de fracasso existencial.

No entanto, esta obra fornecerá a você a matéria-prima necessária para uma transformação pessoal. Em suas páginas, você encontrará um conhecimento extremamente relevante e atemporal que o guiará não apenas nos negócios, na carreira, nos esportes ou na política, mas em todos os aspectos da vida. Isso o ajudará a estabelecer as bases mais sólidas para a tomada de decisões em todas as áreas, desde o tático e prático até o estratégico e transcendental. Pois a ciência da vida é a ciência suprema e a arte de viver, a melhor das artes.

Este é um livro sobre Estratégia como nenhum outro que tenha chegado às suas mãos. Nele, você encontrará o conhecimento específico que moldou e guiou o maior estrategista de todos os tempos. Esse conhecimento, que foi considerado esotérico desde tempos imemoriais e, portanto, foi mantido com grande zelo por um grupo seleto de pessoas. É sabido que Alexandre o Grande, foi um gênio, e muito de seu conhecimento lhe foi transmitido por seu professor Aristóteles e por seu pai Filipe II, mas havia um conhecimento no qual ele se destacava mais do que qualquer outro personagem da história: o conhecimento de como pensar e como agir diante dos desafios. Em outras palavras, o conhecimento de Estratégia.

Este não é um livro motivacional ou de promessas vazias de riqueza, poder ou fama. Aqui, você não encontrará fórmulas simplistas e superficiais, definições adaptadas de Estratégia ou esquemas pontuais sobre como montar um plano de negócios ou guerrear com um concorrente. Não, este é um livro profundo, realista, útil e determinante, respaldado pela história e que chega no momento adequado para o século XXI.

Nas páginas deste livro, você encontrará o caminho da Natureza[1], embora não seja um caminho marcado e muito menos fixo e esquematizado. Não será "este" ou "aquele" caminho, nem uma fórmula teórica e vazia, porque no final das contas, cada um deve escolher e percorrer seu próprio caminho. No entanto, aqui você obterá as ferramentas conceituais para encontrar o melhor caminho para você, sua equipe ou organização. Um caminho que resistirá a todas as mudanças, porque é flexível e apoiado por milênios de provas, por uma multidão de testemunhas históricas e pela própria Natureza.

Esse conhecimento vem com advertências, assim como tudo o que é poderoso e diz respeito ao ser humano, porque quando foi usado por pessoas egocêntricas e levado ao extremo, esse conhecimento causou a autodestruição de muitos. Grandes homens, poderosos e de grande ambição, mas também inúmeros indivíduos anônimos e relativamente desprovidos de grandes talentos, alcançaram grandes vitórias através do que você verá neste livro. Mas também muitos deles se apaixonaram por seu próprio sucesso e se destruíram a si mesmos, a seus países, organizações, equipes, empresas, igrejas e famílias.

Por outro lado, se você o utilizar com prudência, autoconhecimento e boa vontade, esse conhecimento o levará a conquistar inúmeras vitórias e abrirá a possibilidade de desfrutar de uma vida equilibrada e da verdadeira prosperidade que vem através da sabedoria.

Nestas páginas, você obterá uma compreensão profunda do que os gregos chamavam de Estratégia e será apresentado ao conceito de Grande Estratégia, às Cinco Sabedorias Estratégicas e à essência de toda boa estratégia: o Princípio Estratégico Essencial. No que diz respeito ao uso prático das ferramentas conceituais que você encontrará aqui, pode ter certeza de que encontrou um oásis de conhecimento atemporal no meio do deserto cambiante e volúvel de modas, ideias efêmeras e superficiais, promovidas por milhares de gurus e treinadores. O fato de você ter em suas mãos neste momento a possibilidade de acessar um conhecimento autenticamente diferente e, ao mesmo tempo, maduro e robusto como um velho carvalho, testado e comprovado ao longo dos milênios, é simplesmente uma raridade e uma grande oportunidade.

O conhecimento contido aqui é de vital importância para alcançar objetivos, resolver problemas e tomar decisões para pessoas que desempenham papéis de liderança, como empresários, executivos, atletas profissionais, treinadores, políticos, gerentes de projetos, governantes. Em outras pala-

---

[1] *Usaremos a palavra "Natureza" com letra maiúscula quando nos referirmos ao conjunto de tudo o que existe e que está determinado e harmonizado por suas próprias leis. Em outras palavras, ao princípio ativo que cria e organiza de acordo com uma certa ordem tudo o que existe.*

vras, pessoas que atuam em ambientes competitivos. Mas, embora o que você aprenderá aqui seja de vital importância para sua liderança e forma de competir, esta obra vai além.

Este livro considera o tático e imediato, mas também aborda o longo prazo e a vida de forma integral para alcançar o verdadeiro sucesso e vitórias sem ter que lutar. Sua relevância prática vai além dos ambientes competitivos e profissionais.

Minha intenção ao escrever foi mergulhar profundamente no conceito de Estratégia e fornecer a você uma fonte abundante e organizada de descobertas. Que este livro seja um catalisador para um crescimento verdadeiro. Se você ler e estudar, a possibilidade de transformação será real. Não estou oferecendo apenas outra versão da "Arte da Guerra", embora veremos Sun Tzu em suas páginas. Você também não encontrará um caminho semelhante ao descaradamente maquiavélico e egocêntrico que surge de interpretações materialistas e bélicas da Estratégia, embora em suas páginas também aprendamos com os acertos e erros de alguns dos Grandes Comandantes da história. Não esqueçamos que as interpretações amorais da Arte da Estratégia, aquelas que não levam em consideração o longo prazo e onde os fins justificam os meios, são superficiais e não consideram milênios de história e experiência humana. As interpretações banais e puramente materialistas não conseguem compreender verdadeiramente o que o mestre chinês disse: "O auge da Estratégia não é vencer em todas as batalhas, mas vencer sem lutar".

O propósito e a intenção de compartilhar esse conhecimento antigo e esotérico é que você obtenha mais equilíbrio, mais paz e encontre os princípios que o ajudarão a cultivar e desfrutar de uma mente racional que abre espaço para a intuição e o imponderável.

Este não é uma biografia de Alexandre o Grande, mas sim uma viagem no tempo em busca de um conhecimento específico que ele adquiriu desde a adolescência e com o qual, utilizando-o com maestria e genialidade, acabou conquistando o mundo. A presença de Alexandre, o mais excelente de todos os estrategistas da história, permeia o arco narrativo, mas outros personagens modernos nos acompanharão durante essa jornada: Steve Jobs, Michael Porter, Igor Ansoff, James Stockdale, Carl Gustav Jung, Isoroku Yamamoto, e também figuras antigas como Sun Tzu, Filipe II da Macedônia, Júlio César, Davi e Golias, Marco Licínio Crasso, Aníbal e Fábio Máximo. Tenho certeza de que seus exemplos fornecerão a você um conhecimento sólido, atemporal, transformador e ético que, quando colocado em prática, se torna verdadeira Sabedoria.

Este não é um livro de ficção nem um romance histórico, portanto, não subestime o poder de transformação que descobrir o conhecimento secreto de Alexandre o Grande, pode ter em você. Porque suas proezas têm inspirado milhões ao longo dos milênios, mas sua própria vida era seu pensamento em ação, e neste livro você descobrirá exatamente isso: qual era a estrutura de pensamento que guiava o maior estrategista de todos os tempos.

Nesta recente entrevista, o conhecido apresentador de podcast americano Joe Rogan conversou com o ex-campeão mundial de pesos pesados e membro do Hall da Fama do boxe, Mike Tyson:

Ouvi dizer que você tem estudado sobre Alexandre o Grande, e coisas do tipo... Desde quando você se interessou por esse assunto?

Desde os 15 anos - respondeu Tyson, e continuou explicando com uma voz pausada, interrompida por momentos de silêncio e uma respiração pesada, que quando era apenas um adolescente no Brooklyn e a extrema pobreza o levou a viver em prédios abandonados, sem água, aquecimento ou eletricidade, ele abandonou a escola pública devido ao bullying que sofria por causa de seu peso, sua gagueira e sua voz aguda, ele fez uma descoberta que inicialmente mudou sua mentalidade e depois seu destino.

Aos 13 anos de idade, Mike Tyson já havia sido preso trinta e oito vezes e ninguém, nem mesmo ele mesmo, tinha esperanças de que ele conseguisse algo positivo em sua vida. No entanto, em uma visita à casa de um primo, ele ouviu um dos garotos mencionar um tal de Alexandre o Grande. Segundo esse garoto, Alexandre era um jovem enorme e poderoso, que tinha mais de dois metros de altura e havia conquistado o mundo aos 20 anos. O adolescente Tyson concluiu que alguém que havia vivido três séculos antes de Cristo e tinha mais de dois metros de altura deveria ter sido realmente um gigante.

Esse personagem tão jovem e poderoso chamou a atenção do desesperado Mike e sua curiosidade o levou a pesquisar mais sobre o suposto gigante. Mas quando ele descobriu que, na verdade, Alexandre se destacava por ser relativamente mais baixo do que seus companheiros macedônios, sua perspectiva mudou. Ele o olhou de outra forma e então quis entender como ele pensava, qual era a mentalidade que o havia levado a conquistar o mundo.

— Eu quis entender sua mentalidade - respondeu Tyson a Rogan. — Quis compreender como ele pensava e quando entendi a mente de Alexandre, percebi que eu também poderia me tornar "grande", apesar de vir de situações desfavoráveis, apesar de ser desprezado até mesmo pelos pobres, apesar de ser rejeitado pela sociedade. Porque Alexandre não nasceu grande, ele se tornou grande! - disse Tyson, explicando o que havia mudado sua mentalidade aos 15 anos.

Alexandre não era um «monstro» fisicamente falando, mas era extremamente corajoso e inteligente. Apesar de vir de um reino periférico e subestimado, de um país de pastores e montanheses, de um reino desprezado pelos gregos e subestimado pelos bárbaros, ele conseguiu superar todas as expectativas imagináveis e conquistar todo o mundo conhecido por eles.

Inspirado em Alexandre para sair de sua inércia e derrotismo, pouco tempo depois, Mike Tyson, ainda jovem, se consagraria como o boxeador mais jovem da história a conquistar um título mundial dos pesos pesados aos 20 anos. Mais tarde, em um de seus grandes enfrentamentos estelares contra Lenox Lewis, quando já era campeão, do ringue ele gritava para seu rival: «Eu sou Alexandre! Você não é Alexandre!"[2].

A história de Mike Tyson contada a Joe Rogan reflete centenas de milhares de outras histórias que, ao longo de milênios e em diversas culturas, países e continentes, foram inspiradas pela vida incrível, complexa, humana e épica de Alexandre o Grande. Por milênios, este jovem rei macedônio, descendente de Aquiles pelo lado materno e de Hércules[3] pelo lado paterno, tem sido considerado pelos reis e imperadores subsequentes, pelos generais e comandantes, políticos, reformadores, tiranos, líderes de todos os tipos, historiadores e até mesmo por atletas profissionais, como o estrategista mais excelente da história universal. Uma fama tão antiga e estabelecida, reiterada por grandes personagens como Júlio César, Aníbal, Napoleão e tantos outros, que levou historiadores como o saudoso professor Dr. Rufus Fears a declarar que «assim como Mozart está para a música e Einstein para a física, assim está Alexandre para a estratégia".

Rogan continuou a entrevista e perguntou a Mike Tyson se agora que ele estava voltando a lutar boxe, quase aos 50 anos, ele ainda estudava seus oponentes.

— Quando você era um boxeador e estava lendo todas essas coisas sobre [Alexandre] e os conquistadores, você estava alimentando sua mente, e sei que você estudava muito as lutas. Você estudava todos esses grandes campeões da velha guarda. Você está fazendo isso novamente agora que está ressurgindo no boxe? Ainda estuda as grandes lutas?

Tyson respondeu sem hesitar:

— Não. Eu não faço mais isso. Eu fiz quando era jovem. Estudei todas as lutas, conheço a mentalidade dos guerreiros, dos gladiadores, sei como eles pensam. Mas depois eu quis ir para o próximo nível e comecei a estudar co-

---

[2] *Muitos anos depois, Tyson comentou que se considerava um conquistador, mas apenas porque tinha "conquistado seus demônios internos" que haviam lhe causado problemas por longas décadas.*

[3] *Herakles.*

mo os generais pensam... e dos generais eu quis ir para o próximo nível, como os deuses pensam.

O conhecimento que você obterá nestas páginas pode mudar o seu destino. É natural que isso aconteça se você aplicar o que descobrir. Por isso, estou convencido de que se este livro chegou às suas mãos, não foi por acaso e não será em vão.

Não espere mais. Não podemos continuar acreditando que viemos a este mundo apenas para acumular riquezas e nos entregar ao passageiro, ao efêmero e ao mortal. Disseram-nos que o século XX foi o mais progressista que o mundo já havia conhecido. Talvez seja verdade, evoluímos, mas infelizmente o progresso avançou em direção à autodestruição porque continuamos a pensar como guerreiros, enquanto obtemos a tecnologia dos deuses.

Para evitar um futuro de guerras, criminalidade e fracassos, o indivíduo deve começar a planejar seu próprio destino, a pensar não como os guerreiros e nem mesmo como os generais, mas como os deuses. A maneira mais próxima disso é a própria Natureza, e a melhor fonte para obter o conhecimento necessário para o século XXI são os escritos e a sabedoria que nos chegam da Antiguidade.

Este livro chega até você após mais de vinte anos de pesquisa e três anos de escrita. Foram tempos de trabalho solitário, mas no momento certo, logo após a conclusão da obra, surgiram as pessoas que foram pontes para que você o tenha em suas mãos.

Este livro é dedicado à minha esposa, Alessandra.

A intenção mais sincera e profunda ao escrever este livro e revelar um dos conhecimentos mais antigos e transformadores, sempre categorizado como "para poucos", é que você obtenha as melhores ferramentas de navegação para o seu caminho pessoal. Tenho certeza de que este livro pode mudar a sua forma de pensar e abrir novos caminhos que o guiarão para um nobre propósito, além de fornecer as ferramentas para tomar decisões que surgirem diante de você.

Se este livro alcançar esse objetivo, então mais do que um "objetivo alcançado", se tornará um legado. Isso seria um grande privilégio para mim.

Todo conhecimento transformador que chega à vida de alguém tem o seu momento perfeito e muitas vezes chega por caminhos inesperados. Desde tempos imemoriais, o conhecimento sobre Estratégia tem sido transmitido apenas de boca em boca, e os motivos pelos quais não estava escrito também serão conhecidos aqui.

Convido você a iniciar esta jornada e considerar estas duas frases relacionadas ao conhecimento que você obterá:

> *"Uma vez que existe uma ordem divina de aprendizado superior ao conhecimento terreno e que, além disso, está ao nosso alcance, agora é o momento mais oportuno para restabelecer esta tradição sagrada".*
>
> - Manly P. Hall

> *"As oportunidades se multiplicam à medida que as aproveitamos".*
>
> - Sun Tzu

Boa viagem!

PRIMEIRA PARTE

1 - A Mesa dos Grandes Comandantes de Napoleão

— Bem, Bourrienne, você também será imortal!
Ao ouvir Napoleão prometer surpreendentemente imortalidade enquanto caminhavam pelos jardins do castelo de Malmaison, Louis Antoine Fauvelet de Bourrienne, seu secretário privado e biógrafo, não entendeu do que o imperador francês estava falando e perguntou:
—Por quê, general?
—Bem, você não é o meu secretário? - respondeu o corso com um sorriso quase imperceptível.
Era o ano de 1806, Napoleão Bonaparte já havia conquistado a Europa, se autoproclamado Imperador da França e rei da Itália. Ele estava no auge de seu poder continental e não havia ninguém que pudesse se comparar a ele. Suas grandes vitórias nos campos de batalha haviam ampliado seu poder e suas responsabilidades a tal ponto que seu ego o levou a se identificar com a própria França. Seu orgulho se expandia junto com as fronteiras, e a confiança em si mesmo havia crescido tanto que agora ele se sentia tentado a imaginar que seu nome seria lembrado por milênios.
Mas Bourrienne, que não esperava imortalizar seu nome por ser secretário e biógrafo de Napoleão, perguntou ao general se ele se lembrava do nome do secretário de Alexandre o Grande.
—Diga-me o nome do secretário de Alexandre —desafiou Bourrienne.
Bonaparte não conseguiu lembrar o nome de Eumenes de Cárdia, virou-se e, em um momento de hilaridade, deu um tapinha no ombro dele e disse:
—Nada mal, Bourrienne...[1]

Ultimamente, Napoleão Bonaparte gostava de se comparar a Alexandre o Grande, embora seu biógrafo insistisse em permanecer entre os homens comuns, que não esperam alcançar a imortalidade por atos próprios, muito menos por associação.
A *gloire*, a glória pessoal obtida através do poder, era a paixão primária e a obsessão de Napoleão. Sua ambição pessoal havia crescido sem limites e chegou ao ponto de fazê-lo acreditar que a Europa não era mais suficiente para ele. Possuído por um desejo ardente de que seu nome perdurasse pela eternidade e que suas obras fossem reconhecidas e lembradas, ele sonhou

---
[1] *Louis Antoine Fauvelet de Bourrienne, Memórias de Napoleão Bonaparte. Capítulo VIII.*

em conquistar o Egito. A desculpa racional e ideal era cortar uma rota vital para a Inglaterra, mas a verdadeira razão por trás de sua ambição era a glória de seguir os passos de Alexandre o Grande. Para todos os grandes comandantes da Europa, toda verdadeira glória começa no Oriente, conquistando o Egito, assim como Alexandre fez. Se ele tivesse sido vitorioso na África, Napoleão não teria hesitado em sonhar em ir ainda mais longe. Talvez chegar aos confins da Índia, alcançar o impensável, conquistar tudo, como o jovem macedônio a quem ele desejava emular. Em várias ocasiões, Napoleão confessou que amava o poder e o amava com a mesma devoção de um músico por seu violino.

Foi durante essa fase de grande exaltação egoica que o condotiero francês decidiu marcar o esplendor de seu império com a criação de objetos extraordinários que imortalizariam suas grandes vitórias. Em uma ocasião, ele pediu ao seu secretário privado que convocasse os melhores artesãos da França, pois ele desejava encomendar um trabalho. Seria o objeto mais importante de sua autoexaltação.

Com a intenção de expressar sua glória e simbolizar seu legado como gênio da Arte da Estratégia, o imperador francês reuniu e encarregou os mais renomados artistas franceses da época de projetar e elaborar uma mesa maravilhosa. Essa mesa seria um dos objetos comemorativos mais importantes de suas conquistas e homenagearia os maiores estrategistas da história. A magnífica peça testemunharia sua admiração pelo seleto clube que ele chamava de Grandes Comandantes e dos quais ele dizia ter aprendido a antiga Arte da Estratégia, ou "O Segredo", como ele a chamava.

Quem, senão Napoleão Bonaparte, poderia determinar quem seriam os membros exclusivos do grupo dos maiores comandantes da história, que seriam eternizados em sua mesa? Somente alguém como ele, alguém que conhecia "o Segredo", poderia identificar os personagens históricos que mereciam ser representados em sua mesa. Os artesãos franceses receberam a incumbência e receberam a lista dos Grandes Comandantes elaborada pelo próprio Napoleão. Eles voltaram às suas oficinas com a responsabilidade de produzir uma obra impressionante. Eles levaram quase sete anos para projetar, desenvolver novas técnicas necessárias e finalmente produzir uma peça única e magnífica.

Em 1812, os artesãos voltaram a Paris com uma espetacular mesa circular de porcelana de Sèvres montada em fino bronze esculpido. Ela havia sido pintada pelos artesãos mais conhecidos e talentosos da França, que utilizaram uma técnica extremamente difícil, delicada e vanguardista, não praticada em nenhum outro ateliê da época, para obter uma imitação de ônix e alcançar detalhes com uma precisão nunca antes alcançada. A mesa foi entregue a um custo final de 29.025 francos. Conforme solicitado por Napoleão, os maiores comandantes da história estavam representados nela, os maiores praticantes da Arte da Estratégia.

Eram treze comandantes no total. Doze estavam dispostos ao redor da mesa em camafeus circulares pintados em porcelana. O exclusivo clube dos Grandes Comandantes era composto por sete cônsules romanos, quatro strategoi gregos e dois comandantes "bárbaros". Os doze dispostos ao redor da mesa eram Júlio César, Aníbal Barca, Péricles, Cipião Africano, Cneu Pompeu, Augusto, Septímio Severo, Constantino, Trajano, Mitridates, Temístocles e Milcíades. Esses doze personagens cercavam um personagem principal representado de forma destacada na área central.

O comandante no centro da mesa circular era representado em um camafeu maior, e uma diadema azul simbolizava seu poder e sua realeza imperial. Ele era circundado por três complexas e detalhadas cenas de sua vida e pelos outros doze comandantes posicionados como discípulos deste grande mestre. O perfil do personagem central era suspeitosamente semelhante ao de um jovem Napoleão.

Os artesãos, conscientes de que a mesa era uma homenagem ao imperador francês, deixaram-se levar pela imaginação para dotar esse comandante central com um perfil napoleônico. No entanto, as cenas ao seu redor demonstravam claramente que o personagem protagonista não era outro senão Alexandre o Grande.

Alexandre, o maior estrategista da história, foi o único entre os Grandes Comandantes a permanecer invicto e a conquistar o mundo, inaugurando uma nova era e mudando assim o destino dos povos do Ocidente e do Oriente.

Napoleão não foi o primeiro a considerar o jovem macedônio como o maior gênio da Estratégia que já viveu. Ele também não seria o último a sucumbir ao seu encanto, que dominou os grandes de todas as épocas. Entre os comandantes representados na mesa, vários foram contagiados pelo que na história se chama "imitatio Alexandri", "imitação de Alexandre". Júlio César, Cipião Africano, Aníbal Barca, Pompeu, Trajano, entre muitos outros, caíram vítimas desse fenômeno. Depois, o próprio Napoleão e ainda quase dois séculos depois, Fidel Castro, que, em admiração pelo macedônio, escolheu ser chamado de Alexandre durante seus anos de luta.

Alexandre III da Macedônia havia sido reconhecido por incontáveis gerações, por mais de vinte séculos, como o modelo supremo da arte da Estratégia e da liderança. Não porque ele tenha sido um deus, como seus exércitos e várias gerações posteriores chegaram a acreditar, mas sim porque ele inaugurou uma nova era na história do mundo, partindo de um reino montanhoso desprezado pelos próprios gregos, com um pequeno exército, mal saindo da adolescência, e conquistou o mundo conhecido contra todas as previsões[2]. Na maior epopeia registrada nos anais da história humana, ele deixou para trás os abetos azuis do Monte Olimpo e o ar fresco de sua terra ancestral com o objetivo de conquistar o mundo. Sua coragem diante da morte, sua certeza sobre seu destino, sua liberdade de espírito, seu rosto apolíneo, seus olhos de tigre de duas cores, um claro e outro escuro, sua personalidade, suas conquistas, sua inteligência, seu heroísmo e sua visão universal têm sido motivos de fascinação para inúmeras nações e culturas.

Entre os grandes homens da história, Alexandre se destacou por realizar toda a sua obra em um período muito curto de tempo e por fornecer aos estudiosos o melhor exemplo para argumentar que é a personalidade de certos indivíduos a principal força que define o destino da humanidade. Com apenas 25 anos de idade, ele conseguiu derrubar o maior império do mundo, invencível há duzentos anos; ele se tornou mil vezes mais rico do que qualquer homem até então, foi proclamado faraó do Egito, rei da Babilônia, Rei dos reis dos persas, e teve em suas mãos o destino e a história de grandes civilizações. Até os últimos anos de sua breve vida, ele foi guiado por um grande entusiasmo que o levava a enfrentar situações e desafios considerados impossíveis, com fé e com a absoluta certeza de sair vitorioso.

Na verdade, a palavra épico sempre foi insuficiente quando seus contemporâneos tentaram descrever sua vida, marcada por uma série de ações heroicas e magníficas conquistas. A vida de Alexandre, o primeiro e único monarca universal, gerou antes mesmo de sua morte um número incontável de epopeias acumuladas umas sobre as outras. Algumas reais, outras fruto de lendas de povos e nações, e mais tarde da imaginação de diferentes épocas. Mas o nome de Alexandre manteve uma fascinação viva por mais de dois mil anos. Nenhum outro conquistador na história conseguiu tanto admiração, respeito e, em alguns casos, adoração total nas terras conquistadas. No Egito, ele foi considerado um libertador e um deus; no Irã, Arábia, Afeganistão, Paquistão e posteriormente no mundo muçulmano, por mais de um milênio foram tecidas as aventuras de um Alexandre romanceado e mítico, transformado no nome de Iskandar Dhul Qarnayn, o herói do Islã[3]. Os marajás da Índia se

---

[2] *O mundo conhecido pelos gregos incluía a Europa, Norte da África, Ásia e até a Índia. Alexandre conquistou todo o mundo conhecido e imaginado pelos gregos.*

[3] *Conhecido no Alcorão como Dhul Qarnayn, para a tradição islâmica, Alexandre era um grego muçulmano. As primeiras fontes árabes muçulmanas sobre Dhul Qarnayn afirmam que ele é Alexandre o Grande, e até hoje muitos acreditam nisso. Provavelmente, essa associação é apenas parte do folclore dos povos que desejam se associar à figura do jovem e invencível macedônio.*

inspiraram nele, os judeus o receberam como um escolhido de Jeová profetizado no livro de Daniel, os persas choraram sua morte, assim como os gregos, os egípcios, os babilônios, os indianos, os nômades do deserto e os povos das montanhas do Himalaia. Da China à Islândia, da Índia à Rússia, da Europa à África, desde a história antiga até a contemporânea, Alexandre deixou sua marca nos povos e nas civilizações.

Os poetas de todas as épocas posteriores o louvaram, o idealizaram e também o criticaram e o vituperaram. Os trovadores da Idade Média cantaram para ele, Shakespeare o imaginou; os muçulmanos o adaptaram à sua ideologia; os cristãos o repudiaram, embora cinco séculos após sua morte, sua imagem ainda circulasse como um talismã no pescoço de homens e mulheres cristãos de nascimento; os pagãos o adoraram. Um papa escolheu seu nome por considerá-lo o mais admirável e adequado para assumir o trono de São Pedro, Michelangelo desenhou a Praça do Capitólio em Roma com o desenho do escudo de Alexandre; e mais recentemente, o general Norman Schwarzkopf e os americanos o mencionaram como inspiração estratégica nas operações da Guerra do Golfo, enquanto do outro lado do mundo, em Las Vegas, um jovem boxeador peso-pesado chamado Mike Tyson gritava para seu adversário: "Eu sou Alexandre, não você! Eu sou Alexandre!". Na década de 1990, em Londres e ao redor do mundo, a banda de rock britânica Iron Maiden fazia soar seus decibéis sob os riffs das guitarras e o seguinte trecho de seu sucesso "Alexander the Great": "Alexandre o Grande, seu nome infundia medo nos corações dos homens. Alexandre Magno tornou-se um deus entre os mortais."[4]

Alexandre sempre foi um símbolo, um arquétipo, da juventude e da glória: Júlio César, outro dos Grandes Comandantes presentes na magnífica mesa elaborada pelos artesãos franceses, uma vez encontrou em Cádis uma estátua do macedônio, e depois de contemplá-la em silêncio e pensar por um tempo, irrompeu em soluços, pois Alexandre havia morrido aos trinta e dois anos, sendo rei de tantos povos, e ele próprio ainda não havia alcançado nenhum sucesso brilhante. Mas não apenas os imperadores e reis de diferentes épocas foram inspirados por este jovem e genial estrategista, nem mesmo os homens comuns de ambos os extremos de seu império jamais o haviam esquecido. Até hoje, na Ásia, chefes tribais afegãos afirmam que carregam seu sangue e que seus cavalos descendem de Bucéfalo; até poucas décadas atrás, eles iam à guerra com a bandeira vermelha que diziam ser o estandarte de Alexandre/Iskandar.

---

[4] *Alexander the Great, / His name struck fear into hearts of men. / Alexander the Great, / Became a God amongst mortal men."* (Bruce Dickinson, Steve Harris - Iron Maiden, EMI Records).

Nas ilhas do Egeu, os pescadores e suas esposas em noites de tempestade perguntam ao mar: "Onde está Alexandre?" e respondem com vigor: "Alexandre o Grande, vive e reina!", afirmando assim acalmar as tempestades. No Egito, seu nome e sua imagem esculpida nas paredes dos templos de Luxor e no oásis de Siwa ainda lembram os turistas e aventureiros que um jovem grego, há milhares de anos, foi coroado filho de Amón e escolhido de Osíris.

O jovem rei macedônio havia sido inspirado por heróis homéricos, por Héracles, pelo *enfant terrible* Aquiles, pelo desejo de transcender ao Olimpo; por seu pai Filipe II, um rei tão poderoso "como nunca antes visto na Europa", e por sua mãe Olímpia, uma mulher cheia de mistérios e oráculos, para realizar feitos que deram origem a reinos, faraós, dinastias, impérios e lendas. Sua fama perdura porque suas conquistas ultrapassaram a imaginação dos povos e os desafios que enfrentou foram verdadeiramente titânicos.

Para completar sua genialidade e aumentar o enigma, ao longo de sua vida, o belo e excelente Alexandre (*kalos kai agathos*) foi acompanhado por uma boa fortuna tão consistente que tanto amigos quanto inimigos se viram obrigados a considerar a possibilidade de que ele fosse realmente um escolhido dos deuses. Virgílio teria dito que "a fortuna favorece os audazes"[5] e Plutarco dedicou um livro a falar sobre "a fortuna ou virtude de Alexandre"[6]. No entanto, como afirmou o historiador e papirólogo alemão Ulrich Wilcken, "o resultado duradouro de sua vida não foi o império conquistado por meio de suas duras batalhas, mas o desenvolvimento da civilização grega até se tornar uma civilização mundial. Dessa forma, sua influência afetou a história da humanidade até os dias de hoje"[7].

Não, não era Napoleão Bonaparte quem estava no centro da Mesa dos Grandes Comandantes. O maior estrategista de todos os tempos era ninguém menos que Alexandre o Grande, o inaugurador de novos mundos, de novas eras e promotor de conhecimentos desconhecidos.

O camafeu de Alexandre foi pintado e assinado pelo grande artesão Louis-Bertin Parant, com data de 1812.

Apesar de seu grande ego, ou talvez por causa dele, Napoleão não esquecia que seu conhecimento dos princípios da Arte da Estratégia, essa arte dos antigos gregos na qual Alexandre era considerado "o deus", foi o fator que marcou a diferença entre a vitoriosa França e as nações derrotadas.

O grande objeto comemorativo de sua glória era esta mesa, a Mesa dos Grandes Comandantes da Antiguidade. No entanto, foi seu ego, cheio de orgulho, cegado e sedento de mais glória, que o levou a desejar ser um novo

---

[5] *Virgilio, Eneida X, 282.*
[6] *Plutarco, Sobre a Fortuna ou a Virtude de Alexandre.*
[7] *Ulrich Wilcken, Alexandre le Grand.*

Alexandre, a superestimar seus recursos e a perder de vista os mesmos princípios estratégicos que o haviam guiado para tantas vitórias. Assim, cegado pela ambição, chegou o momento em que o imperador francês não soube ajustar seus objetivos, cometeu graves erros de cálculo e acabou seus dias exilado em uma ilha remota, destituído de seu poder.

Após as guerras napoleônicas, a Mesa dos Grandes Comandantes acabou adornando uma das salas do Palácio de Buckingham e foi um dos presentes mais preciosos que o rei Luís XVIII da França ofereceu ao rei Jorge IV da Inglaterra. Foi entregue aos ingleses como agradecimento por derrotarem Napoleão em Waterloo e restaurarem a casa de Bourbon no trono da França. O rei Jorge IV a apreciava tanto que todas as suas pinturas oficiais foram feitas ao lado da Mesa dos Grandes Comandantes.

No entanto, apesar de ter se tornado vítima de seu grande ego e de sua posterior derrota e decadência, Napoleão nos deixou conselhos, que veremos mais adiante, sobre como adquirir os princípios fundamentais da Estratégia, e a própria Mesa dos Grandes Comandantes nos indica onde buscá-los. Esta mesa será o início de uma grande jornada que nos revelará, passo a passo, esse conhecimento que Napoleão chamava de Segredo da Estratégia.

Poderia esse conhecimento também ajudá-lo a triunfar em seus desafios, a alcançar suas metas e, ao contrário de Napoleão, abrir os olhos para evitar ser vítima do seu ego e de suas próprias vitórias?

A resposta é afirmativa, e neste livro você compreenderá o que é Estratégia e como pensar estrategicamente.

Curiosamente, a Mesa dos Grandes Comandantes e a última das Máximas de guerra de Napoleão apontam Alexandre como o caminho para obter o conhecimento da Estratégia. O próprio Alexandre, que encontrou tempo no meio de suas campanhas nas montanhas da distante Báctria-Sogdiana, atual Afeganistão, para escrever uma curiosa carta na qual pedia a seu mestre Aristóteles acesso a um conhecimento esotérico específico.

> "Ouvi dizer que você está ensinando abertamente aquilo que nos ensinou de forma esotérica. Quero que saiba que não concordo, pois como poderemos nos diferenciar dos outros em algum conhecimento se aquilo que recebemos de você se torna exotérico, uma matéria comum a todos agora?"

Se você deseja ser uma das poucas pessoas que compreendem de maneira clara e simples os fundamentos e princípios imemoriais da Arte da Estratégia, e se está interessado em descobrir o conhecimento esotérico mencionado por Alexandre em sua carta a Aristóteles, este livro é para você. Você também descobrirá como a obtenção desse conhecimento pode mudar sua forma de pensar, agir e, consequentemente, seu destino. Se é isso que você busca, convido-o a iniciar a jornada. Uma jornada através do tempo, onde você conhecerá personagens históricos e visitará diferentes geografias em busca do conhecimento esotérico que o jovem macedônio não desejava revelar a ninguém além de seu círculo íntimo.

Acompanhe-me e iremos ao Oriente de Sun Tzu e ao Ocidente dos reis da Europa, ao cruzamento dos Alpes com Aníbal Barca, para observar o pensamento e as ações dos mais corajosos cônsules de Roma, explorar paisagens e personagens antigos e contemporâneos como Michael Porter, Igor Ansoff, Steve Jobs e outros, para descobrir o que é Estratégia e como pensar estratégicamente.

À medida que avançarmos, descobriremos como extrair da mente de Alexandre o Grande, e dos Grandes Comandantes esses princípios eternos e infalíveis que serão práticos e transformadores em todas as áreas de sua atuação. Conhecer esses princípios e, posteriormente, aplicá-los em todos os aspectos, tem um valor incalculável. Eles serão a diferença entre ser vitorioso ou derrotado, entre a vida e a morte; a diferença entre a prosperidade e a pobreza, entre o sucesso e o fracasso. Serão a diferença entre uma vida plena de satisfação ou uma existência repleta de frustrações. Dependerá de você compreendê-los e aplicá-los corretamente, com a intenção correta, pois "os livros têm seu destino" e se este que traz o conhecimento que Alexandre o Grande desejava manter em segredo chegou às suas mãos, acredito firmemente que será de vital importância para o seu destino pessoal estudá-lo e conhecê-lo perfeitamente.

Vamos em busca do Segredo da Estratégia, das Cinco Sabedorias Estratégicas, da Grande Estratégia e do Conhecimento Secreto de Alexandre o Grande.

Table des Grands Capitaines de l'Antiquité - 1806-1812, Royal Collection Trust.

2 - *Sun Tzu e a importância da Estratégia*

Iniciamos nossa jornada pelo outro lado do mundo, pelo Oriente. Por mais de meio milênio, do ano 771 a.C. até 221 a.C., os povos nativos dos territórios que hoje conhecemos como China enfrentaram grandes e frequentes conflitos. Esses cinco séculos foram divididos em dois períodos. O primeiro foi conhecido como Primaveras e Outonos, e o segundo como Período dos Estados Combatentes. Esses períodos foram caracterizados por guerras territoriais contínuas até que ocorreu uma consolidação.

Assim como em praticamente todo o mundo clássico ocidental, os conflitos armados no Extremo Oriente também costumavam ser decididos a favor do exército com o maior número de tropas. Embora a coragem sempre tenha sido um fator importante, havia um ponto em que a coragem e o desejo não eram suficientes para derrotar o inimigo. Portanto, os estados que estavam em desvantagem numérica tinham uma necessidade urgente de aprender a pensar para evitar a sua própria extinção.

Foi nesse contexto de guerras, de constante insegurança e seleção natural brutal, que surgiu um sábio conselheiro itinerante na China. Esse conselheiro afirmava ser capaz de ensinar um método pelo qual se poderia obter a vitória praticamente em qualquer situação. Seu nome era Sun Wu.

O conhecimento que Sun Wu oferecia consistia em um método que permitia ao aluno aprender a pensar de tal forma que alcançasse a vitória. O método do mestre era baseado em princípios atemporais que ele observou na natureza e afirmava que se o comandante dos exércitos (que muitas vezes era o próprio rei) aprendesse seu método e soubesse aplicá-lo, seria invencível em qualquer situação ou cenário. Devido ao fato de, durante esse período da história da China, os diferentes reinos viverem em conflito constante, esse conselheiro itinerante logo se tornou conhecido e lhe atribuíram o título de mestre (tzu, no idioma mandarim), chamando-o simplesmente de Mestre Sun, Sun Tzu.

Sun Tzu registrou seu método em tabuletas de madeira. Neles, ele escreveu conselhos gerais e os apresentou usando uma linguagem metafórica. As tabuletas foram compartilhadas com alguns dos reis e comandantes de sua época e, posteriormente, o conhecimento passou para as gerações seguintes com o nome de "O Método Militar do Mestre Sun" ou, em mandarim, "Sun Tzu Bing Fa".[8] O

---

[8] *Alguns historiadores atribuem o Método do mestre Sun a mais de um autor. Esse tipo de debate histórico não é relevante para o objetivo de nossa viagem, deste livro, que é descobrir o que é Estratégia e como se pensa estratégicamente.*

conhecimento por trás do método do mestre Sun não é facilmente compreensível e, provavelmente, nem mesmo os reis que tinham acesso às tabuletas chegavam a compreender totalmente seus conselhos sem ter o próprio Sun Tzu presente. Era bastante comum no mundo antigo que o escrito não tivesse intenções didáticas, mas simplesmente registrasse o conhecimento de forma a não se perder e apenas alguns "iniciados" o compreendessem.

Hoje em dia, o Método do mestre Sun, conhecido no Ocidente como "A Arte da Guerra", é frequentemente citado quando se fala de Estratégia, mas sua interpretação continua relativamente oculta para aqueles que não conhecem os princípios que permitem decifrar o Segredo da Estratégia.

Nos próximos capítulos, você obterá esses princípios, que são as chaves que permitirão abrir e revelar a essência de qualquer estratégia, assim como faziam os Grandes Comandantes representados na Mesa de Napoleão. Você descobrirá o Segredo que nem Sun Tzu, nem Napoleão, nem Alexandre revelavam a pessoas que não faziam parte de seu círculo de grande confiança.

*Todos veem as táticas com as quais eu venço
mas ninguém vê a estratégia por trás.*

Sun Tzu

I. O Rei Helü e Sun Tzu

A história relata que Sun Tzu passou seus dias servindo ao rei Helü, uma das figuras históricas que viveram durante o período das Primaveras e Outonos.[9] No ano de 506 a.C., Helü era o rei de Wu, um pequeno Estado a leste do reino muito maior e poderoso de Chu. Um de seus conselheiros, Wu Zixu, recomendou ao rei que convocasse Sun Tzu para garantir a vitória contra os poderosos exércitos de Chu. Helü ouviu Wu Zixu e convocou Sun Tzu.

Desconhecemos os diálogos entre Helü e o mestre Sun, mas suas conversas podem ser inferidas com base nas tabuletas do Método Militar do Mestre Sun que conhecemos. Convido você a revisar um dos primeiros avisos que Sun Tzu considerou importante deixar claro para o rei. Este primeiro comentário de Sun Tzu é fundamental e devemos considerá-lo com atenção. Sua advertência deve nos servir como incentivo, como esporas que estimulam o cavalo à ação. Desde o início, o mestre deixou muito claro a importância vital

---

[9] *O Zuo Zhuan, geralmente traduzido como "A Tradição de Zuo" ou "O Comentário de Zuo", é uma antiga história narrativa chinesa que tradicionalmente é considerada um comentário da antiga crônica chinesa Anais da Primavera e do Outono (Chunqiu 春秋). É composto por trinta capítulos que abrangem um período entre 722 e 468 a.C.*

de dedicar tempo ao estudo daquilo que ele chamava de Método e os antigos gregos chamavam de Estratégia (στρατηγία):

O conhecimento do Método [ou seja, Estratégia] é de vital importância; é o caminho para a vitória ou a derrota, o caminho para a vida ou a morte: é obrigatório manejá-lo bem. Não refletir seriamente sobre tudo o que o envolve é dar prova de uma culpável indiferença em relação à preservação ou perda daquilo que é mais querido para nós; e isso não deve acontecer entre nós.

Com este aviso tão claro e uma situação geopolítica urgente, Helü decide utilizar o Método Militar do Mestre Sun e consegue vencer pela primeira vez seus inimigos mais numerosos e poderosos. Após derrotar o reino de Chu, o rei Helü mantém Sun Tzu como conselheiro e tem a oportunidade de dialogar várias vezes com o mestre.

Em toda arte, existe algo que o mestre conhece e o aluno não, e isso acaba sendo o que marca a superioridade de um sobre o outro. É nas profundezas que encontraremos a diferença entre o aluno e o mestre; e é lá que também encontraremos "o segredo" de toda arte e toda ciência.

Como qualquer pessoa inteligente e interessada em aprender algo, o rei Helü sabia que só poderia se tornar autônomo, passar de aluno a mestre e ser capaz de pensar, decidir e implementar a Arte da Estratégia, se conseguisse obter o princípio fundamental da arte, esse Segredo, a chave interpretativa que abre a compreensão da Arte da Estratégia.

Convido você a imaginar a seguinte cena, onde o rei Helü encontra-se com Sun Tzu em uma tarde qualquer para dialogar sobre o Método nos jardins de seu palácio. Com um objetivo mais didático do que histórico, vamos observar este diálogo fictício entre o rei Helü e o Mestre Sun, baseado nos conselhos escritos nas tabuletas.

II. Em busca da essência do Método

No reino de Wu, nesta época do ano, as incessantes e copiosas chuvas alternavam-se com dias de sol radiante, somando-se à temperatura amena para conceder aos súditos de Helü a oportunidade de colher o arroz em até duas ocasiões anuais. Essa generosidade da natureza, que jamais falhava desde tempos imemoriais, garantia uma provisão abundante de alimento, adornada por arcos-íris espetaculares que pintavam o céu. Tal magnificência despertava a cobiça nos reinos vizinhos, onde os poderosos observavam com olhares famintos.

Apesar da beleza que envolvia o rei Helü, ele era incapaz de saborear as riquezas materiais que o cercavam. Ao invés de se regozijar com a vasta produção, uma inquietação inabalável o consumia, temendo a possibilidade de perder as planícies férteis onde seus servos trabalhavam em harmonia, desde o raiar do sol até o crepúsculo, com seus chapéus feitos de papel de arroz e os robustos e dóceis búfalos d'água como fiéis aliados.

Naquela manhã, o céu se desdobrava em todo o seu esplendor após as chuvas matinais, e os campos alagados refletiam o azul celeste e os diversos tons de verde das colinas adornadas por coníferas, zimbros e teixos. A luz dourada da manhã realçava as cores vibrantes das árvores que compunham o jardim do palácio, plantadas há tempos imemoriais pelo avô do rei, que ofereciam frutas suculentas como pêssegos, tangerinas e macieiras, rivalizando em beleza com as magníficas cerejeiras em flor.

O rei encontrava-se inquieto, atormentado pelos rumores de que seus vizinhos planejavam retornar no fim da primavera. Embora contasse com Sun Tzu como seu conselheiro, o rei ainda não conseguia penetrar na essência do pensamento do mestre. Em parte devido à sua prolixidade escassa, quando Sun Tzu se pronunciava, suas palavras eram emaranhadas em metáforas. O rei começava a suspeitar que o mestre não tinha verdadeiro desejo de revelar seu conhecimento, mantendo-o como um segredo guardado a sete chaves.

"Mestre Sun, tenho ponderado longamente sobre isso", disse o rei, esforçando-se para transparecer serenidade e paciência, enquanto articulava cada palavra com cautela, seus olhos ainda voltados para os campos. "Estamos vivendo tempos de paz, mas desconheço por quanto tempo essa calmaria se prolongará. Portanto, desejo aproveitar esse período para estudar e compreender a fundo seus ensinamentos. Em várias ocasiões, venho aqui pela manhã, não para apreciar a paisagem, mas para mergulhar em seu método. Há alguns dias, em meio às minhas divagações, como que tocado por uma inspiração divina, percebi que sua arte, seu método, guarda semelhanças com a arte dos perfumes e das flores", disse o rei, voltando seu olhar em direção a Sun Tzu, que não proferira uma única palavra desde o dia anterior. E prosseguiu: "Observe bem, mestre. Quando, na primavera, as mulheres colhem as flores do campo, fazem-no com a intenção de extrair óleos e perfumes. Elas iniciam suas tarefas após o céu ter umedecido a terra e o sol, emergindo ao meio-dia entre as nuvens, ter desabrochado as flores. Durante todo o dia e a tarde, colhem milhões de pétalas, depositando-as em grandes sacos costurados, que posteriormente são transportados até a roda de pedra para serem selecionadas e prensadas em um extenso processo. Após a conclusão desse laborioso trabalho e o êxito do procedimento, algumas valiosas gotas daquilo que chamamos de essência absoluta são extraídas dessas flores. Essas gotas, mestre, representam a essência de milhões de pétalas e o produto de todas as flores colhidas. Toda a fragrância e poder aromático dessas flores estão concentrados e encapsulados nessa essência absoluta. Se as flores colhidas forem

de um único tipo, digamos, jasmins, então da prensa emergirá a essência absoluta do jasmim.
O rei Helü concluiu seu comentário e silenciou, aguardando algum insight de seu mestre. No entanto, Sun Tzu, sereno como sempre, permanecia calado, contemplando os campos, sem proferir uma palavra. Ao perceber que seu mestre não tinha nenhuma observação, Helü prosseguiu.
"Cheguei à conclusão de que deve ser assim também com o seu Método, mestre. Percebi que se eu pudesse conhecer a essência absoluta do Método, assim como a gota de perfume extraída das flores que concentra em si todo o valor, eu também poderia compreender todas as nossas conversas e conselhos sem precisar refletir por dias para decifrar o significado de suas metáforas. Acredito que, ao conhecer a essência absoluta, eu poderia até dominar a arte que está por trás do Método", concluiu o rei Helü, virando-se e olhando diretamente para seu mestre, finalizando: "Portanto, mestre, tenho refletido muito e tenho uma pergunta que desejo que me responda sem guardar segredos e sem esconder seu significado por trás de metáforas: Qual seria a essência absoluta do Método?"
Ao formular essa pergunta, o rei Helü havia compreendido que, ao conhecer a essência, ele descobriria o segredo que o tornaria finalmente independente do mestre Sun e capaz de pensar por si mesmo.
— "Meu senhor, vejo que tem dedicado tempo ao Método", respondeu finalmente Sun Tzu, saindo de seu estado contemplativo. "Devo confessar que não conheço em detalhes a maneira pela qual se extraem as essências das flores, mas sua dedução está correta", continuou o mestre. "Se alguém conhecesse a essência absoluta do meu Método, então poderia facilmente decifrar o todo. No entanto, meu senhor, não possuo o conhecimento da arte das flores e dos perfumes. Diria, entretanto, que a essência do Método poderia ser melhor representada pelas cores que vemos neste campo. Há apenas cinco cores primárias: azul, amarelo, vermelho, branco e preto, mas ao combiná-las, produzimos mais nuances do que a mente comum pode conceber. Assim também acontece com o Método. Nestas cinco cores, encontramos a essência da Arte, meu senhor, e é por isso que posso auxiliá-lo em qualquer cenário e circunstância."
— "Desejo saber qual é a essência absoluta do Método, não as cinco cores, mestre. A menos que isso seja um segredo que, por motivos pessoais ou de juramento, você não deseja revelar nem mesmo ao seu patrono e rei de Wu.»
— "Meu senhor, revelaria com prazer, mas até pouco tempo atrás eu era um mestre itinerante e não acredito possuir as habilidades necessárias para explicar algo tão sutil, a menos que o faça da maneira que faço."

— "Mestre Sun, lembro-me de que você me aconselhou a fingir fraqueza quando sou forte e a fingir força quando sou fraco. Será que você está aplicando seus próprios conselhos?", perguntou o rei Helü, percebendo que o mestre Sun não estava disposto a revelar a essência absoluta que abriria as portas para o conhecimento completo do Método.

—"Direi o que sei, meu senhor", respondeu o mestre Sun, mantendo sua serenidade inabalada. "A essência do meu Método reside em compreender por que o primeiro passo é conhecer a si mesmo. Se Vossa Majestade se conhece e conhece o outro, não deve temer cem batalhas. Mas se Vossa Majestade se conhece e não conhece o outro, será vitorioso apenas metade das vezes. E se Vossa Majestade não se conhece a si mesmo e não conhece o outro, certamente será derrotado em todas as batalhas." Uma vez que Sua Majestade decifre por que isso é assim, então terá decifrado também a essência, ou "o segredo", como preferiu chamar.

O rei Helü, frustrado uma vez mais com a linguagem esotérica do mestre, fez um comentário enquanto os dois caminhavam pelos campos verdejantes do reino de Wu. O sol brilhava intensamente, pintando a paisagem com suas cores vivas e exuberantes.

—"Então devo continuar meditando sobre esses assuntos, pois até agora não consegui capturar a essência absoluta do Método", desabafou o rei Helü, sentindo uma mistura de curiosidade e impaciência.

Sun Tzu, com sua sabedoria inabalável, olhou para o horizonte, onde as montanhas majestosas se erguiam em todo o seu esplendor. Ele respondeu ao rei com uma voz calma e serena, que ecoava no ar como uma suave brisa.

—"É um bom e nobre exercício, meu senhor", disse o mestre. "Entre todos os animais, apenas o homem é capaz de aprender a raciocinar. Certamente o rei de Wu não desejará ser privado do prazer de expandir seu conhecimento através do esforço próprio."

Enquanto caminhavam, o rei Helü observou a água fluindo em um riacho próximo. A correnteza seguia o caminho de menor resistência, serpenteando pelas pedras e se movendo com facilidade. A cena deixou uma impressão profunda em sua mente.

"Devem procurar o caminho de menor resistência e evitar os caminhos que apresentam oposição", acrescentou Sun Tzu, recordando a conversa que tiveram anteriormente. "Assim como as águas das montanhas sempre buscam o terreno mais baixo e fluem onde encontram menos resistência."

O rei Helü suspirou profundamente, sentindo a magnitude das palavras de seu mestre, mas não entendendo o seu significado prático. Ele olhou para o céu e viu um falcão majestoso voando com graça e precisão. Suas asas se moviam com uma destreza singular.

—"Quando o voo do falcão rompe o corpo de sua presa, é por causa de sua precisão e força focalizada", recordou Sun Tzu. "Por isso, muitas vezes eu disse que o general vitorioso é aquele que sabe quando lutar e quando não."

Em meio à natureza exuberante, o rei Helü sentiu-se imerso em um cenário vívido e inspirador. As montanhas, os riachos e a presença do mestre Sun Tzu atiçaram nele o desejo ardente e urgente de compreender a essência absoluta do Método.

No entanto, o mestre Sun Tzu permaneceu enigmático em sua resposta. Ele sabia que a linguagem esotérica era necessária para transmitir o conhecimento profundo que se escondia por trás das palavras. Era um segredo que apenas os iniciados poderiam desvendar.

Enquanto continuavam a caminhar, Helü percebeu que a resposta que buscava não viria facilmente. O segredo estava entrelaçado com a natureza e as leis que governam o mundo. Era um conhecimento que transcendia as batalhas e estratégias militares. Essa verdade ancestral ressoava profundamente em sua alma, ligando-o à essência absoluta que buscava sem encontrar.

O rei Helü sabia que o caminho para desvendar a essência absoluta do Método exigiria paciência, reflexão e uma compreensão profunda das leis naturais. Ele estava determinado a descobrir essa chave interpretativa, esse segredo que abriria as portas para um conhecimento maior.

Naquele momento, o rei Helü decidiu que continuaria sua jornada em busca da essência absoluta. Ele abriria seu coração e mente para absorver a sabedoria da natureza e os ensinamentos de seu mestre. Somente assim ele seria capaz de compreender verdadeiramente a estratégia que governa não apenas as batalhas, mas todas as facetas da vida.

Nas próximas páginas, estudaremos os fundamentos da Estratégia, e você pode ter total certeza de que compreendendo qual é o Segredo da Estratégia, conhecendo seus princípios e aplicando-os, você viverá melhor, obterá maior equilíbrio, mais harmonia, maior tranquilidade em todos os seus empreendimentos, terá menos conflitos, causará menos destruição de valor e, portanto, gerará maior prosperidade para você e para seu ambiente.

> *"O máximo da Estratégia não é vencer todas as batalhas.*
> *O máximo da Estratégia é vencer sem lutar."*
>
> - Sun Tzu

Talvez tenha sido frustrante para o rei Helü, assim como para muitos hoje em dia, tentar aprender a pensar estrategicamente por meio de textos esotéricos. A interpretação correta dos escritos de Sun Tzu não surge de forma imediata e espontânea, pois os princípios estão por trás da linguagem exclusiva de um mestre que ensinava senhores da guerra na antiga China, há dois mil e quinhentos anos, durante os períodos das Primaveras e Outonos e dos Reinos Combatentes.

O "saber pensar" era tão importante e fundamental nesse contexto que o Método do Mestre Sun deveria necessariamente estar encoberto. Pois qual seria o sentido de revelar a todos o segredo do Método e perder aquilo que lhe permitia se diferenciar dos outros e afirmar que "todos veem as táticas pelas quais venço, mas ninguém vê a Estratégia por trás"?

Ressoa aqui o reclamo de Alexandre a seu professor Aristóteles: "Ouvi dizer que estás ensinando abertamente aquilo que nos ensinaste esotericamente. Quero que saibas que não concordo, pois como poderemos nos diferenciar dos outros em algum conhecimento se aquilo que recebemos de ti se torna exotérico, matéria comum a todos?"

Desde a China de Sun Tzu até a Grécia dos grandes strategoi, o Segredo da Estratégia não era compartilhado abertamente. Em outras palavras, sempre foi um conhecimento reservado a um grupo seleto.

Conscientes da importância vital desse conhecimento, continuemos essa exploração e descubramos o segredo que Sun Tzu não revelava abertamente nem mesmo aos reis. Conheceremos também as Cinco Sabedorias Estratégicas, que servirão como guia para ter total clareza sobre como pensar estrategicamente em qualquer contexto e situação. Exploraremos ainda o conceito de Grande Estratégia, que fornecerá a base mais sólida para pensar estrategicamente a longo prazo.

Sem mais demora, vamos agora ao século XX e continuemos a busca pelo Segredo da Estratégia, a essência de milhões de pétalas.

Livro chinês de tábuas de bambu. Este exemplar de "O Método" de Sun Tzu faz parte de uma coleção da Universidade da Califórnia, em Riverside..

3 - Em busca do Segredo da Estratégia

> *"Nobody really knows what strategy is"*
> THE ECONOMIST

I. Igor Ansoff, Michael Porter e The Economist

Há dois mil e quinhentos anos, Sun Tzu lembrou ao rei Helü que um líder que não dedica tempo para estudar e entender a Estratégia está negligenciando e arriscando perder aquilo que lhe é mais querido. No entanto, nos dias de hoje, grande parte dos líderes que atuam nos âmbitos político, empresarial e comunitário não possui uma compreensão clara do significado e dos conceitos por trás da palavra Estratégia. Essa realidade, que você mesmo poderá constatar assim que conhecer os princípios dessa arte, levou a renomada revista britânica The Economist a afirmar que "Ninguém realmente sabe o que é Estratégia". Embora devamos desconsiderar a hipérbole na afirmação da publicação britânica, ela expõe a maioria dos políticos, executivos, líderes comunitários, diretores e empresários que conduzem o destino de nossos países, de nossas economias e do planeta como um todo. No século XXI, a Arte da Estratégia continua sendo categorizada como um conhecimento praticamente esotérico.

Talvez seja compreensível que fiquemos surpresos ao perceber que aqueles que estão no comando de nossas organizações não possuem uma compreensão de como pensar estrategicamente. Essa surpresa geralmente surge da inferência de que uma pessoa em posição de liderança necessariamente sabe o que fazer, ou pelo menos para onde ir. No entanto, a realidade é outra, e frequentemente os líderes sabem sobre Estratégia tanto quanto qualquer indivíduo comum na rua. Em outras palavras, os líderes geralmente possuem um conhecimento apenas medíocre da arte que deveria caracterizá-los.

Michael Porter, o renomado professor da Escola de Negócios de Harvard, afirma que são muito poucos os indivíduos que compreendem como pensar estrategicamente, e que, após décadas trabalhando com centenas de empresas e milhares de executivos, pode afirmar com conhecimento de causa que o pensamento estratégico não costuma surgir espontaneamente.

Essa ignorância leva as organizações e os indivíduos ao fracasso, à perda de oportunidades e, nos piores casos, até mesmo à própria extinção.

Assim como teria acontecido ao reino de Wu se Helü não tivesse contado com a sabedoria de Sun Tzu.

Em busca do *Segredo da Estratégia*

Essa falta de clareza não deveria nos surpreender, se considerarmos que até a segunda metade do século XX, a própria palavra "estratégia" era totalmente desconhecida fora dos círculos militares. Esse termo grego não transcendeu os círculos militares até 1965, quando um matemático e consultor militar russo-americano chamado Igor Ansoff o utilizou no título de seu livro "Estratégia Empresarial". Desde então, Igor Ansoff passou a ser conhecido como o Pai da Gestão Estratégica.

A figura de Ansoff é fundamental para entender como a palavra "estratégia" se expandiu e se tornou parte do vocabulário cotidiano, embora seu significado, fundamentos e princípios permanecessem desconhecidos.

Com uma história e perfil profissional bastante incomuns, Ansoff encontrou-se na década de 1960 na posição ideal e no lugar certo para estender o uso da palavra "estratégia" além do contexto militar e introduzi-la no mundo corporativo.

Igor Ansoff nasceu em 1918 em Vladivostok. Seu pai era russo-americano e sua mãe era natural de Moscou. Logo no início da adolescência, seus pais decidiram escapar das consequências da Revolução Russa e dos bolcheviques, migrando para os Estados Unidos. Após atravessar grande parte da Ásia no trem Transiberiano durante o rigoroso inverno, os Ansoff chegaram a Moscou e depois foram para Leningrado. Em São Petersburgo atual, embarcaram em um pequeno navio cargueiro que mal comportava doze pessoas e cruzaram o Atlântico em uma viagem que durou semanas.

A família Ansoff chegou a Nova York e Igor se dedicou a buscar apoio para concluir seus estudos. Graças ao seu talento em matemática, o jovem Igor conseguiu uma bolsa universitária, formando-se em engenharia e posteriormente obtendo um doutorado em ciências matemáticas.

No entanto, quando Igor Ansoff, com apenas 21 anos, poderia ter pensado que sua história estava caminhando para se estabilizar e que finalmente poderia desfrutar de uma vida simples ensinando matemática, física e procurando uma namorada, irrompeu a Segunda Guerra Mundial. As esperanças de anos tranquilos dedicados à matemática desapareceram quando, em dezembro de 1941, o Japão atacou surpreendentemente a base naval dos Estados Unidos em Pearl Harbor e os Estados Unidos, sua nova pátria, foram forçados a entrar em uma guerra na qual não desejavam se envolver. Igor Ansoff viu-se obrigado a rever suas expectativas ao ter que se incorporar à força naval de seu país, onde serviu como ligação com a Marinha de sua pátria-mãe, a Rússia, então sob o estandarte da União das Repúblicas Socialistas Soviéticas (URSS).

Quando a guerra terminou e os Estados Unidos se encontraram na posição de líder dos países ocidentais e a União Soviética, anteriormente aliada de guerra, foi identificada pelos diplomatas americanos em Moscou[10] como uma nova e terrível ameaça mundial, o exército dos Estados Unidos se interessou pelos conhecimentos matemáticos de Igor Ansoff. Seu talento matemático, seu conhecimento da cultura da URSS e agora sua experiência no mundo militar o catapultaram para a posição de um dos líderes intelectuais da recém-formada e semissecreta RAND Corporation.

A RAND Corporation era um think tank[11], uma organização fundada com o objetivo de fornecer ideias e promover o desenvolvimento das forças armadas dos Estados Unidos, que estava apenas começando a Guerra Fria contra a expatriação de Ansoff. Certamente, nas salas de reuniões e planejamento da RAND, a palavra "estratégia" não era desconhecida, assim como seus fundamentos e princípios.

Em 1957, após anos liderando projetos na semissecreta RAND, Ansoff aceitou a proposta da Lockheed Martin, outra organização ligada ao mundo militar, para ocupar o cargo de Diretor de Planejamento. A direção de Planejamento da Lockheed Martin era a oportunidade ideal para que um matemático com sua mente organizada e disciplinada pudesse aproveitar os talentos e conhecimentos muito específicos que havia cultivado. Em seu novo trabalho, Ansoff teve a capacidade de aplicar sua experiência e liderar uma grande mudança na forma de planejar e trabalhar. Ele criou processos mais adequados para facilitar a tomada de decisões ao identificar cenários que se repetiam no dia a dia da organização.

Por anos, Ansoff estudou esses cenários pelos quais a corporação passava e os classificou em grupos determinados para então estudar e propor alternativas e soluções para cada um dos cenários padrões. Essencialmente, Ansoff

---

[10] *George F. Kennan foi o diplomata americano que persuadiu o governo de seu país a conter a União Soviética, pois esta representava um poder insaciável que teria planos de conquistar o mundo com sua ideologia. Em 1946, Kennan enviou um extenso telegrama de cinco mil e quinhentas palavras de Moscou ao Secretário de Estado americano, afirmando que a União Soviética era insegura e que, após misturar sua suposta insegurança com a ideologia comunista e o "secretismo oriental e de conspiração", também era perigosa. Para saber mais sobre o início da Guerra Fria, leia o "Longo Telegrama" de Kennan e o artigo intitulado "As fontes do comportamento soviético", publicado posteriormente em 1947 na revista Foreign Affairs, sob o misterioso pseudônimo "X" (o próprio George F. Kennan).*

[11] *Think Tank se refere a uma instituição de especialistas de natureza investigativa, cuja função é a reflexão intelectual sobre assuntos de política social, estratégia política, economia, militar, tecnologia ou cultura.*

projetou uma metodologia que permitia identificar rapidamente o cenário e propor um curso de ação com maior segurança.

Ainda relativamente jovem, mas desejando encerrar sua carreira aos 45 anos, Ansoff planejou sua transição para o mundo acadêmico. Naquela época, ele já possuía uma combinação única de conhecimento em planejamento, matemática e uma vasta experiência tanto no mundo militar quanto nos ambientes corporativos. Em 1963, foi contatado pela Escola de Administração Industrial da Universidade Carnegie Mellon para ensinar em suas novas disciplinas de gerenciamento. Não demorou muito e o ex-consultor militar e ex-diretor de planejamento percebeu que seria um passo lógico publicar um livro sobre seu método. Isso permitiria que líderes corporativos e empresariais profissionalizassem o planejamento em suas empresas e também estabelecessem sua autoridade no campo acadêmico.

Assim o fez e, em 1965, ao escolher o título de seu livro, Ansoff trouxe para fora do contexto militar aquela palavra grega que provavelmente ouviu pela primeira vez durante a Segunda Guerra Mundial e posteriormente várias vezes na semissecreta RAND Corporation: estratégia. Naquele ano, Igor Ansoff publicou o livro "Corporate Strategy" (Estratégia Empresarial, em português), utilizando o termo grego para se referir ao seu método de planejamento baseado em cenários corporativos.

O livro de Ansoff não tinha a intenção de explicar aquele conhecimento secreto e esotérico que Sun Tzu e os grandes estrategistas gregos como Alexandre o Grande, guardavam zelosamente. Seu livro tratava especificamente de como interpretar diferentes cenários corporativos e agir neles. Assim, a palavra estratégia, que até então era desconhecida no mundo corporativo (e obviamente desconhecida para o público em geral), passou a ser, de fato, uma abreviação para denominar o método de planejamento proposto por Igor Ansoff. Desde então, é comum encontrar pessoas que assumem que estratégia é sinônimo de plano.

No entanto, o Segredo da Estratégia ao qual Napoleão se referia, aquele pelo qual Alexandre reclamaria de Aristóteles e que Sun Tzu escondia, não é simplesmente um sinônimo de plano ou planejamento. Da mesma forma, o que foi publicado em 1965 por Igor Ansoff também não era a «essência de milhões de pétalas" que daria ao seu detentor a possibilidade de descobrir o Segredo.

O livro "Estratégia Empresarial", no entanto, ajudaria empresários a obter uma estrutura para pensar, organizar e tomar decisões com base em cenários. Foi um grande passo para o emergente mundo corporativo, e a obra de Ansoff foi muito bem-sucedida em um mercado ávido por profissionalização em meio à crescente competição e negócios cada vez mais complexos. Graças a Igor Ansoff, as corporações agora não precisavam mais perder tanto tempo em reuniões, tentando pensar qual seria o melhor caminho, tentando organizar informações e percepções que levavam a mais confusão ou simplesmente à paralisia. Agora, o empresário tinha uma matriz de "estratégia corporativa". Foi um passo significativo e até mesmo revolucionário para a época. No entanto, a própria matriz não é a Estratégia. Em todo caso, a Estratégia é o que encontraríamos por trás da matriz, assim como aquilo que Sun Tzu afirmava que ninguém conseguia ver, "ninguém consegue ver a Estratégia por trás".

A palavra "estratégia" foi extraída do seu contexto original, reduzida e simplificada para se adequar à definição do neologismo proposto por Ansoff. Foi assim que, durante o processo de transição de um mundo para outro, de um contexto para outro, esse antigo termo grego perdeu sua complexa multidimensionalidade e significado original. Estratégia passou a ser algo unidimensional, algo que pode ser representado em um gráfico ou em uma apresentação.

É provável que, sem a perda de suas várias dimensões, o uso da palavra estratégia nem mesmo teria se expandido para o vocabulário moderno, pois é mais fácil usar uma palavra que define um conceito unidimensional do que adotar uma que representa um conhecimento multidimensional. É menos conflituoso e alivia a consciência de seus usuários modernos pensar que se tem um plano, já se tem uma estratégia.

O antiquíssimo conceito por trás da palavra estratégia, que se perdeu na história desde a época helenística, sobreviveu nos laboratórios intelectuais da RAND Corporation, mas posteriormente foi reduzido a um neologismo que conquistou com sua ambiguidade as salas de reuniões corporativas. A partir daí, passou a ser ouvida nos lábios de políticos, gerentes, atletas, treinadores de futebol e qualquer pessoa que tenha um plano ou esteja em uma situação de competição. Pouco a pouco, a palavra estratégia foi adicionada ao nosso vocabulário diário, mas já destituída de suas dimensões e de seu poder, tornou-se quase vã.

Em 1996, três décadas após a publicação do livro de Igor Ansoff, um professor da Harvard Business School chamado Michael Porter escreveu um artigo na revista Harvard Business Review intitulado "O que é estratégia?".[12]

Em seu famoso artigo, o professor Porter definiu o que é estratégia de negócios. A definição de Porter vai além de cenários e planos, acrescentando profundidade ao conceito de estratégia de negócios e considerando princípios fundamentais da Arte da Estratégia, embora não de forma ex-

---

[12] *"What is Strategy?" Harvard Business Review Nov-Dez. 1996.*

plícita. Porter afirma que a estratégia de empresas trata de ser diferente, de ser único para um segmento de mercado, e que para alcançar a diferença é indispensável escolher o que não fazer. Em outras palavras, não se pode ser tudo para todos, pois a estratégia trata de saber como e onde se concentrar.

Hoje já podemos acessar o conhecimento sobre o que é estratégia de empresas ao ler Michael Porter, mas conhecer e compreender o professor de Harvard não nos permitirá ampliar nosso conhecimento sobre como pensar e aplicar a estratégia em qualquer outro contexto que não seja o de uma empresa com fins lucrativos. O próprio Michael Porter trabalhou durante anos para traduzir seus conceitos de estratégia de empresas para organizações sem fins lucrativos (por exemplo, ONGs, fundações). Essa adaptação é necessária, uma vez que seu modelo de estratégia de empresas não é imediatamente transferível para organizações sem fins lucrativos e muito menos para áreas tão diferentes como esportes ou a vida em si.

Como já dissemos antes, não deve nos surpreender que três anos após a publicação original do professor Porter, trinta e quatro anos após o livro de Igor Ansoff e mais de dois mil e trezentos anos após Sun Tzu e Alexandre o Grande, a revista britânica The Economist tenha publicado sua peça publicitária global sarcástica afirmando: "Ninguém realmente sabe o que é estratégia".

No final das contas, estratégia é uma palavra antiquíssima que encapsula um conceito e princípios observados pelos antigos gregos, e não se limita à arte de fazer negócios, construir marcas ou posicionar empresas. Também não é a arte de vencer campeonatos esportivos ou ter boas ideias e, estritamente falando, nem mesmo é a arte da guerra. Embora este último seja o cenário em que a ausência de Estratégia seja mais imediatamente perceptível e onde é indispensável obedecer aos princípios que regem esse antigo conhecimento grego.

A guerra, os negócios, os esportes, a política e outros campos de competição são situações em que a estratégia é necessária, mas nesses campos não nos explicarão o que é Estratégia e como se pensa estrategicamente.

Para saber exatamente o que é Estratégia, precisamos primeiro voltar à origem, precisamos conhecer seus fundamentos, seus princípios e sua essência. Vamos continuar nossa jornada indo à fonte original de onde brota, de maneira clara e simples, o significado literal de Estratégia e suas implicações.

"A dúvida é a origem da sabedoria."

RENÉ DESCARTE

4 - O significado da Estratégia

I. Queroneia e o strategos

Os feridos que jaziam espalhados entre os quase três mil mortos no campo gradualmente diminuíam à medida que os minutos passavam. Manchados com seu próprio sangue e o dos outros, eles abandonavam seus corpos para mergulhar na indolor escuridão do Hades. Quando a tênue claridade do crepúsculo desapareceu e deu lugar à luz branca da lua, os gemidos não se ouviam mais. Uma figura solitária surgiu no meio da penumbra do campo de batalha. O ambiente fantasmagórico iluminado pela lua permitiu distinguir um homem de estatura mediana, barba e armadura macedônia, que, mancando, se aproximou dos corpos. A coxeadura desse homem não era de nascença, mas sim resultado de um guerreiro bárbaro que anos atrás o havia ferido com uma lança durante a batalha contra os Ilírios. A lâmina de ferro havia atravessado completamente sua coxa e continuado sua trajetória até atingir o coração do cavalo que montava. Desde então, o homem ficou coxo. Embora não fosse feio, uma de suas cavidades oculares estava vazia e, em vez do olho, uma grande cicatriz atravessava transversalmente seu rosto, desde o ponto onde a testa se encontra com a sobrancelha até o início da bochecha. Na verdade, ele fora um homem de boa aparência, pois, do contrário, pareceria um monstro, já que também exibia outras marcas visíveis nos braços, pescoço e ombros. Cicatrizes de outras batalhas que lhe conferiam uma aparência mais velha do que seus quarenta e quatro anos. O homem cambaleava não apenas devido à coxeadura, mas também pelo total esgotamento e um pouco pelo vinho. Mas ao final do dia, ele havia concluído a inspeção do resultado de sua Estratégia.

Os ajudantes de campo estavam separando e empilhando os cadáveres de acordo com suas cidades de origem para prosseguir com a cremação e a tradição grega. Ao observar os corpos que estavam acumulados, alguns em fileiras e outros ainda em montículos, ele mais uma vez recordou que a cidade de Atenas nunca mais seria a mesma. Nem tampouco Tebas, Corinto e, menos ainda, sua Macedônia.

O homem de barba e cicatrizes parou onde havia estado o centro do combate em sua ala esquerda. Ele subiu em um montículo de trezentos hoplitas beócios empilhados, que horas antes lutavam ferozmente contra seu filho. Seu filho, um adolescente que, apesar das previsões dos gregos, havia conseguido romper e destruir a formação da até então invencível Banda Sagrada

Tebana. A elite das falanges beócias havia dado uma grandiosa demonstração de coragem e, a todo momento, mantiveram a formação ombro a ombro, escudo com escudo, sem recuar ou lançar seus escudos para fugir. Eles lutaram até o último homem.

Ao conseguir estabilizar seu corpo sobre o montículo onde os mortos beócios haviam sido empilhados, o homem de feroces cicatrizes pediu a um de seus soldados que lhe lançasse uma bota de vinho. Bebeu profundamente do odre de couro de cabra. Ao terminar, enxugou os lábios e a barba com a parte externa da mão, e um sorriso de satisfação e orgulho cruzou seus lábios. Nesse momento, o maior strategos que os gregos haviam conhecido não resistiu à tentação. Em um instante, ele liberou o poderoso impulso de seu sangue, o mesmo que havia levado seu ancestral Héracles à loucura e ao heroísmo, e iniciou uma dança de guerra sobre os corpos que se acumulavam e cobriam o campo de Queroneia.

Ao ver essa cena primitiva, um de seus companheiros da cavalaria macedônia, que também inspecionava os mortos, dirigiu-se ao rei como se ele fosse apenas mais um dos falangistas e o repreendeu: - Por Héracles, Filipe! Você se parece com um bárbaro, comporte-se como o strategos basileus que você é!

O strategos basileus da Macedônia, Filipe II, imediatamente se recompôs ao perceber que estava se comportando de maneira primitiva. Ele não queria ser considerado um bárbaro. Ele era um macedônio grego, descendente de Héracles, campeão olímpico e pertencente à linhagem dos reis argéadas. Então, em vez de dançar sobre os mortos, Filipe ordenou a construção de um leão de pedra em homenagem aos trezentos heróis da Banda Sagrada Tebana que haviam sido conduzidos ao Olimpo por seu filho Alexandre e sua cavalaria macedônia.

Quando Filipe II da Macedônia, pai de Alexandre o Grande, venceu os gregos na batalha de Queroneia em 338 a.C. (unificando pela primeira e única vez todos os helenos), ele ocupava o papel de strategos basileus da Macedônia.[13] O cargo ao qual os gregos chamavam de strategos estava diretamente relacionado ao conceito de estratégia e, portanto, precisamos primeiro considerar o significado de strategos para, em seguida, chegar à definição original da palavra estratégia.

O ateniense Sócrates afirmava que definir corretamente os conceitos e palavras constitui o primeiro passo no estudo e compreensão de qualquer arte. Isso ocorre porque podemos superar uma barreira linguística com a ajuda de um tradutor, mas se atribuirmos conceitos equivocados às palavras, a barreira se torna muito maior e geramos confusão, mesmo falando o mesmo idioma.[14]

---

13   *Com exceção de Esparta.*
14   *Nesse sentido, a verdadeira Torre de Babel não é aquela da confusão de línguas, mas sim aquela da confusão de conceitos.*

Sugiro que, por um momento, deixemos de lado qualquer definição de estratégia que tenha sido construída ou adaptada para contextos específicos e pontuais. Aquilo que nos levará a descobrir o Segredo da Estratégia não será a definição dada por um livro de negócios ou por acadêmicos que geralmente falam para um público segmentado e do ponto de vista de seu campo de especialização específico. Na verdade, a única definição de que precisamos e que será útil para empreender a busca pelos fundamentos da Arte da Estratégia é aquela utilizada pelos antigos gregos, aquela que era conhecida por Péricles, Temístocles, Filipe, Aristóteles, Alexandre, Aníbal Barca, Júlio César e os outros Grandes Comandantes da Antiguidade identificados por Napoleão.

Vamos, portanto, definir a palavra estratégia de maneira simples e direta, conforme nos é transmitida do grego antigo.

II. O que é Estratégia? Stratos - strategos - strategia

A palavra estratégia faz alusão ao strategos, uma posição de poder nas pólis da Grécia arcaica e clássica. Essa posição existia em todas as cidades-Estado da Grécia, bem como nos reinos de Esparta e Macedônia, onde era um cargo ocupado diretamente pelos reis (strategos basileus ou strategos autokrator). Os cidadãos gregos dos séculos IV e V a.C. eram plenamente conscientes de que todos dependiam da habilidade do strategos, de sua capacidade mental.

O pensamento do strategos e sua forma de agir em tempos de guerra e em tempos de paz eram chamados pelos gregos de Estratégia. Estratégia era a arte, a função e a capacidade do strategos. No entanto, assim como no caso do Método do mestre Sun na China, os fundamentos e princípios da arte do strategos não eram revelados abertamente em nenhuma cidade grega, e poucos líderes chegavam a aprendê-los de forma sistemática. Saber como pensar e como agir no papel de strategos era categorizado como um conhecimento que deveria ser transmitido apenas de forma esotérica, literalmente. A palavra esotérico é recorrente e a analisaremos mais adiante, pois eram pouquíssimos, tanto na China quanto na Grécia, aqueles que obtinham as chaves interpretativas que davam acesso a tal conhecimento.

A razão pela qual esse conhecimento permanecia encoberto pode ser inferida a partir de seu significado literal. A palavra estratégia (στρατηγία) deriva inicialmente da raiz stratos (στρατός), cuja tradução aproximada é "exército". No entanto, devemos considerar que o stratos não era um exército composto por soldados profissionais, mas por cidadãos que forneciam suas próprias equipes de infantaria e se capacitavam por vontade e responsabilidade próprias.[15] Esses homens formavam o stratos e, por fazerem parte dele, eram os

---

[15] *A exceção, mais uma vez, era Esparta, onde os cidadãos eram fundamentalmente guerreiros hoplitas.*

únicos que poderiam ser cidadãos da pólis. Ser cidadão significava fazer parte do stratos, e fazer parte do stratos implicava a cidadania.[16]

Os líderes da cidade escolhiam um deles (ou dez no caso de Atenas) para liderar o stratos, e a esse líder chamavam de strategos (στρατηγός). Esse era o cargo que personagens históricos como Epaminondas, Pelópidas, Péricles, Temístocles, Milcíades, Filipe e Alexandre ostentavam.

A estratégia era uma consequência direta de sua sabedoria prática e pessoal.[17] Portanto, quando o destino de todo o stratos, e consequentemente de todos os habitantes da pólis, estava em jogo; quando os cidadãos lutavam até a morte formados nas falanges gregas nos campos de batalha; ou quando as negociações diplomáticas eram conduzidas e era necessário projetar e antecipar o futuro, era o strategos aquele que deveria saber pensar e agir corretamente. Homens viveriam ou morreriam, mulheres seriam livres ou escravizadas, crianças continuariam seus jogos infantis nas ruas ou seriam separadas de suas famílias e vendidas como mercadorias, idosos viveriam ou seriam executados, e até mesmo animais e campos teriam seus destinos definidos, dependendo de como o strategos pensava e agia, ou, em outras palavras, de sua Estratégia.

Esse papel determinante dos strategos existiu durante toda a época clássica e parte do período helenístico.[18] Posteriormente, o título foi desaparecendo e deixou de ser utilizado, embora até hoje poucas pessoas duvidem do papel determinante que o líder desempenha no destino de nossas organizações e sociedades, embora agora com outros títulos (por exemplo, presidente, CEO, diretor, etc.).

A estratégia é, em sua definição mais fundamental e simples, "aquilo que o strategos, o líder, pensa e faz". Se o significado original do conceito de estra-

---

[16] *A democracia em Atenas se expandiu à medida que eram necessários mais hoplitas para lutar nas falanges. Da mesma forma, quando Atenas se concentrou na marinha, a democracia expandiu ainda mais, pois eram necessários mais cidadãos para remar nos trirremes.*

[17] *Strategos Sofía.*

[18] *No ano de 480 a.C., quando Xerxes e suas miríades do Império Persa Aquemênida vieram destruir Atenas, os atenienses contaram com um grande strategos na figura de Temístocles. Isso literalmente significou que eles não desapareceriam da história. Além disso, Temístocles demonstrou ser capaz de ter uma visão de longo prazo, prever, reposicionar-se a tempo, reverter a história e elevar a autoestima dos cidadãos atenienses por gerações, culminando na "Era de Ouro de Atenas". Por outro lado, um strategos incompetente ou corrupto como Alcibíades significou o ressurgimento de guerras, mortes, derrotas desnecessárias, traições e o início do fim do Império Ateniense. Situações semelhantes encontramos nos destinos de Esparta, Tebas, Corinto, Megara, Mileto, inúmeras poleis ao redor do Mediterrâneo e, é claro, também no destino da Macedônia.*

tégia é "como o strategos pensa e age" e se o destino de todos dependia dessa capacidade, então a pergunta mais prática e relevante que surge para nós que buscamos o Segredo da Estratégia é: como o strategos deve pensar e agir?

Para responder a essa pergunta fundamental, enfrentamos um grande desafio, pois, como mencionamos, a arte da estratégia (στρατηγία) não era ensinada abertamente em nenhuma cidade grega. No entanto, sabemos que houve uma escola de Estratégia na Grécia, que foi a escola mais consequente de Estratégia da história, se julgarmos pelos feitos alcançados por seus alunos. Nessa escola, o Arte da Estratégia era ensinado a um grupo muito seleto de indivíduos, e sua reforma e expansão foram uma das grandes genialidades e iniciativas daquele homem barbudo, coxo e de um olho só que dançou sobre os cadáveres dos tebanos após a batalha de Queroneia, em 338 a.C.

Mas antes de conhecer a Escola Real de Pajens de Filipe II da Macedônia, uma das mais determinantes escolas esotéricas da história, precisamos primeiro compreender o significado da palavra esotérico e conhecer a diferença entre conhecimento comum, conhecimento exotérico e conhecimento esotérico.

Busto identificado como Filipe II da Macedônia, do meio do século IV a.C.; na Gliptoteca Ny Carlsberg, Copenhague.

5 - As Três Maneiras de Transmitir o Conhecimento

I. O Segredo da Estratégia - Decodificando o conhecimento esotérico

"Ouvi dizer que você está ensinando abertamente aquilo que nos foi ensinado de forma esotérica. Quero que saiba que não concordo, pois como poderemos nos destacar em algum conhecimento se aquilo que recebemos de você se tornar exotérico, uma matéria comum para todos?"

Este é um trecho de uma carta de Alexandre o Grande, para Aristóteles, onde ele reclama do ensino aberto no Liceu de Atenas sobre conhecimentos que em Macedônia foram transmitidos de forma esotérica a ele e seus companheiros.

A transmissão esotérica do conhecimento era uma prática bastante comum no mundo antigo. Entre os gregos, esse conhecimento pelo qual o indivíduo recebia os princípios e fundamentos para saber como pensar em tempos de guerra e paz, em outras palavras, a arte do strategos, era categorizado como um conhecimento de transmissão esotérica.

Essa palavra grega, "esotérico", será frequente em nossa busca pelo Segredo da Estratégia, e, portanto, é importante explicá-la e interpretá-la corretamente. Neste capítulo, veremos as três maneiras de transmitir conhecimento na antiguidade e compartilharei um exemplo para que também entendamos a razão pela qual existia essa categorização na transmissão de conhecimentos.

Comecemos pela palavra "esotérico". Hoje em dia, algumas pessoas interpretam essa palavra como sinônimo de misticismo, superstição ou práticas pseudo-espirituais. No entanto, essas interpretações geralmente surgem de nossa ignorância em relação ao significado de duas palavras gregas opostas: exotérico e esotérico. As escolas em todo o mundo grego eram muitas e tinham o costume de dividir o conhecimento em três níveis: o conhecimento comum, o exotérico e o esotérico. Essa divisão identificava o modo de transmissão, não o conteúdo.

Se imaginarmos círculos concêntricos, sendo o conhecimento comum o círculo mais externo, o conhecimento exotérico o círculo do meio, então o conhecimento esotérico seria o círculo mais interno, o terceiro nível, o conhecimento exclusivo por definição.

A forma esotérica de transmitir o conhecimento era aquela de comunicação exclusiva, limitada a um círculo fechado de pessoas, disponível apenas para um grupo seleto. Por outro lado, a forma exotérica de transmitir o conhecimento era aquela em que o conhecimento estava aberto e disponível para todos que desejassem recebê-lo. Na Grécia, como posteriormente em Cartago e Roma, os princípios e fundamentos de "como o strategos deve pensar" eram transmitidos de uma geração para outra de forma limitada e exclusiva, ou seja, de forma esotérica. Às vezes, a transmissão do conhecimento de estratégia ocorria por meio da relação pai-filho, como no caso de Amílcar e Aníbal, Filipe e Alexandre, ou entre os membros da família dos Cipiões. Em outras ocasiões, a transmissão do conhecimento de Estratégia ocorria de strategos para strategos. Mas seja por meio do parentesco, da cidadania ou da posição em uma determinada polis, a transmissão do conhecimento de Estratégia sempre ocorreu de forma exclusiva, de forma esotérica.[19]

Vamos ver um exemplo para deixar clara a diferença entre esotérico e exotérico, e também para entender por que, em algumas ocasiões, a transmissão esotérica, com todo o seu secretismo e suas limitações, era a única conveniente para algumas ciências e artes.

A evolução do conhecimento das ciências médicas servirá como um exemplo histórico para diferenciar os três níveis de conhecimento identificados pelos gregos. Ao vermos esse exemplo, confio que será fácil para nós compreender, por analogia, por que a Estratégia sempre foi identificada como conhecimento esotérico entre os gregos e por que foi perdida ao longo do tempo.

II. Conhecimento comum, exotérico e esotérico.
A medicina como exemplo de conhecimento comum, exotérico e esotérico

A maioria das pessoas que habitam este planeta não são médicas. Essa não é uma afirmação controversa, e eu mesmo posso afirmar que não possuo nenhum conhecimento das ciências médicas que me permitiria dar uma opinião ou fazer um diagnóstico no campo da medicina. No entanto, apesar da minha declarada ignorância nas ciências médicas, acredito possuir um conhecimento comum que, de acordo com meu próprio julgamento, me permite tomar decisões básicas sobre medicina. Esse conhecimento comum sobre medicina me dirá que se eu tiver febre e fortes dores abdominais do lado direito, pode ser um caso de apendicite. Pode ser, mas também pode não ser.

---

[19] *O segredo e a exclusividade que caracterizavam a transmissão esotérica explicam por que esse conhecimento se perdeu ao longo do tempo e, ao mesmo tempo, nos oferecem uma melhor perspectiva para entender por que, até hoje, "ninguém realmente sabe o que é estratégia", como afirmava a campanha da revista The Economist. Também explica as tentativas de preservar o conhecimento esotérico ao abri-lo parcialmente e encobri-lo por meio de analogias, símbolos ou metáforas.*

O conhecimento comum realmente não sabe muito, mas acredita saber algo e pode nos levar a grandes equívocos.

O conhecimento comum costuma ser genérico e impreciso, é medíocre por definição, embora possa conter uma dose de verdade. Nos piores cenários, o conhecimento comum será usado como instrumento de manipulação por pessoas sem escrúpulos e mal-intencionadas. Por exemplo, é perigoso em democracias quando os políticos se aproveitam da imprecisão e da grande quantidade de preconceitos que caracterizam esse conhecimento e assim manipulam os incautos e ignorantes. Em muitas ocasiões, o conhecimento comum pode ser pouco mais do que ignorância e preconceito.[20]

Em alguns casos, esse tipo de conhecimento pode nos levar a abandonar a lógica e descartar o bom senso. Uma pessoa que se baseia apenas no conhecimento comum pode chegar ao ponto de não diferenciar claramente entre a verdade e a mentira, entre aquele que sabe e aquele que não sabe. Em uma época em que não se acredita no "especialista", vemos que muitas decisões são baseadas no conhecimento comum. Quando esse conhecimento prevalece e se impõe na sociedade, é um sinal de que estamos vivendo em uma era de ignorância e confusão.

Como os filósofos gregos sabiam muito bem, a educação em qualquer campo do conhecimento começa além do conhecimento comum.

Portanto, se eu desejasse aprender as ciências médicas e não colocar a vida das pessoas em risco com meu conhecimento comum, eu deveria estar disposto a abandonar minhas ideias preconcebidas, ser humilde, estar aberto para ser instruído, me esforçar e adquirir o próximo nível de conhecimento mais especializado. Esse segundo nível era aquele em que os gregos chamavam de exotérico.

A palavra exotérico (εξωτερικό) referia-se aos conhecimentos que eram ensinados abertamente pelos filósofos e/ou professores. Aristóteles foi um dos primeiros a utilizar essa divisão e categorizar seus livros em exotéricos e esotéricos. O conhecimento categorizado como exotérico era superior ao conhecimento comum e exigia esforço e disciplina por parte do interessado para adquiri-lo. Era um conhecimento especializado e ensinado abertamente.[21] Esse era o segundo nível de conhecimento.

Seguindo nosso exemplo das ciências médicas, observamos que se um indivíduo quisesse obter um conhecimento sólido em medicina, ele deveria abandonar os preconceitos do conhecimento comum e ingressar na Faculdade de

---

[20] *Como o conhecimento comum existe em todas as áreas, também é importante notar sua relevância para a vida cotidiana e tarefas de pouca importância transcendental. No entanto, o conhecimento comum em algumas situações se torna inadequado, especialmente em questões de estratégia e liderança.*

[21] *O prefixo "ex-" na palavra grega "exotérico" indica externalidade.*

Medicina. Lá, ele dedicaria muitos anos ao estudo do conhecimento exotérico e, em um determinado dia, seria convidado a fazer o juramento de Hipócrates. Nesse dia, ele seria reconhecido como conhecedor das ciências médicas. Uma vez obtido o conhecimento exotérico, o indivíduo já teria feito um grande progresso.

Mas se, após deixar para trás os preconceitos do conhecimento comum e se educar com os conhecimentos exotéricos, o indivíduo ainda sentisse a inclinação de continuar avançando, então ele tentaria ter acesso ao conhecimento que os gregos categorizavam como esotérico.

O conhecimento categorizado como esotérico (εσωτεριστικό) normalmente abordava os aspectos mais profundos e fundamentais de uma ciência, arte ou espiritualidade, sendo ensinado exclusivamente a um grupo seleto de pessoas.

No século XXI, podemos presumir que o conhecimento no campo das ciências médicas é completamente exotérico, ou seja, aberto e disponível para aqueles que possuem talento, desejo, tempo e recursos para buscá-lo. É um conhecimento que apresenta algumas barreiras, mas está acessível. No entanto, em épocas passadas, parte do conhecimento médico era esotérico, literalmente. A história nos lembra que a medicina também foi ensinada de forma esotérica, assim como ocorreu com outras ciências e artes ao longo da história humana.

No caso da medicina, havia um motivo específico pelo qual parte do conhecimento médico era reservado, oculto e até mesmo considerado um "segredo" por alguns povos e culturas. Uma das formas mais eficazes de compreender as doenças e o funcionamento do corpo humano sempre foi a manipulação, observação e investigação de cadáveres. No entanto, na cultura grega, assim como em outras culturas do mundo antigo, os cadáveres eram considerados sagrados e sua manipulação era um tabu religioso. Portanto, o uso de cadáveres para estudo médico era proibido, e qualquer forma de manipulação fora das normas e tradições era considerada um ato sacrílego passível de severas punições.

No entanto, essas restrições religiosas não impediam que aqueles indivíduos que desejavam obter mais conhecimento sobre o corpo humano se arriscassem em buscar o terceiro e mais interno nível de conhecimento. Esses estudantes ousavam desafiar as leis, adquirindo cadáveres e os abrindo para estudar e ampliar seus conhecimentos médicos.[22] Naturalmente, essas reuniões de estudo eram clandestinas e secretas.

---

[22] *Na Antiguidade, os egípcios eram considerados os melhores médicos e acredita-se que a razão para isso era o fato de que, com a prática da mumificação, eles adquiriam conhecimentos mais precisos e profundos sobre anatomia, doenças e os remédios necessários.*

Impulsionados pela curiosidade científica, mas plenamente conscientes dos riscos envolvidos, esses médicos formavam associações secretas para compartilhar exclusivamente o conhecimento obtido. Em uma época em que violar leis religiosas poderia resultar em punições extremas, como a morte ou o exílio, a fonte do conhecimento obviamente não era divulgada. Os indivíduos admitidos nessas reuniões eram de grande confiança e eram selecionados com extremo cuidado, pois se um deles traísse o grupo, todos sofreriam as consequências.

De fato, o conhecimento esotérico costumava ser transmitido por meio de organizações secretas, e sua divulgação era parcial e velada. Isso era feito para preservar seu caráter exclusivo e evitar sua perda ou desaparecimento ao longo do tempo. Essas organizações utilizavam símbolos, mitologias, analogias ou linguagem poética para encobrir e proteger o conhecimento, de modo que apenas os membros do grupo, os iniciados, tivessem as chaves interpretativas.[23]

À medida que o tempo passava, muitas das razões para manter certos conhecimentos ocultos foram desaparecendo e começaram a ser divulgados de forma exotérica, ou seja, de forma aberta e acessível ao público em geral. Como resultado, os conhecimentos categorizados como esotéricos tornaram-se relativamente escassos.

Os conhecimentos esotéricos podiam ter naturezas variadas, pois a palavra "esotérico" indica sua exclusividade e não sua essência. No entanto, a associação equivocada da palavra "esotérico" com o místico, superstições ou estritamente espiritual se deve ao fato de que, na Grécia, muitas das escolas esotéricas estavam dedicadas a explicar questões relacionadas à condição da alma humana, à psique (ψυχή). Os gregos chamavam esse conjunto específico de ensinamentos esotéricos dedicados à psique de «mistérios", os Mistérios Gregos. As duas principais razões pelas quais tendemos a associar erroneamente a palavra "esotérico" a temas espirituais ou místicos são a representação desproporcional que os Mistérios Gregos[24] tinham nos ensinamentos esotéricos da Grécia e o fato de que muitos desconhecem a origem dessa palavra atualmente.

III. Estratégia: um conhecimento originalmente esotérico

No caso da Arte da Estratégia, a razão pela qual era considerado conhecimento esotérico não estava relacionada a aspectos religiosos, mas sim a

---

[23] *Manly P. Hall*
[24] *Entre esses mistérios gregos, os Mistérios Eleusinos eram provavelmente os mais difundidos e conhecidos na Grécia clássica, chegando a exercer uma grande influência até os primeiros séculos da era cristã.*

questões geopolíticas diretamente ligadas à preservação dos valores mais preciosos dos gregos: a liberdade e a autonomia.

Os gregos valorizavam imensamente a liberdade devido à consciência de que a alternativa em caso de derrota era a escravidão total. Desde Homero (por volta do século VIII a.C.) em diante, eles atribuíam grande importância à liberdade, cientes de que seus inimigos, se tivessem a oportunidade, os escravizariam e os submeteriam a uma condição de absoluta subjugação, na qual homens, mulheres e crianças seriam vendidos e tratados como objetos.[25]

A preservação da liberdade individual era a prioridade máxima. Era o tesouro mais valioso que um cidadão poderia possuir, além de sua saúde física. A liberdade, no entanto, era um estado que dependia dos líderes (strategoi) e do conhecimento da Estratégia que eles possuíam nos momentos mais difíceis e dramáticos, como ocorreu em 490 a.C. e 480 a.C., durante as duas invasões persas.

As palavras de advertência do mestre Sun ao rei Helü sobre a importância de estudar e prestar atenção a tudo relacionado à Estratégia ressoavam em Atenas, Roma, Susa, Babilônia, na distante Ecbatana e praticamente em todo o mundo antigo. Pois, se os líderes das cidades não possuíssem o conhecimento de "como pensar", tarde ou cedo, a tão valorizada liberdade seria substituída pela escravidão.[26] Além disso, devemos lembrar que essas comunidades gregas do passado enfrentavam a possibilidade de pelo menos uma ou duas batalhas ao longo de uma geração.[27] Em outras palavras, uma ou duas vezes em sua vida, o grego comum corria o risco de cair na escravidão ou ser morto no campo de batalha.

Sob essa dicotomia entre liberdade e escravidão, vida e morte, devemos entender por que o conhecimento de "como pensar" que um strategos possuía era categorizado como esotérico. Porque, afinal, essa era a capacidade de "saber pensar" para garantir que os cidadãos tivessem as melhores oportunidades de manter sua autonomia e liberdade pessoal (autonomia e eleutheria).

Assim, o conhecimento da Estratégia constituía a maior e mais fundamental vantagem que uma cidade-Estado poderia ter, e mantendo-o oculto e transmitindo-o apenas a alguns indivíduos selecionados, os gregos manti-

---

[25] *Os antigos gregos e romanos também fizeram o mesmo com seus inimigos. O alto percentual de escravos em Atenas, Esparta, Roma e outras cidades antigas era resultado das conquistas históricas dessas cidades.*

[26] *Isso continua acontecendo nos dias de hoje, mas a diferença está no fato de que os modos de escravidão são mais variados do que na Antiguidade.*

[27] *The Classical World: An Epic History from Homer to Hadrian. Robin Lane Fox.*

nham uma vantagem sobre outros povos. Por outro lado, se o conhecimento da Estratégia fosse ensinado abertamente, qualquer um poderia obtê-lo, seja amigo ou inimigo, grego ou bárbaro.

Como o Mestre Sun disse, a capacidade de pensar estrategicamente era o que diferenciava os vitoriosos dos derrotados, os livres dos escravos, os vivos dos mortos. Por essa razão, a transmissão aberta e inclusiva do conhecimento de Estratégia nunca foi considerada uma boa ideia. Assim, o Segredo da Estratégia era mantido sob chave e nem todos os strategoi o conheciam. Aqueles que o conheciam tinham motivos práticos, lógicos e políticos para mantê-lo oculto, em outras palavras, para mantê-lo esotérico.

Sendo conscientes desses três níveis de conhecimento, agora podemos nos voltar para a Escola Real (e esotérica) de Pajens da Macedônia. Foi nesta "escola de estrategistas" que o grande Aristóteles ensinava, e foi aqui que Alexandre o Grande, o comandante representado no camafeu central da Mesa de Napoleão, estudou a Arte da Estratégia e como pensar de acordo com a Natureza, em conformidade com a realidade, com lógica, inteligência e bom senso. Embora seja verdade que o graduado mais conhecido dessa escola de estrategistas, como Aristóteles a chamava, entrou para a história como o maior de todos os tempos, é justo enfatizar que seus colegas de classe eram todos jovens macedônios, filhos dos companheiros de Filipe II, que acabaram suas vidas como faraós, reis, sátrapas, governadores e aspirantes a impérios.

É nesse contexto que devemos ler a reivindicação que Alexandre faz a Aristóteles na carta escrita durante sua campanha nas distantes montanhas da Ásia.

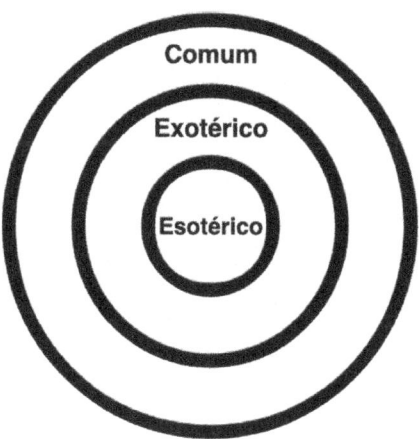

6 - A Escola de Estratégia

> *Assim como para a Música temos Mozart*
> *e para a Física temos Einstein,*
> *assim para a Estratégia temos Alexandre.*
>
> PhD. Rufus Fears

Ao perceber que dançar sobre os corpos dos caídos fazia parte de seu lado mais sombrio, um aspecto que ele não desejava que os gregos vissem e, muito menos, julgassem, o rei Filipe rapidamente se recompôs, abandonou o vinho e retomou seu papel de strategos basileus. Ele tratou os mortos da Sagrada Banda Tebana com respeito e seguiu os rituais da tradição grega. Incinerou os corpos dos hoplitas em sete fileiras e recolheu suas cinzas para depois enterrá-las perto do local onde Alexandre e seus companheiros de cavalaria haviam derrotado e eliminado a elite das poderosas e valentes falanges beócias. Ele fez o mesmo com os atenienses, por respeito à tradição. Após a cerimônia de cremação, organizou uma comitiva que acompanharia as cinzas dos atenienses até sua cidade natal. A comitiva foi liderada por Antípatro[1], e Filipe, em um gesto muito significativo, enviou seu filho Alexandre, ainda um adolescente, mas já provado em batalha, para representá-lo e entregar as cinzas aos líderes atenienses.

No entanto, essa decisão de Filipe ainda não era do conhecimento dos atenienses, que estavam em pânico depois de ouvir os primeiros mensageiros relatarem como a aliança das cidades gregas, convocada e liderada por Atenas e idealizada por Demóstenes, havia sofrido uma grande derrota perto da pequena cidade de Queroneia. A batalha tinha como objetivo principal deter a expansão de Filipe II da Macedônia e restaurar o poder de Atenas e de seus aliados Tebas e Corinto. No entanto, durante a batalha, no flanco esquerdo, Demóstenes foi dominado pelo terror e jogou seu escudo para fugir e salvar sua vida. Minutos antes, os atenienses que lutavam à esquerda junto com Demóstenes haviam sido surpreendidos depois de acreditar estarem vencendo. Muitos foram mortos, outros foram capturados. No centro, as falanges coríntias foram destruídas pelas falanges macedônicas. E no flanco direito, onde lutavam os poderosos e até então invencíveis tebanos, nenhum dos tre-

---

[1] *Antípatro da Macedônia (400 a.C. - 319 a.C.) foi um general e estadista macedônio sob os reis Filipe II da Macedônia e Alexandre o Grande, e pai do futuro rei Cassandro.*

zentos da Sagrada Banda sobreviveu. Ao ouvirem essas primeiras notícias, os atenienses sentiram o coração desfalecer, pois naquele momento apenas dois destinos pareciam possíveis: a escravidão ou a morte por execução. Muitos acreditavam que a própria cidade desapareceria, embora tivesse sido salva duas vezes no passado. Mas neste momento histórico, em agosto de 338 a.C., todos, homens, mulheres, idosos, jovens, crianças e animais, todos estavam nas mãos do stratego vitorioso e este, pelas antigas leis da guerra, poderia fazer o que quisesse com os vencidos.

Mas o rei Filipe II da Macedônia era, de fato, o maior stratego que a Grécia havia visto até então. Embora seus inimigos, especialmente o ateniense Demóstenes, o chamassem de «bárbaro", eles próprios o consideravam o mais inteligente e perspicaz entre os líderes e estrategistas que a Grécia havia conhecido. Filipe assegurou aos derrotados, por meio de Antípatro, que os deixaria livres e não pediria resgate pelos prisioneiros. Ele apenas pedia que a cidade de Atenas lhe concedesse sua amizade, pois Filipe declarava ter grande admiração pela razão, pela história heroica e pela beleza de Atenas. Isso surpreendeu a todos e a angústia dos atenienses desapareceu completamente quando Alexandre assegurou à assembleia reunida no Areópago que todos estariam bem, inclusive Demóstenes e os inimigos pessoais de seu pai, Filipe.

Foi um ato de clemência sem precedentes na história.[2] Os atenienses se alegraram imensamente, ergueram uma estátua do rei Filipe no Ágora e decidiram se unir à Liga de Corinto sob o comando do agora *strategos autokrator* de toda a Grécia[3], Filipe II da Macedônia.

As habilidades diplomáticas de Filipe eram tão ou mais importantes do que sua genialidade no campo de batalha, e os sucessos desse homem coxo, de aparência rude e parcialmente cego, de fato superavam os de todos os líderes e estrategistas gregos anteriores. Mas antes de obter sua fama entre os gregos, Filipe teve que salvar a Macedônia. O rei Filipe tinha 22 anos quando assumiu o controle da Macedônia, no ano de 364 a.C., quando ela estava à beira do desaparecimento, derrotada por seus vizinhos, enfraquecida e à beira da morte. Ele a salvou e a reformou, conquistou muitos pela amizade e venceu outros pela aplicação da Arte da Estratégia na batalha. De uma forma ou de outra, em tempos de guerra e em tempos de paz, Filipe sabia como pensar e agir. Ele levou a Macedônia a se tornar o berço do futuro grande império

---

[2] *É provável que Filipe tenha visitado Atenas quando adolescente, oculto sob o manto do anonimato. A renomada clemência pela qual Alexandre seria posteriormente reconhecido teria sido resultado dos ensinamentos que seu pai lhe transmitiu sobre a importância da diplomacia e da amizade na conquista.*

[3] *Com exceção de Esparta.*

helênico que marcou a história de nossa civilização e superou em poder a Atenas da Era de Ouro de Péricles.

A inteligência e as reformas de Filipe II foram as bases para um império helênico, sonhado pelos filósofos, que se tornaria tão extenso e tão determinante para a história humana que ninguém, nem mesmo ele mesmo, poderia ter imaginado.

Filipe II unificou pela primeira vez desde a época homérica de Agamenon as cidades gregas beligerantes, e todos, exceto os espartanos, agora estavam sob sua liderança. Embora seus planos subsequentes não tenham se concretizado, ele estabeleceu as bases para que seu filho o sucedesse, libertasse as cidades gregas na Ásia Menor e se animasse a acreditar que era possível conquistar o império persa e o mundo.

Mas tudo isso não foi a culminação de um plano improvisado, mas sim uma ideia amadurecida ao longo dos anos, uma reforma profunda e uma visão realizada com paciência e eficácia.

Entre todas as obras fundamentais que Filipe havia concebido e realizado, e que posteriormente serviram ao seu filho para opacá-lo, as mais lembradas pelos historiadores costumam ser as reformas militares. A profissionalização das falanges macedônicas e a unificação da cavalaria para executarem em coordenação a tática do "martelo e bigorna" são conhecidas por todos os historiadores. No entanto, foi outra reforma, uma que geralmente não é mencionada com frequência e que não está relacionada às armas, mas sim à mente, que determinou o destino da Macedônia após sua morte.[4]

Essa reforma, da qual poucos falam, mas que foi absolutamente fundamental para a história de Alexandre o Grande, e consequentemente para a história de nossa civilização, foi executada por Filipe oito anos antes de sua morte. A reforma transformou a Escola Real de Páginas, "alma mater" de Alexandre e seus companheiros reais, em uma escola de Estratégia. Uma Escola de Estratégia reformada e liderada pela mente grega mais poderosa e rica da história, Aristóteles.

É aqui, na Escola Real de Páginas da Macedônia, que nos encontramos muito próximos do ponto de vista cronológico e geográfico daquilo que Napoleão Bonaparte chamava de Segredo da Estratégia. Sabemos que aquele representado no centro da Mesa dos Grandes Comandantes havia estudado na Escola Real de Páginas e lá recebeu, de Aristóteles e de seu pai, Filipe, os princípios e fundamentos sobre "como pensar" e como ser um grande estrategista.

---

[4] *O rei Filipe foi assassinado por um guarda-costas dois anos após a batalha de Queroneia, durante o casamento de sua filha Cleópatra.*

I. A Escola Real de Pajens da Macedônia - A Escola de Estratégia

A Escola Real de Pajens[5] foi provavelmente uma das reformas intelectuais mais importantes realizadas por Filipe antes de ser assassinado e deixar o trono para Alexandre (355 a.C.). Embora a escola possa ter existido desde o século V a.C., quando em Atenas Péricles já havia implementado plenamente a grande revolução do pensamento crítico e racional, somente no século III a.C. a Escola Real se tornou o centro educacional que formou futuros imperadores, faraós, generais, governadores e conquistadores.

Nos primeiros tempos, sob o reinado de Arquelau da Macedônia (413 a 399 a.C.), a Escola Real havia sido o centro educacional dos príncipes, e sob Filipe continuou a servir a esse propósito. No entanto, Filipe expandiu a admissão na Escola para transformá-la em um centro de formação em Estratégia para os príncipes e filhos da nobreza macedônia. Dessa forma, todos os "companheiros reais" de Filipe, bem como outros amigos importantes e nobres aliados estrangeiros, tiveram a oportunidade de fornecer a melhor educação para seus herdeiros.[6] A instituição passou a ser chamada de Escola Real de Pajens e tinha sua sede na capital, Pela, e um local de retiro nas montanhas de Mieza.

A escola era o equivalente à Academia Militar de West Point para os Estados Unidos ou à Academia Militar dos Generais para a Rússia. O historiador militar e professor da Academia Militar Real do Canadá, Richard A. Gabriel, explica que a escola funcionava como um internato e exigia a conclusão de um currículo rigoroso e exigente com duração de quatro anos. Os cadetes geralmente ingressavam aos 14 anos de idade, percorriam um currículo anual, semelhante às escolas militares modernas, e se formavam aos 18 anos. Cada turma era composta por cerca de cinquenta estudantes, totalizando aproximadamente duzentos jovens matriculados ao mesmo tempo. O currículo incluía os estudos gregos usuais e também enfatizava conhecimentos específicos.[7] Isso incluía a leitura dos numerosos tratados de história militar grega que surgiram desde o fim das Guerras do Peloponeso, como o escrito por Eneias, o Tático Arcadiano (360 a.C.), e certamente os relatos de Xenofonte e a Expedição dos Dez Mil, um texto brilhante sobre liderança e logística aplicada, além dos textos de Heródoto, Tucídides e outros.

---

[5] *O termo "pajem" era usado para se refirir a qualquer jovem que estava a serviço do rei. O nome deriva de uma contração da palavra grega π*☒☒☒ *(pais = criança).*

[6] *"Havia uma tradição, que remontava aos tempos de Filipe, segundo a qual os filhos dos macedônios ricos e influentes, ao atingirem a adolescência, eram selecionados para servir ao rei" (Flávio Arriano, Anábasis de Alexandre, IV, 13, 1).*

[7] *Philip II of Macedonia: Greater Than Alexander, 2010 por Richard A. Gabriel.*

Quando Alexandre atingiu a idade de 12 ou 13 anos, Filipe sabia que seu filho havia chegado ao momento em que precisava de uma educação especializada. Se algum dia ele ocuparia o trono da Macedônia e o título de strategos basileus, ele precisaria de um tipo de formação concedida a poucos na Escola Real de Pajens. Para enriquecer ainda mais o currículo e com a convicção de que não desperdiçaria tempo ou recursos ao convocar a mente mais poderosa da época para guiar e iluminar seu filho prodígio, Filipe contratou Aristóteles. Embora fosse um exilado sem renome na época, ele era conhecido por Filipe desde a adolescência. Aristóteles havia vivido em Pela quando criança, pois seu pai havia sido médico do rei Amintas IV, pai de Filipe.

Aristóteles era natural da cidade vizinha de Estagira, na península Calcídica, e tinha apenas um ou dois anos a menos que Filipe, então eles haviam crescido juntos em Pela. Aos 17 anos, o futuro filósofo deixou a Macedônia para ir a Atenas, onde passaria vinte anos estudando. Depois se formou na Academia de Platão e, sendo o aluno mais destacado e possuindo uma mente ampla e racional, após a morte de seu mestre, o jovem Aristóteles esperava assumir a direção da escola. No entanto, devido às suas conexões com a corte da Macedônia, ele foi expulso de Atenas por Demóstenes e pelo partido antimacedônio.

Três anos depois, quando Filipe o convidou a retornar a Pela como tutor de Alexandre, Aristóteles aceitou a oferta na esperança de encontrar o rei-filósofo idealizado que Sócrates e Platão haviam descrito em seu diálogo mais conhecido. Assim como Sócrates havia ensinado a Platão e este, por sua vez, havia instruído Aristóteles, agora o filósofo de pernas finas, olhos pequenos como os de uma raposa, trajes chamativos e mente prática transmitiria a Alexandre o melhor da educação grega. O acordo com Filipe foi concluído com a promessa dele de reconstruir a cidade natal do filósofo, Estagira, que havia sido recentemente destruída.

O relacionamento com Aristóteles foi fundamental para a formação de Alexandre e certamente ele foi um mestre inspirado que praticamente inventou a lógica e foi o primeiro grande cientista experimental. Seus conhecimentos eram amplos e incluíam física, astronomia, biologia, embriologia, meteorologia, medicina[8] e muitos outros, tanto exotéricos quanto esotéricos. Ele havia sido pioneiro no estudo da ética e incutiu em Alexandre a ideia de que as maiores virtudes vêm da moderação.

---

[8] *Aristóteles adquiriu o conhecimento da arte da medicina de seu próprio pai, Nicômaco, e transmitiu esses conhecimentos a Alexandre. Posteriormente, como estrategista no campo de batalha, Alexandre pessoalmente tratava ferimentos e receitava remédios para seus homens.*

Todos os príncipes reais, incluindo Alexandre, frequentaram a Escola Real de Pajens, assim como os filhos da nobreza e os companheiros próximos de Filipe.

Grande parte da educação de Alexandre como futuro *strategos basileus* envolvia aprender todas as artes ensinadas por Aristóteles e se associar aos filhos desses companheiros do rei (hetairoi) que, no momento oportuno, seriam seus próprios companheiros e generais. Mais tarde, vários de seus colegas da Escola Real se tornaram governadores, sátrapas, imperadores e faraós, sendo um dos mais notáveis Ptolomeu.[9]

Além da educação formal grega liberal, os alunos eram submetidos a um rigoroso treinamento militar. Todos os cadetes, incluindo os príncipes reais, eram exigidos a levar uma vida dura que incluía jejum, treinamento de resistência, caça a animais selvagens com lanças, equitação e outras experiências fundamentais para o treinamento militar macedônio. Os cadetes mais velhos serviam como guardas do rei enquanto ele dormia. Também lhes era permitido sentar-se à mesa com o rei e tinham a responsabilidade de cuidar de seus cavalos. A disciplina na Escola Real de Pajens era muito rígida, de estilo "espartano" por assim dizer, e as infrações eram punidas com chicotadas, muitas vezes aplicadas pelo próprio rei. Era sabido que Filipe uma vez espancou até a morte um estudante por não cumprir uma ordem militar. Seguindo a educação heroica que recebiam, os cadetes mais velhos, aqueles que estavam prestes a se formar, acompanhavam o rei em campanhas e frequentemente morriam protegendo-o. Segundo o historiador Justino, muitos desses jovens, alguns filhos de Filipe, morreram em batalha como guarda-costas de seu rei.

Essa foi a reforma educacional realizada por Filipe e é fundamental em nossa busca pelo Segredo da Estratégia, porque sabemos que aqui era ensinado aquilo que procuramos. O professor de história na Escola Militar Real do Canadá, Richard A. Gabriel, afirma que "Aristóteles estava certo ao chamá-la de escola para estrategistas".

II. A reclamação de Alexandre a Aristóteles

Já encontramos o centro educacional onde o conhecimento esotérico de Estratégia era ensinado e onde estudou ninguém menos que o maior strate-

---

[9] *Foi assim que se iniciou a Dinastia Ptolomaica, que controlou o país do Nilo nos três séculos seguintes. Ptolomeu também estabeleceu as bases para a futura Biblioteca de Alexandria, e o Egito se tornou assim um reino helenístico, com a cidade de Alexandria se tornando uma das mais importantes do mundo antigo. Ele foi coroado faraó em 305 a.C., embora esse título fosse usado apenas perante os cidadãos egípcios, enquanto se apresentava como basileus ou strategos basileus para os estrangeiros, como pode ser visto nas moedas cunhadas durante seu reinado.*

gos da história. Mas agora precisamos ter acesso ao conteúdo que era ensinado a Alexandre e seus companheiros reais.

No primeiro capítulo, lemos um trecho de uma carta escrita por Alexandre a seu professor Aristóteles, na qual ele reclamava o fato de o filósofo estar ensinando abertamente, no Liceu de Atenas, um conhecimento que ele e seus companheiros haviam adquirido de forma esotérica na Escola Real de Pajens da Macedônia. Esta é uma das correspondências mais curiosas entre essas duas figuras históricas. Agora, conhecendo o que vimos nos capítulos anteriores, leia novamente a reclamação de Alexandre:

> Ouvi dizer que você está ensinando abertamente aquilo que nos ensinou de forma esotérica. Quero que saiba que não concordo, pois como poderemos nos destacar dos demais em algum conhecimento se aqueles que recebemos de você se tornam, daqui para frente, exotéricos, matéria comum a todos? Certamente eu [Alexandre] preferiria me destacar no conhecimento do que é excelente, em vez da grandiosidade de minhas conquistas e poderes.

Essa reclamação é duplamente curiosa porque Alexandre, além de ter sido o discípulo mais destacado de Aristóteles e ter demonstrado grande interesse pelas ciências naturais, medicina, botânica, retórica, filosofia, geologia e outros conhecimentos adquiridos durante seus anos na Escola Real de Páginas e posteriormente ao longo de sua vida, também era um homem ávido por compartilhar e difundir esses conhecimentos. No momento em que escreveu a carta a Aristóteles, supõe-se que Alexandre estivesse atravessando as montanhas da Ásia Central em busca de Dario III, e ele já havia se estabelecido historicamente como o maior e mais consistente promotor da troca de conhecimentos entre os povos da Europa, do Mediterrâneo e da Ásia. Nessa época, o jovem rei macedônio já havia sonhado com a grande Biblioteca de Alexandria, onde todos os povos compartilhariam suas ciências, sabedoria, conhecimentos e opiniões, estabelecendo as bases comuns para formar um reino universal.[10] Nesse reino universal e sob seu domínio, todos, ao contrário do que foi ensinado por Aristóteles, seriam considerados iguais. Em outras palavras, Alexandre não era um homem que desejava perpetuar o esoterismo do conhecimento, e ele não era mesquinho quando se tratava de compartilhar o saber.

---

[10] *A biblioteca seria fundada no século III por Ptolomeu Sóter, autoproclamado herdeiro de Alexandre no Egito e fundador da dinastia Ptolemaica de faraós. Ptolomeu foi outro destacado aluno da Escola Real de Pajens da Macedônia.*

No entanto, seria ingênuo pensar que Alexandre, em meio à perseguição perigosa e exaustiva a Dario III pelos confins da Báctria-Sogdiana, praticamente o fim do mundo do ponto de vista grego, encontraria tempo para reclamar com Aristóteles sobre o fato de ele estar ensinando abertamente conhecimentos esotéricos de botânica, biologia, retórica ou até mesmo filosofia. Seria lógico admitir que Alexandre também não se referiria, em sua carta, aos conhecimentos que ele mesmo promovia ao longo das terras conquistadas e que posteriormente tiveram seu centro de pesquisa na Biblioteca de Alexandria. Do ponto de vista lógico e histórico, faria mais sentido inferir que Alexandre questionava a decisão de Aristóteles de ensinar abertamente uma disciplina na qual eles, Alexandre e seus companheiros, se destacavam entre os demais. A reclamação de Alexandre diz respeito a um conhecimento específico, prático e de consequências tangíveis e imediatas, do ponto de vista dele como strategos. Tratava-se de algo que haviam aprendido de forma esotérica na Escola Real de Pajens e que, segundo ele ouvira, agora estava disponível no Liceu de Atenas.

Então, a que tipo de conhecimento esotérico adquirido durante seus anos na Escola Real de Pajens Alexandre poderia estar se referindo? Não podemos ter certeza histórica, mas sabemos que, entre toda a ampla e vasta gama de interesses e conhecimentos atribuídos a Alexandre e seus companheiros, nenhum era mais óbvio do que seu interesse e genialidade em Estratégia. Também sabemos que a Escola Real de Pajens era literalmente, nas palavras do próprio Aristóteles, uma "escola de Estratégia". Coincidentemente, era a Estratégia aquele conhecimento que sempre havia sido guardado e considerado esotérico entre os líderes gregos e do qual Filipe II havia sido o maior expoente até a chegada de Alexandre.

Seria possível, então, que Alexandre estivesse reclamando a Aristóteles o fato de ele estar ensinando abertamente os princípios da Estratégia que anteriormente eram compartilhados apenas de forma esotérica?

A resposta de Aristóteles a Alexandre foi em parte confirmando a abertura do conhecimento, mas, por outro lado, assegurando que, de alguma maneira, esse conhecimento continuaria oculto e velado:

> Deves saber que os conhecimentos esotéricos, aqueles cuja publicação lamentas porque a partir de agora não permanecerão escondidos como segredos, nem estão publicados nem deixam de estar, pois serão compreensíveis apenas para aqueles que nos prestaram atenção.

A resposta aristotélica foi muito similar àquela que esperaríamos do mestre chinês Sun Tzu. Sun Tzu também havia recorrido à abertura parcial do conhecimento de Estratégia ao registrar em tabuletas, mas mantendo o véu da linguagem metafórica. A resposta de Aristóteles também é coerente com a tendência observada, especialmente durante o período helênico, de abrir parcialmente conhecimentos esotéricos para tentar evitar que se perdessem ao longo do tempo.

Aristóteles poderia então ter conceituado e escrito o conhecimento da Estratégia que Filipe II havia adquirido de Epaminondas e depois herdado por Alexandre e disseminado por toda uma geração de jovens? Poderia ter chegado primeiramente de forma esotérica aos macedônios por meio da Escola Real de Páginas e, posteriormente, de forma exotérica, aos alunos do Liceu em Atenas? Certamente seria natural que o mais eclético e prático dos filósofos gregos demonstrasse interesse na mais vital das ciências-artes dos líderes gregos.[11] O que sabemos é que Aristóteles escreveu cerca de duzentos tratados sobre uma enorme variedade de temas, incluindo lógica, metafísica, filosofia da ciência, ética, filosofia política, estética, retórica, física, astronomia e biologia, e é provável que também tenha escrito sobre Estratégia. No entanto, a maioria desses tratados se perdeu ao longo do tempo, e hoje conhecemos apenas um pouco mais de trinta escritos aristotélicos.

Embora Aristóteles tenha registrado, publicado e depois ensinado de forma exotérica a até então esotérica Arte da Estratégia, como Alexandre parece reclamar, não temos acesso a esses escritos que, de qualquer forma, foram perdidos ao longo do tempo. Da mesma forma, o conhecimento esotérico específico ao qual Alexandre se referia em sua reclamação também foi perdido, e era claramente guardado com maior zelo pelo strategos autokrator e hegemon da Liga de Corinto do que pelo eclético Aristóteles.

O que sabemos com certeza é que a Escola Real de Pajens, alma mater de Alexandre, Ptolomeu[12], Antígono, Seleuco, Pérdicas, Lisímaco, futuros reis, sátrapas, faraós e pretendentes a impérios, era um centro de formação para estrategistas. Sabemos também que o conhecimento sobre Estratégia que Alexandre possuía era excepcional, lendário e desejado pelos maiores

---

[11] *Devemos lembrar que os antigos gregos usavam a palavra "arte" como um termo genérico para atividades especializadas. Não havia diferenciação entre os conceitos de ciência e arte, nem entre artista e artesão.*

[12] *Plutarco, em sua biografia de Demétrio I, intitulada "O Assediador de Cidades", conta como ele enfrentou Ptolomeu, ex-aluno da Escola Real de Pajens, na Síria. Plutarco afirma que não se poderia esperar nada além de uma derrota para Demétrio, já que ele era jovem e tinha em Ptolomeu um adversário strategos que havia estudado "na mesma escola de Alexandre". A superioridade em estratégia do ex-aluno da Escola Real de Pajens foi confirmada pelo fato de que Demétrio foi completamente derrotado perto da cidade de Gaza, e oito mil de seus homens foram feitos prisioneiros, enquanto outros cinco mil foram mortos pelas forças de Ptolomeu. Veja Plutarco, "Demétrio I", Capítulo V, II.*

comandantes e estrategistas há dois milênios. Sabemos também que Filipe o instruiu na arte do strategos com o exemplo pessoal e vastos recursos. Da mesma forma, sabemos que o conhecimento de como praticar essa arte era mantido sob o véu do esotérico, pois era a garantia, ou pelo menos a esperança, de preservar a liberdade e autonomia dos gregos e macedônios.

Mas, embora a grande maioria dos escritos de Aristóteles tenha sido perdida, não perca a esperança de encontrar o Segredo da Estratégia e entender como se pensa estrategicamente. Existe outra maneira de descobrir os fundamentos e princípios da Estratégia que Alexandre recebeu na Escola Real de Pajens.

O primeiro passo está em compreender que o Segredo da Estratégia ao qual Napoleão Bonaparte se referia não é uma fórmula mágica ou uma receita instantânea, mas sim princípios. Esses princípios da Estratégia podem ser deduzidos por meio da observação e foram descobertos no final do século XVIII por Napoleão e por um jovem oficial suíço chamado Antoine-Henri Jomini. Esse jovem oficial estava sob as ordens do Marechal Michel Ney, o principal general de Napoleão Bonaparte, e chamou a atenção do imperador francês por ter descoberto esses fundamentos esotéricos da Estratégia.

No próximo capítulo, veremos onde Napoleão e Jomini encontraram os princípios da Estratégia que guiavam Alexandre e os Grandes Comandantes da história. Veremos onde também poderemos encontrar o conhecimento esotérico que era ensinado na Escola Real de Pajens da Macedônia.

Aristóteles, desenho de Ambroise Tardieu.

7 - Jomini e a descoberta dos princípios da arte do strategos

> *"Lutei em sessenta batalhas e não aprendi nada que não soubesse anteriormente. Olhe para César, ele lutou a primeira assim como a última."*
>
> Napoleão Bonaparte

Definimos Estratégia em seu sentido original como "aquilo que o strategos pensa e faz". Isso naturalmente nos leva a perguntar: como um strategos deveria pensar? Ou melhor ainda, como pensavam aqueles strategoi que conheciam o Segredo da Estratégia?

Estratégia (στρατηγία) era o conhecimento, a sabedoria e o autodomínio que o líder possuía para saber como pensar e como agir em tempos de guerra e em tempos de paz. Dessa definição literal surgem pelo menos duas implicações. A primeira é que estratégia e liderança não podem ser dissociadas, pois o strategos é, efetiva e literalmente, o líder do stratos. A segunda é que a capacidade de pensar e agir é desenvolvida por meio de um conhecimento multidimensional, assim como multidimensionais são a vida em si e o pensamento humano.

I. Multidimensionalidade da Estratégia

Uma das razões pelas quais "ninguém realmente sabe o que é Estratégia"[13] é que a multidimensionalidade do conceito de Estratégia desapareceu em meio a múltiplas fórmulas, matrizes, simplificações, caixas e compartimentalizações acadêmicas que tentam enquadrar a Estratégia nessas mesmas fórmulas e esquemas. No entanto, a multidimensionalidade e a natureza holística da Arte da Estratégia são explicitamente reconhecidas pelos grandes estrategistas da história. Sun Tzu dividia seu Método em cinco dimensões. O mesmo acontecia com Carl von Clausewitz. Outros acadêmicos modernos chegaram a esquematizar até dezessete dimensões da Estratégia.[14]

---

[13] *Uma afirmação hiperbólica da The Economist.*
[14] *Como exemplo, temos Colin S. Gray (29 de dezembro de 1943 - 27 de fevereiro de 2020), um escritor britânico-americano especializado em geopolítica e professor de Relações Internacionais e Estudos Estratégicos na Universidade de Reading.*

Em Atenas, Esparta, Macedônia ou na antiga China, o conceito original de Estratégia considerava várias dimensões do ser e do conhecimento. Essas dimensões ou aspectos da arte podiam ter nomes diferentes, mas o pensamento e as ações do strategos sempre deveriam estar apoiados nos princípios da Arte da Estratégia.

Com o objetivo de ordenar o pensamento, sintetizamos a Arte da Estratégia em cinco dimensões: Propósito, Liderança, Inovação, Sistema Estratégico e Princípios Estratégicos.[15]

Compreender que a Estratégia é uma arte multidimensional é importante, mas mais importante ainda é conhecer os princípios, pois eles são o conhecimento fundamental que permitirá que você pense como um strategos. Portanto, mesmo que estejamos cientes dessa multidimensionalidade inerente à Arte da Estratégia, saibamos também que o prático não está em identificar a quantidade específica de dimensões na Estratégia. O mais importante é compreender que tudo o que diz respeito à arte do strategos deve ser fundamentado em princípios específicos intocáveis que surgem das leis naturais, da lógica e do bom senso.

Após identificar as dimensões da Estratégia, é importante se esforçar para possuir certo grau de habilidade em cada uma delas, mas do ponto de vista intelectual e mental, todo o processo começa com o conhecimento dos Princípios Estratégicos. São esses princípios que estabelecem os fundamentos da arte do strategos.

Como pensar e como agir era o segredo

Especificamente na dimensão dos Princípios Estratégicos, encontraremos "o Segredo" mencionado por Napoleão, a essência do perfume de todas as pétalas que Helü buscava, aquilo que Aristóteles poderia ensinar a Alexandre na Escola Real de Pajes sem precisar ser um homem de guerra ou falar de manobras militares.

Conhecendo os Princípios Estratégicos, você conhecerá a essência de tudo. São os Princípios Estratégicos que você deve lembrar, considerar, meditar e usar para tomar decisões e definir o curso de ação. São os Princípios Estratégicos que guiaram a mente e as ações de Alexandre e dos Grandes Comandantes no curto, médio e longo prazo. Esses Princípios Estratégicos estão presentes na estrutura de pensamento dos estrategistas que Napoleão homenageou em sua Mesa e que nos advertiu, por meio de suas máximas, que quando conhecemos bem os Princípios de

---

[15] *Sempre lembrando que as simplificações são limitadas e o strategos deve compreender de forma completa e profunda os Princípios Estratégicos para não se tornar vítima de suas próprias simplificações.*

Estratégia e os aprendemos, então seremos capazes de rejeitar qualquer ideia, ação ou decisão que nos leve por um caminho oposto a esses princípios. Somente assim, segundo Napoleão, chegaremos a pensar como pensavam Alexandre, Júlio César e Aníbal.

Embora na dimensão dos Princípios Estratégicos encontremos a essência da Arte da Estratégia, não podemos deixar de mencionar as outras quatro dimensões que o indivíduo precisará para colocar em prática os Princípios Estratégicos.

Acredito ser importante e apropriado enfatizar o Propósito na Estratégia, pois é nessa dimensão que o destino é definido. Embora uma pessoa possa conhecer os Princípios Estratégicos e pensar e conceber estratégias específicas sólidas do ponto de vista "técnico", se durante o processo de seguir e aplicar esses Princípios Estratégicos o objetivo de longo prazo (o propósito) for esquecido ou omitido, as chances de fracasso serão grandes.

O Propósito é tão importante que o consideraremos em todos os momentos e o incluiremos entre os Princípios Estratégicos por meio do conceito de Grande Estratégia. O Conceito de Grande Estratégia nos ajuda a lembrar de forma mais clara que as dimensões de Propósito e Princípios Estratégicos são parte de um todo. Na verdade, as cinco dimensões - Propósito, Liderança, Inovação, Sistema Estratégico e Princípios Estratégicos - formam uma unidade.[16]

Essa unidade de dimensões na Estratégia é fundamental, mas neste livro descobriremos a dimensão dos Princípios Estratégicos, pois é aqui que está o segredo de "como pensar" e assim poderemos responder à pergunta "como um strategos deve pensar?". Quando soubermos responder a essa pergunta, teremos alcançado a "essência" da Arte da Estratégia que o rei Helü desejava possuir.

II. O Resgate dos Princípios da Estratégia (Além do termo)

Como vimos anteriormente, a palavra "estratégia" não havia sido utilizada fora do contexto militar até que Igor Ansoff a trouxe do ambiente militar para o mundo corporativo em 1965. Nesse processo de importação, a palavra se desvinculou de seu conceito original (multidimensional) e acabou sendo reduzida a pouco mais do que um sinônimo de plano.

No entanto, no contexto militar, a palavra "estratégia" também não havia sido utilizada até ser resgatada da antiga Grécia pelos generais de Napoleão

---

[16] *Assim como o número 5 não representa apenas a soma de cinco uns separados, mas sim uma unidade de cinco partes, também consideramos as Cinco Dimensões da Estratégia como um sistema de cinco partes que formam uma unidade.*

no final do século XVIII.[17] Os franceses resgataram a palavra[18], mas, mais importante ainda, também resgataram os princípios.

Entre os oficiais de Napoleão Bonaparte, um em particular se destacou por afirmar ter descoberto os princípios da Arte da Estratégia. Esse oficial era um jovem suíço estudante de história militar e membro da equipe do marechal Ney, o segundo no comando. Seu nome era Antoine-Henri Jomini e ele tinha apenas 27 anos quando seu conhecimento enciclopédico sobre história militar e sua capacidade de análise chamaram a atenção do marechal Ney e, posteriormente, do próprio Napoleão.

De acordo com Jomini, foi no início da campanha de Viena que Napoleão o chamou para parabenizá-lo pelo trabalho de análise militar que ele havia realizado. Embora o trabalho técnico estivesse muito bem executado e merecesse os elogios do comandante por si só, foi outro aspecto do trabalho que surpreendeu Napoleão. Jomini afirmava ter condensado a Arte da Estratégia em poucos princípios. Esses mesmos princípios foram reconhecidos por Napoleão, pois ele também os havia descoberto por meio de seus estudos das campanhas dos grandes comandantes e estrategistas do passado. Devido ao seu conhecimento desses princípios, Napoleão afirmava que, mesmo depois de ter lutado em sessenta batalhas, ele não havia aprendido nada que não soubesse anteriormente. Essa afirmação aparentemente arrogante de Napoleão era uma aceitação dos princípios fundamentais da Arte da Estratégia e a confirmação, com base em sua vasta experiência no campo de batalha, de que, uma vez que uma pessoa os conhece, não há necessidade de modificá-los.[19]

Em toda a sua carreira, desde cabo até imperador, Napoleão afirmava não ter sentido a necessidade de mudar, corrigir ou ajustar os princípios que orientam a Arte da Estratégia. Foi a isso que ele se referiu ao apontar para Júlio César como exemplo, demonstrando que não estava sozinho nessa compreensão: "Veja César, ele lutou a primeira batalha assim como lutou a última."[20]

Napoleão ficou surpreso ao ouvir o jovem Jomini afirmar que ele havia descoberto os princípios que guiam a Arte da Estratégia por meio da observação e do estudo dos pensamentos e ações de comandantes específicos da

---

[17] *Napoleão tinha uma conexão marcante com o mundo antigo, que foi consolidada quando, por meio de sua campanha no Egito, a Pedra de Roseta foi descoberta e posteriormente os estudiosos franceses decifraram a escrita hieroglífica, revelando a história do antigo Egito após milhares de anos.*

[18] *O primeiro a utilizar o termo grego "estrategia" entre os generais de Napoleão foi provavelmente Jacques-Antoine-Hippolyte, Conde de Guibert.*

[19] *Pois são princípios e axiomas.*

[20] *Porque todos os grandes estrategistas pensavam da mesma forma, pois todos seguiam os mesmos princípios. Esses princípios são imutáveis e, como Sun Tzu disse, aqueles que os conhecem serão vitoriosos, enquanto aqueles que os desconhecem serão derrotados.*

Antiguidade. Antoine-Henri Jomini afirmava ter encontrado esses princípios e que, desde então, ele também nunca se viu na necessidade de modificá-los, adicionar ou corrigir.[21] Essa descoberta em comum os aproximou, e o oficial suíço conta que Napoleão aproveitou aquela ocasião no início da campanha de Viena para solicitar que ele preparasse uma análise das forças da Prússia, as quais estavam prestes a enfrentar.

Jomini solicitou um prazo de quatro dias para preparar a análise e permissão para apresentá-la quando Napoleão estivesse na cidade de Bamberg, na Baviera. Ao ouvir isso, Napoleão ficou surpreso, pois até então ele não havia compartilhado com ninguém seus planos de ir a Bamberg. Na verdade, ele havia decidido continuar a campanha de Viena deslocando-se para a cidade bávara e perguntou a Jomini como ele havia descoberto que iriam a Bamberg. O jovem respondeu que, de acordo com os princípios da Estratégia, ir a Bamberg seria a opção mais racional. Napoleão o parabenizou mais uma vez e, a partir desse momento, o manteve ao seu lado.

Embora o primeiro entre os generais de Napoleão a usar efetivamente a palavra "estratégia" tenha sido o Conde de Gibert, foi esse jovem barão suíço chamado Antoine-Henri Jomini que havia compreendido o Segredo da Estratégia, a arte do strategos. Napoleão e o Barão de Jomini acreditavam na racionalidade e no fato de que havia uma maneira correta de fazer as coisas para garantir as maiores chances de vitória no campo de batalha. Essa forma de "fazer as coisas" consistia em seguir esses princípios, que eram respaldados pela razão e que se repetiam ao longo da história de indivíduos e nações. São os mesmos princípios observados na natureza e que governam tudo.

Anos depois, em seu livro "Máximas de Guerra", o imperador francês revelou como e onde podemos encontrar aquilo que ele e Jomini haviam descoberto.

> Estude repetidamente as campanhas de Alexandre, Aníbal, César... Modela-te a eles. É a única maneira de se tornar um grande estrategista e adquirir o Segredo da Arte da Estratégia. Seu próprio gênio se iluminará e se aprimorará por meio desse estudo, e você aprenderá a rejeitar todos os pensamentos estranhos aos princípios que guiaram esses grandes comandantes.[22]

---

[21] *Esses princípios eram tão sólidos que Jomini afirmava nunca ter sentido a necessidade de modificá-los ou adaptá-los, pois eram infalíveis repetidamente; eles nunca deveriam ser subestimados ou omitidos. Quando Napoleão foi derrotado, Jomini explicou as vitórias e derrotas do imperador francês como consequências de seguir ou omitir esses princípios. No momento em que Napoleão deixou de seguir os princípios que o levaram às vitórias, ele foi derrotado.*

[22] *Napoleão Bonaparte, Máxima LXXVIII.*

III. Três maneiras de adquirir conhecimento: experiência, observação e tradição

Assim como os gregos dividiam os tipos de conhecimento em três categorias (comum, exotérico e esotérico), o filósofo e político inglês Francis Bacon também dividia as fontes de conhecimento em três: experiência, observação e tradição.

Essa divisão será útil para compreender que, se desejamos pensar e agir de maneira inteligente, devemos equilibrar essas três fontes de conhecimento conforme apropriado.

Poderíamos seguir aqueles que tentam compreender como as coisas funcionam por meio da experiência direta. Se a experiência direta fosse nossa única fonte de conhecimento, levaríamos anos de introspecção e observação de nossas próprias experiências, falhas e erros. Se decidíssemos depender apenas dessa fonte de conhecimento, chegaríamos ao final de nossas vidas compreendendo e aceitando os princípios da Estratégia que conheceremos neste livro. No entanto, esse caminho teria um preço muito alto e certamente cometeríamos mais erros do que o necessário no processo.

O caminho da experiência direta, que às vezes escolhemos seguir simplesmente por teimosia, também é intrinsecamente limitado para formar uma base adequada para o desenvolvimento da teoria ou para a aplicação da Estratégia. Como diz o estrategista britânico Basil Liddell Hart, a experiência direta produz, no máximo, um contexto valioso para solidificar a compreensão dos princípios e reforçar a estrutura do pensamento.

A outra maneira de adquirir conhecimento seria fazer o que o bom senso nos aconselha. Em vez de depender de nossa limitada experiência pessoal, decidimos acrescentar uma fonte a mais: a observação das experiências dos outros. Observamos e estudamos as ações de personagens presentes e históricos. Por exemplo, observamos a maneira de pensar e agir daqueles que acreditamos possuir o Segredo da Estratégia e também dedicamos tempo para observar os resultados que eles obtiveram. Esse caminho é certamente mais rápido, menos custoso e menos traumático. A fonte de conhecimento que surge da observação da experiência indireta nos permite uma maior variedade e abrangência, pois a história "é a experiência universal, a experiência não de outro, mas de muitos outros em múltiplas condições".[23]

---

[23] *Basil Liddell Hart, Great Captains Unveiled.*

> *"Os tolos dizem aprender com suas próprias experiências;*
> *Eu prefiro aprender com eles."*
>
> Otto von Bismarck

A terceira fonte de conhecimento, segundo Lord Francis Bacon, é chamada de tradição. A tradição é o acúmulo de observações ao longo de milênios da experiência humana. Após milhares de anos de história, é importante que não desprezemos a tradição, apliquemos a observação e sejamos sábios ao selecionar as experiências diretas.

Especificamente na Arte da Estratégia, é fundamental utilizar a fonte da tradição, pois ao fazê-lo estaremos seguindo o aviso de Sun Tzu de dedicar tempo para pensar em tudo o que diz respeito à Estratégia. Também estaremos seguindo o conselho de Napoleão de observar o pensamento e as ações dos Grandes Comandantes que hoje em dia formam o acúmulo de conhecimento identificado como tradição.

O mais importante para nós é que, ao contrário de Sun Tzu, Napoleão nos deixou indicações de como obter e onde buscar o Segredo da Estratégia. Se você realmente deseja encontrar os princípios da arte do strategos que eram ensinados na Escola Real de Pajens da Macedônia, esse conhecimento estará ao seu alcance na segunda parte deste livro.

Tenha em mente que ter acesso aos princípios e fundamentos da Estratégia não significa que você obterá poderes sobre-humanos ou conquistará o mundo como Alexandre, as Gálias como César ou a Itália como Aníbal; mas obter o conhecimento que essas figuras históricas possuíam, seguir os princípios e pensar usando as mesmas bases lógicas, lhe dará um poder diferente do que você tem agora. Compreender e seguir esses princípios garantirá que você tenha as melhores chances de sucesso na vida. Na vida, porque a Estratégia se aplica a todos os campos, ao trabalho, ao empreendimento, ao esporte, aos estudos, desde as coisas mais simples do cotidiano até as grandes decisões transcendentais.

No próximo capítulo, conheceremos o homem que nos ajudará a extrair das mentes dos Grandes Comandantes esses princípios eternos e infalíveis. Princípios que com certeza faziam parte do ensinamento na Escola Real de Pajens de Filipe II e que Alexandre os seguiu e executou da maneira mais excelente e completa em toda a história.

Existem apenas alguns princípios fundamentais de Estratégia que, se você os desconsiderar, estará em grande perigo e, por outro lado, se os aplicar, eles têm se mostrado o caminho para o sucesso na maioria das vezes.

"As aplicações práticas derivadas desses princípios também são poucas em número e, embora sejam modificadas às vezes devido às circunstâncias, devem ser o guia para o estrategista em seu trabalho."
ANTHOINE-HENRI JOMINI, «THÉORIES DE LA GUERRE».

Anthoine-Henri Jomini

8 - Basil Liddell Hart - As mentes dos grandes estrategistas

> *"Odeio a guerra como somente um soldado que a viveu poderia fazer, como alguém que testemunhou sua brutalidade, sua futilidade e sua estupidez."*
>
> Dwight D. Eisenhower

> *"O supremo na Arte da Estratégia não é vencer todas as batalhas. O supremo é vencer sem lutar."*
>
> Sun Tzu

I. O trauma da Batalha do Somme

Era 20 de julho de 1916 e haviam se passado vinte dias desde o início da Batalha do Somme, no norte da França, uma das mais sangrentas da história humana. O capitão britânico Basil Liddell Hart estava deitado em uma cama de hospital de campanha, sofrendo terrivelmente devido a uma grave intoxicação causada pelos ataques químicos lançados pelos alemães nas trincheiras inglesas perto do rio Somme. Era a primeira vez na história em que os seres humanos usavam produtos químicos industrializados para destruir ou incapacitar o inimigo. O corpo do capitão convulsionava entre vômitos, seu coração estava prestes a falhar, o pulso acelerado, a pele queimada, o fígado comprometido, os rins falhando, a dor era intensa e implacável.

No entanto, pode-se dizer que o capitão Liddell Hart teve sorte, pois foi um dos poucos de seu batalhão que sobreviveram à operação franco-britânica na Frente Ocidental. A Batalha do Somme começou às 7h30 do dia 1º de julho de 1916 e se estendeu até 18 de novembro do mesmo ano. No catastrófico primeiro dia, um total de 57.470 jovens britânicos haviam sido mortos ou feridos. O massacre foi tão grande que esse primeiro dia da Batalha do Somme é reconhecido como o mais trágico da história militar britânica.

Um ataque frontal havia sido ordenado pelo general Rowling após uma campanha de bombardeio às trincheiras alemãs que durou mais de uma semana. Após o intenso bombardeio, foram dadas ordens para que as tropas britânicas deixassem suas trincheiras, avançassem sobre a "terra de ninguém" e atacassem frontalmente as trincheiras alemãs. As linhas alemãs teoricamente deveriam estar mais do que dizimadas após o intenso e prolongado bombardeio. O general Rowling e os oficiais britânicos estimaram sofrer 6.000 baixas durante a execução do plano.

Mas esses ataques frontais do fatídico 1º de julho de 1916 mostram que, apesar de milhares de anos de experiência e dos exemplos dos grandes estrategistas da história, os generais britânicos não sabiam "pensar estrategicamente". Independentemente de todos os motivos e justificativas políticas, preconceitos e ignorância que poderiam existir, o destino do estrategista, de toda uma geração de jovens, estava nas mãos do general Rowling. A realidade superou em muito as baixas estimadas. Os erros estratégicos dos ingleses foram tão graves que os homens mortos no infame primeiro dia poderiam ser considerados relativamente afortunados, pois haviam falecido em poucas horas e não tiveram que suportar meses de agonia nas trincheiras, como mais de um milhão de jovens britânicos, franceses e alemães que acabaram morrendo de qualquer maneira durante a longa Batalha do Somme. Os menos afortunados entregariam suas vidas depois de terem sofrido horrores e misérias indescritíveis para nós.

A Batalha do Somme foi a primeira grande batalha de uma guerra que acabou tirando a vida de dezenove milhões de pessoas no continente europeu e se prolongou por muito mais tempo do que o previsto. Os ingleses falharam estrategicamente antes, durante e depois.

"Nunca vi uma nação se beneficiar de um conflito prolongado."

Sun Tzu

Estratégia não se trata de atacar frontalmente, e o conhecimento se torna de vital importância para evitar catástrofes. Filipe II, antes de transmitir a Alexandre um conhecimento teórico, demonstrou sua arte com o exemplo pessoal. Utilizando a inteligência, a palavra, a boa vontade, a coragem, a sagacidade, a diplomacia (sem esquecer o realpolitik), ele conseguiu conquistar amigos e inimigos. Alexandre fez o mesmo e, graças a sua compreensão de como pensar, conquistou o mundo; Aníbal e seu pai Amílcar imitaram Alexandre e conseguiram aliados na Espanha e na Itália. Públio

Cornélio Cipião, um dos maiores estrategistas romanos, também emulou diretamente a diplomacia de Alexandre para reconquistar a Hispânia. "O general vencedor é aquele que sabe quando lutar e quando não lutar", afirmava o Mestre Sun.[24]

Os erros estratégicos na Batalha do Somme deixaram marcas indeléveis no corpo, na mente e no espírito do capitão Basil Liddell Hart, assim como em toda uma geração de britânicos, franceses e alemães. Quando o capitão Liddell Hart voltou para a Inglaterra, ele se dedicou a continuar seus estudos sobre história militar, escrever e criticar os líderes militares britânicos. A partir de 1925, Liddell Hart trabalhou como correspondente militar do Daily Telegraph por dez anos e depois para o The Times até 1939. Em seus escritos, Liddell Hart costumava atacar o establishment militar, afirmando que eles haviam ignorado os princípios que regiam a Arte da Estratégia desde tempos imemoriais, e que essa ignorância foi a causa da morte de milhões de jovens nas trincheiras da Primeira Guerra Mundial.

II. A Mente dos Grandes Comandantes e Estrategistas da História

Embora as críticas de Basil Liddell Hart tenham enfrentado grande resistência por parte dos militares ingleses, a carnificina deixou todos horrorizados e poucos ousaram negar a necessidade de entender como o ser humano chegou a tal grau de destruição. O Capitão Liddell Hart passou o resto de sua vida pesquisando e escrevendo sobre Estratégia. Ao longo desses anos, ele se embarcou no enorme trabalho de analisar de maneira metódica e acadêmica, exatamente como Napoleão recomendava em seu máximo número 78.[25]

Basil Liddell Hart estudou extensivamente, repetidas vezes, as mentes e as campanhas dos Grandes Comandantes. O estrategista britânico desejava extrair do passado as lições e conhecimentos guardados na mente desses líderes. Como vimos em um capítulo anterior, existem três fontes de aprendizado: experiência, observação e tradição. Liddell Hart havia passado pe-

---

[24] *O intrépido e inteligente T.E. Lawrence havia advertido aos estrategistas ingleses: "após dois mil anos de guerras, não temos desculpas para lutar mal." Mas em 1916, os ingleses não souberam aproveitar o fato de que tinham em suas mãos, por meio da história, a experiência milenar de outros. Eles não souberam observar ou não tiveram a humildade de fazê-lo, pois acreditavam saber "como pensar" corretamente.*

[25] *"Estude repetidamente as campanhas de Alexandre, Aníbal, César... Modele-se a partir deles. Essa é a única maneira de se transformar em um grande estrategista e adquirir o segredo da Arte da Estratégia. Seu próprio gênio será iluminado e aprimorado por meio desse estudo, e você aprenderá a rejeitar todos os pensamentos estranhos aos princípios que guiavam esses grandes comandantes."*

la experiência direta e posteriormente observou de maneira tão profunda e disciplinada que conseguiu extrair da mente de Alexandre e dos Grandes Comandantes aquilo que podemos considerar a tradição. O acúmulo de experiências observadas ao longo de milênios que nos indicam qual é a maneira correta de pensar e agir de acordo com a Natureza.

Através do estudo das campanhas e vitórias dos grandes estrategistas, Basil Liddell Hart conseguiu resgatar do passado o conhecimento esotérico da Estratégia, aquilo que Napoleão chamava de Segredo, Jomini chamava de Princípios, o rei Helü em nosso conto anterior chamava de essência de milhões de pétalas e o que Francis Bacon teria chamado de tradição. O estrategista inglês conseguiu encontrar aquilo que Alexandre reivindicava que Aristóteles estivesse ensinando abertamente em Atenas. O mesmo "segredo" que Alexandre o Grande, Aníbal Barca, Júlio César e todos os outros grandes comandantes possuíam, os quais alcançavam vitórias claras, rápidas e consistentes, às vezes sem lutar, ao longo de anos e até mesmo em circunstâncias consideradas praticamente impossíveis.

Embora esse conhecimento estratégico fosse antigo e algumas nações o tivessem adquirido depois de pagar um preço inimaginável, ele se perdeu na escuridão dos séculos, devido à sua própria natureza esotérica. No entanto, a destruição causada na batalha do Somme era um exemplo específico do que pode acontecer quando o ser humano esquece as lições do passado e cresce em conhecimento tecnológico.

Quando desprezamos ou subestimamos a tradição e preferimos seguir o caminho da experiência pessoal e direta (interrompendo o dever de transmitir o conhecimento antigo de geração em geração), somos obrigados, como sociedade, a repetir as experiências desastrosas uma e outra vez. Nosso intelecto pode nos levar a desenvolver tecnologia melhor, nossos recursos podem nos impulsionar ao planeta Marte inabitável, mas sem sabedoria, sem seguir os princípios de como um strategos deve pensar, os resultados serão potencialmente catastróficos.

Para o Sir Basil Liddell Hart, era compreensível que o homem comum na rua não conhecesse a Arte da Estratégia, mas que os profissionais não levassem em conta essa sabedoria milenar era um escândalo.

Através de seus estudos, Basil Liddell Hart deduziu qual era a essência de toda estratégia vitoriosa e em 1966 foi nomeado cavaleiro pela rainha Elizabeth II e passou a usar o título "Sir" antes de seu nome.

O que Sir Basil Liddell Hart teria pensado se soubesse que, meio século depois de seu trabalho, uma das principais fontes de inteligência e informação de seu país - The Economist - ainda afirmava que "ninguém realmente sabe o que é estratégia"?

No próximo capítulo, iniciaremos a segunda parte desta jornada e finalmente conheceremos o Segredo da Estratégia. Dividiremos em sete princípios e axiomas fundamentais, agrupados da seguinte maneira: o Princípio Estratégico Essencial (PEE), a Grande Estratégia e as Cinco Sabedorias Estratégicas. Conhecendo esses sete princípios, você obterá o Segredo da Estratégia e terá a possibilidade de gerar um aumento significativo de consciência. Você poderá aplicá-los a qualquer aspecto de sua vida, desde o profissional até o pessoal, do material ao imaterial, e consequentemente estará mudando seu destino. Após estudar a segunda parte deste livro, você estará muito mais próximo de conhecer a mente de Alexandre e dos maiores estrategistas da história.

"Ele [Filipe] é conhecido como alguém que, com recursos limitados para sustentar sua reivindicação ao trono, conquistou para si o maior império do mundo grego, enquanto seu crescimento de posição não se deveu tanto à sua habilidade em armas, mas à sua habilidade e cordialidade na diplomacia. Dizem que o próprio Filipe estava mais orgulhoso de seu domínio da estratégia e de seu sucesso diplomático do que de sua coragem em batalha."[26]

Basil Liddell Hart, 1927

---

[26] *Diodoro Sículo: O Reinado de Filipe II: As narrativas gregas e macedônias, Livro XVI, 16.95.1-4.*

SEGUNDA PARTE

9 - Uma advertência sobre o uso do conhecimento de Estratégia

Homem ascendendo e advertindo de um iceberg, 1864.

Existe uma tendência a associar o conceito de Estratégia com a guerra. Isso ocorre principalmente devido ao fato de que, quando grupos ou nações entram em conflito[27], a melhor maneira de diminuir os danos é aplicando a Arte da Estratégia. Esses conflitos são mais frequentes do que se imagina, e assim, a associação mais comum da Estratégia costuma ser com a "arte da guerra". Até mesmo a máxima de Napoleão, na qual ele afirma que somente por meio do estudo da mente de Alexandre o Grande e dos Grandes Comandantes, se pode obter o Segredo da Estratégia, faz referência direta às campanhas militares.[28]

Devido a essa tendência de associar a Estratégia com guerras, parece-me importante fazer um aviso antes de explorar os Princípios Estratégicos que veremos a seguir.

---

[27] *A história registra conflitos constantes entre povos e nações, portanto, o uso da estratégia está naturalmente associado ao campo onde foi aplicado com mais frequência e de maneira mais dramática.*

[28] *Napoleão não era um filósofo e falava apenas a partir de seu ponto de vista como "senhor da guerra".*

Estratégia não é a arte da guerra. Estratégia é a arte de saber pensar corretamente e colocar em prática a habilidade de comandar as leis naturais, adaptando-se aos princípios que estão por trás dessas leis. Estratégia é harmonia com a lógica, a razão e a Natureza. Estratégia é saber se posicionar corretamente e, a partir daí, agir de forma integrada. A analogia de um barco que se posiciona e ajusta as velas para usar o vento, independentemente da direção em que ele sopra, é apropriada. O conceito de Estratégia está ligado à afirmação racional de Francis Bacon mencionada anteriormente: "A Natureza, para ser comandada, primeiramente deve ser obedecida". Embora seja útil recorrer a exemplos ligados a conflitos armados para compreender os princípios por trás do pensamento estratégico, não devemos esquecer, a qualquer momento, que a Estratégia, em sua definição mais holística, deve ser considerada como a arte de pensar corretamente.[29] A grande habilidade diplomática de Filipe II e a definição de "strategos" como aquele que sabe pensar tanto em tempos de guerra como em tempos de paz são pistas úteis para compreender que o conceito de Estratégia vai além da guerra, é amplo e aplicável em qualquer âmbito e ocasião. A Natureza nos fala de harmonia, e a harmonia não é alcançada pela força ou pela violência. Assim como a sabedoria, a harmonia é encontrada no equilíbrio, no ponto médio entre dois extremos.

Este aviso é importante porque nos próximos capítulos você obterá o Segredo da Estratégia, e durante todo o caminho será fundamental que você leve em consideração esta frase de um homem que experimentou os males da guerra, Norman Schwarzkopf:

"Liderança é uma poderosa combinação de estratégia e caráter. Mas se você tiver que escolher apenas um, fique sempre com o caráter."

Utilizando as definições que já conhecemos, poderíamos parafrasear Schwarzkopf da seguinte forma:

"O strategos é uma poderosa combinação de 'saber pensar' e bons valores. Mas se você tiver que escolher apenas um, fique sempre com os bons valores."

Utilize o conhecimento de Estratégia para fazer o bem, para equilibrar sua vida, para alcançar seus objetivos nobres e você terá mais sucesso do que imagina. Mas se alguém utilizar esse conhecimento apenas para se beneficiar e buscar seus interesses egocêntricos, acabará fracassando a longo prazo.

---

[29] *No conceito esotérico de Estratégia, os gregos incluíam todas as cinco dimensões: Liderança, Princípios Estratégicos, Inovação, Sistemas Estratégicos e Propósito. A título de exemplo, na Estratégia de Filipe II, a diplomacia era considerada uma arte do strategos superior. A capacidade de alcançar conquistas sem lutar, sem fazer guerra, indicava um nível mais elevado de inteligência e desenvolvimento pessoal do strategos.*

Isso já aconteceu muitas vezes com personagens históricos.[30] Portanto, não acredite ser a exceção à regra, pois tal pensamento seria o primeiro passo em direção à cometer *hubris*[31]. Se você olhar ao seu redor e acreditar que está vivendo em um sistema liderado por homens ambiciosos e egocêntricos, que se aproveitam do conhecimento de estratégia para buscar seus benefícios a curto prazo, esteja ciente de que a única boa estratégia é aquela que resulta em paz, prosperidade e nos leva à plenitude de nosso propósito pessoal.

Fazer o bem é a única razão ética e válida para obter o conhecimento esotérico de Estratégia[32], o conhecimento secreto de Alexandre o Grande. O rei Ciro II, o Grande, fundador do Império Persa e um dos poucos grandes imperadores que foram amados e respeitados até mesmo por seus inimigos, disse que obter "maior conhecimento deve causar uma expansão em generosidade, bondade e justiça. Apenas aqueles perdidos na escuridão veem o aumento do conhecimento como uma oportunidade para aumentar sua ganância".

Sejamos conscientes da responsabilidade que implica receber o conhecimento esotérico de Estratégia, pois a partir daqui iniciaremos a exploração do Conhecimento Secreto de Alexandre. O primeiro passo lógico será identificar a "essência de toda estratégia", aquilo que Helü solicitou a Sun Tzu no diálogo que vimos no início de nossa jornada. A essência de toda estratégia está no Princípio Estratégico Essencial, que conheceremos no próximo capítulo.

---

[30] *O próprio Napoleão foi um desses personagens que não compreendeu que a estratégia vai além da guerra e acabou perdendo seu poder e sua liberdade.*

[31] *Hubris é um conceito grego que indica o ato de uma pessoa arrogante que acredita estar acima das leis naturais e, assim, comete atos de extrema soberba, geralmente prejudicando os mais fracos e, por fim, levando à sua própria autodestruição.*

[32] *Se você apenas conhece a estratégia no nível exotérico, é improvável que obtenha as ferramentas para aplicar o pensamento estratégico em todos os tipos de ambientes. Com o conhecimento exotérico, você teria um conhecimento específico, como "estratégia de futebol" ou "estratégia política". No entanto, se você adquirir o conhecimento esotérico e conseguir adentrar nas profundezas de cada uma das Cinco Sabedorias Estratégicas, do Princípio Estratégico Essencial e da Grande Estratégia que veremos adiante, então estará próximo do conhecimento esotérico ao qual os grandes strategoi tinham acesso.*

10 - O Princípio Estratégico Essencial

> *"Todos veem as táticas com as quais eu ganho, mas ninguém vê a Estratégia por trás.*
>
> Sun Tzu"

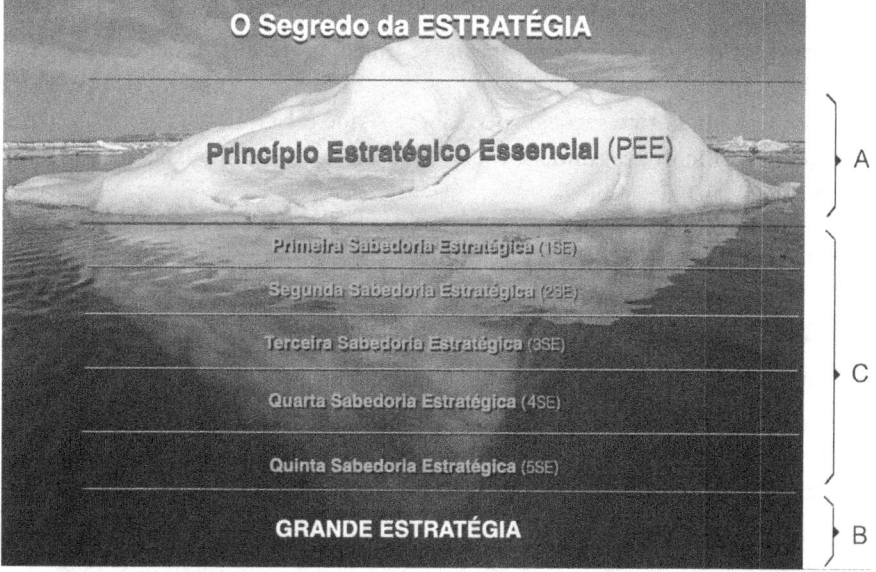

O PEE é a base fundamental de toda estratégia. Pode ser comparado com a essência de milhões de pétalas, pois representa o núcleo central do pensamento estratégico.

Utilizaremos o desenho de um iceberg para esquematizar o Segredo da Estratégia. Conhecer esse iceberg e refletir sobre cada uma de suas sete seções levará a descobertas profundas sobre a Arte da Estratégia. A profundidade do pensamento do estrategista dependerá de sua habilidade para refletir sobre essas diferentes seções que representam o Segredo da Estratégia. Dividiremos as sete seções em três grandes blocos: o visível, o invisível e o profundo. A) O visível, chamado de Princípio Estratégico Essencial; B) o invisível abaixo da água, onde encontraremos as Cinco Sabedorias Estratégicas; C) a região mais profunda, chamada de Grande Estratégia.

Ao conhecer e compreender as sete seções representadas no iceberg, você terá uma visão da mente de Alexandre e das mentes dos Grandes Comandantes, e poderá treinar sua própria mente para pensar estrategicamente. É natural que esse estudo o leve a repensar alguns aspectos de sua vida e a mudar sua maneira de pensar.

Proponho que você comece a explorar o iceberg pela parte visível (A), aquilo que está acima da linha d'água. Aqui encontraremos o Princípio Estratégico Essencial (PEE). Após compreender esse princípio fundamental, saberemos onde devemos nos concentrar ao pensar e executar uma estratégia. Em seguida, iremos à parte profunda do iceberg (C), ao conceito de Grande Estratégia (GE). Uma vez compreendido o visível e o profundo, teremos uma base conceitual e uma direção adequadas para continuar a exploração do Segredo da Estratégia e descobrir as Cinco Sabedorias Estratégicas que se encontram na parte invisível de nosso iceberg metafórico (B).

Ao completar as sete seções, você saberá o que é Estratégia e como se pensa estrategicamente, segundo a mente dos maiores estrategistas de todos os tempos.

I. O Princípio Estratégico Essencial

Parecerá simples e é, porque é a mesma inteligência por trás da lógica, da natureza, da matemática e da realidade. O Princípio Estratégico Essencial é a essência de toda Estratégia.[33] Se o strategos conseguir cumprir o Princípio Estratégico Essencial, terá praticamente garantida a vitória ou, no mínimo, contará com a maior probabilidade de vitória.

---

[33] *Quando usamos a palavra "Estratégia" com maiúscula nesta afirmação, estamos nos referindo à arte de saber pensar e, portanto, a toda boa estratégia. Estamos falando de um conceito amplo que abrange a habilidade de planejar, tomar decisões estratégicas e alcançar objetivos em diversos aspectos da vida, além da guerra ou de contextos específicos como futebol ou política.*

O Principio Estratégico Essencial é aquilo que qualquer strategos, conhecedor de como pensar em Estratégia, buscará e tentará cumprir. Nos momentos mais importantes e dramáticos de suas vidas, os pensamentos de Alexandre e dos Grandes Comandantes se concentravam em buscar, encontrar e cumprir esse Principio Estratégico Essencial, a chave para alcançar a vitória.

A essência da Estratégia, a chave para a vitória, a lógica da natureza são algumas das analogias válidas para caracterizar o que chamamos de Principio Estratégico Essencial.

II. De onde surge o Principio Estratégico Essencial

Napoleão e Jomini haviam encontrado os princípios que haviam guiado Alexandre e os Grandes Comandantes, e se serviram deles para pensar e planejar suas campanhas e movimentos. O que os generais franceses haviam descoberto era, de fato, o conhecimento esotérico de Estratégia que havia sido aplicado por Alexandre o Grande, em todas as suas campanhas. Napoleão não teve problemas em revelar que havia obtido estudando a mente do macedônio, mas não se deu ao trabalho de explicar ou ensinar, deixando para o leitor a difícil tarefa de buscar, encontrar e aprender. Napoleão encapsulou esses princípios sob a etiqueta de "O Segredo da Estratégia" e o guardou para si, sem apresentar muitas intenções didáticas além de suas máximas.

No entanto, Basil Liddell Hart nos revelou de maneira mais precisa qual era a síntese do pensamento estratégico de Alexandre e dos grandes generais da história. Graças ao seu trabalho, podemos ter acesso a parte do conhecimento esotérico ensinado na Escola Real de Pajes. O capitão inglês, transformado em escritor e estrategista, realizou um trabalho praticamente alquímico de estudar, observar, destilar e purificar as batalhas, vitórias, derrotas, tomadas de decisão e ações dos maiores estrategistas dos últimos dois mil e quinhentos anos. Posteriormente, em seu laboratório intelectual, ele conseguiu sintetizar em poucas palavras e em alguns axiomas o que foi extraído da mente desses grandes estrategistas.

Basil Liddell Hart tinha a intenção de abrir uma janela, observar e sintetizar o pensamento comum que esses grandes estrategistas tinham, a fim de prevenir erros desnecessários, perdas, destruição e mortes causadas pela ignorância da arte da Estratégia. O inglês observou que, de fato, existiam decisões e formas de pensar adotadas por todos os grandes estrategistas vitoriosos. Essa forma comum de pensar não era uma simples coincidência, mas o resultado de seguir esses princípios específicos. Esses princípios haviam sido praticados, desde os antigos gregos em uma linha quase direta por trezentos anos, por Filipe II e Alexandre, os sucessores de Alexandre, Aníbal Barca, Cipião Africano, Júlio César e Pompeu. Graças ao estudo da história, Basil Liddell Hart havia descoberto os princípios que funcionaram repetidamente ao longo do tempo. A análise incluiu milhares de anos de história, desde as Guerras Médicas (490 a.C.) até a guerra contemporânea dos Seis Dias (1967 d.C.), passando pelas conquistas de Ciro, o Grande, Alexandre, as batalhas de Aníbal, Júlio César, Pompeu, as guerras bizantinas, napoleônicas, otomanas, americanas e as duas Guerras Mundiais.

Devemos notar mais uma vez que, embora Basil Liddell Hart tenha extraído a essência da Estratégia da mente dos grandes comandantes e estrategistas ao estudá-los no contexto das batalhas, a maioria desses grandes estrategistas aplicou o pensamento estratégico em todos os aspectos, muito além do campo de batalha. Essa compreensão holística da arte do strategos era evidente em Filipe II e estava presente naturalmente em Alexandre, graças à sua inteligência inata, à herança de seu pai e à mente eclética de Aristóteles. É importante aprender a observar a arte da Estratégia sempre em sua multidimensionalidade e não apenas na aplicação específica em um campo de conhecimento.

Vamos começar a desvendar o Segredo da Estratégia identificando o Principio Estratégico Essencial (PEE). No Principio Estratégico Essencial, você encontrará a própria essência de toda Estratégia, a síntese do pensamento e subsequente ação do strategos. Lembre-se de que, na analogia que estamos usando, o PEE é representado pela parte visível do iceberg (A). Isso ocorre porque todos aqueles que observam podem ver quando o strategos está aplicando, mas mesmo que vejam, eles não seriam capazes de identificar ou discernir "tecnicamente" o que estão vendo. O cumprimento do PEE estará à vista e normalmente marcará o início da vitória.

Imagine novamente aquela conversa entre o rei Helü e Sun Tzu durante a Era dos Reinos Combatentes (cap. 2). Helü pediu a Sun Tzu que lhe desse a essência absoluta do Método, a essência absoluta da Estratégia. Se o Mestre Sun quisesse entregar ao rei Helü "a essência de milhões de pétalas", ele teria explicado o que chamamos aqui de Principio Estratégico Essencial (PEE).

A aplicação do PEE em três passos

III. Primeiro Passo - Concentração

Quando Basil Liddell Hart terminou seu trabalho e explicou qual era a essência do pensamento estratégico com base nas ações dos comandantes vitoriosos ao longo da história humana, ele condensou tudo em uma única palavra. O objetivo de condensar a Estratégia em uma única palavra não era simplesmente reduzir ou simplificar, mas facilitar a compreensão do significado prático da Estratégia e explicar o pensamento estratégico a partir de sua essência absoluta.

O estrategista inglês disse que, se tivéssemos que condensar tudo relacionado à Estratégia em uma única palavra, essa palavra seria **Concentração**. Concentração[34] é a essência absoluta de toda Estratégia.

Uma palavra pode ser útil para sintetizar e compreender a essência da Estratégia, mas para que isso seja útil, precisamos expandi-la para uma frase. "A concentração em quê?" é a pergunta que naturalmente surge.

IV. Segundo Passo - Concentração em sua fortaleza

Se o primeiro passo para aplicar o Principio Estratégico Essencial está na palavra "concentração", o segundo passo está na palavra "fortaleza". Se você se concentra em sua fortaleza, já terá dois terços da essência de toda Estratégia. Isso começa reconhecendo qual é a sua fortaleza e direcionando o foco, a concentração, para essa fortaleza. Nesse caso, a palavra "concentração" significa o ato de direcionar recursos mentais, emocionais, físicos, financeiros, logísticos, materiais, espirituais e temporais para algo. Esse algo deve ser o aspecto forte, as fortalezas do indivíduo ou do grupo.

Para poder identificar as fortalezas, o strategos deve se conhecer a si mesmo,[35] e o desafio imediato que se apresenta é o autoconhecimento. Estratégia exige autoconhecimento. Quando Sun Tzu afirmava esotéricamente que "se você se conhece a si mesmo e conhece o outro, não deve temer nem cem batalhas, pois as vencerá todas", ele está considerando a aplicação do PEE, mas sem explicar como fazê-lo. Poderíamos nos perguntar: "Por que, se me conheço a mim mesmo e conheço o outro, não deveria temer nem cem batalhas?" A chave hermenêutica para entender Sun Tzu está no Principio Estratégico Essencial. Portanto, como o primeiro passo é a concentração na fortaleza, a primeira condição que Sun Tzu nos apresenta é o autoconhecimento, que nos permitirá discernir tanto nossas fortalezas quanto nossas fraquezas de maneira realista. Somente com autoconhecimento o strategos poderá evitar o erro de superestimar-se ou subestimar-se e poderá discernir suas fortalezas para concentrar-se nelas.

Esses dois primeiros passos contidos na "concentração na fortaleza" são fundamentais e parecerão lógicos quando adicionarmos o terceiro passo, que completa o Principio Estratégico Essencial.

---

[34] *Se desejas um sinônimo, podes utilizar também a palavra "Foco».*
[35] *Se desejares levar para o plano organizacional, então diríamos que a organização precisa conhecer a si mesma. O líder deve conhecer a si mesmo e sua organização profundamente.*

Embora os dois primeiros passos possam parecer simples, o fato é que a maioria das pessoas não os percebe imediatamente e intuitivamente[36], confirmando o que Michael Porter[37] disse: "o pensamento estratégico raramente surge espontaneamente".

Muitas pessoas cometem o erro de focar em suas fraquezas (com a ideia de corrigi-las), e assim o melhor resultado que podem esperar geralmente é a neutralização dessas fraquezas. Se uma pessoa trabalha arduamente, talvez possa transformar uma fraqueza em algo um pouco melhor que "neutro", mas uma fraqueza nunca será uma boa base para construir uma verdadeira fortaleza estratégica.

É necessário muito mais esforço para passar da incompetência para a mediocridade do que para passar de um bom desempenho para a excelência."

- PETER DRUCKER

Se, como indivíduos, nos concentramos em nossas fraquezas na tentativa de melhorá-las, não nos destacaremos em nada, nem para o bem nem para o mal. Talvez não apresentemos nenhuma fraqueza evidente, mas também não teremos fortalezas muito evidentes. Seremos considerados «médios" e quando uma pessoa, uma empresa, uma equipe, um país ou uma organização são categorizados como «médios", então, por definição, também são medíocres.

Embora a palavra "medíocre" tenha uma conotação negativa, ela simplesmente indica que estamos no mesmo nível que a média. É aceitável ser medíocre em várias áreas se essa mediocridade relativa for resultado da concentração de recursos em um aspecto específico que representa uma fortaleza. Construir a excelência apoiada em uma fortaleza requer muito tempo e, geralmente, implica em ser relativamente medíocre na maioria das outras coisas. No entanto, nossas fraquezas se tornarão irrelevantes se tivermos escolhido corretamente onde nos concentrar e agir. O verdadeiramente negativo é

---

[36] *Em uma pesquisa citada pelo professor israelense Tal Ben Shahar, uma amostra composta por pessoas de diversos países, idiomas e culturas foi questionada sobre o que fariam se tivessem que optar entre focar em suas fraquezas para melhorá-las ou focar em suas fortalezas. Mais de oitenta por cento dos entrevistados responderam que optariam por focar em corrigir suas fraquezas.*

[37] *Um conhecido professor de Estratégia de Negócios na Escola de Negócios de Harvard é Michael E. Porter. Porter é amplamente reconhecido por suas contribuições no campo da estratégia empresarial e competitividade. Seus conceitos e modelos, como as cinco forças de Porter e a cadeia de valor, são amplamente estudados e aplicados em todo o mundo.*

ser medíocre em tudo, pois na Estratégia não podemos ser medíocres naquilo que identificamos como nossa fortaleza.

A fortaleza deve ser construída a ponto de se tornar uma diferenciação, algo que nos destaque dos demais. Estratégia não se trata de ser o melhor, mas sim de ser único, e o foco em nossa fortaleza é a essência de tudo. Para ilustrar isso, compartilho esta fábula:

Pouco tempo depois da criação do mundo, os animais decidiram que, para enfrentar o ambiente, precisavam desenvolver suas habilidades. Eles se reuniram em uma grande assembleia para decidir como melhorar e aumentar suas habilidades. A coruja sugeriu organizar uma escola. Todos concordaram e prepararam um currículo democrático que incluía corrida, natação, voo e escalada. Para não complicar as coisas, decidiu-se que todos os animais deveriam cursar todas as disciplinas. Acreditava-se que, através do esforço, perseverança e disciplina, todos os animais aumentariam suas habilidades. A escola iniciou as aulas imediatamente, mas em menos de duas semanas tudo terminou em um grande fracasso.

Várias ocorrências foram registradas. Aconteceu que o pato, o cisne, a lontra e os golfinhos eram excelentes nadadores. Eles eram até melhores do que os instrutores que haviam sido designados por sorteio. No entanto, o pato e o cisne não se saíram tão bem nas aulas de voo. Embora se esperasse mais deles, eles não se saíram tão mal quanto a lontra, que acabou com uma pata quebrada. O golfinho nem sequer compareceu às aulas de voo.

O pato e o cisne se sentiram desconfortáveis com os comentários de que não eram os melhores voadores, especialmente quando comparados à águia, mas ficaram realmente desmoralizados quando reprovaram nas aulas de corrida. A lontra não compareceu à aula de corrida por causa de sua fratura. O golfinho não compareceu desde a primeira aula de voo, e então a coruja o reprovou.

O caráter do pato não o permitiu ficar desmoralizado por muito tempo e ele logo se matriculou em aulas particulares de corrida. Para participar dos treinos na pista, ele teve que parar de frequentar as aulas de natação. O cisne se encorajou e seguiu o exemplo do pato. Após alguns dias, a lontra voltou para as aulas e passou raspando na matéria de corrida, confiante de que estava pronta para tentar as provas de escalada. O golfinho argumentou que a escola não era para animais aquáticos e, portanto, deveria ser isento. A coruja assegurou que seu caso seria analisado pela tartaruga.

O pato e o cisne machucaram as pernas na pista e não puderam mais nadar. O coelho, campeão na corrida, se afogou na aula de natação. O esquilo, excelente nas aulas de escalada, ficou com raiva da professora de voo, a pomba, quando esta exigiu que ele voasse partindo do chão e não se lançando das árvores. Por fim, a águia teve problemas desde o primeiro dia, quando a pomba, a professora de voo designada, tentou explicar como voar.

A lontra, machucada e ferida, alcançou a média para ser a primeira da classe graças ao seu bom desempenho na natação, sua atitude no voo, seu esforço na corrida e sua sorte na escalada. A tartaruga resolveu o caso do golfinho e a escola foi fechada.

Refletindo sobre os dois primeiros passos do Principio Estratégico Essencial, devemos observar que grande parte da essência da Estratégia está em saber onde ser excelente e onde ser medíocre. Não podemos ser excelentes em tudo. A natureza favorece o especialista, e por isso a Estratégia não se trata apenas de saber o que fazer, mas também de saber o que não fazer. A Estratégia trata de saber onde competir e onde não competir.[38] Quando nos concentramos em nossa fortaleza, surge a necessidade de dizer "não" a outras possibilidades aparentes.

Dois terços do Princípio Estratégico Essencial estão na ação de se concentrar na fortaleza. Mais uma vez, fica evidente a necessidade do estrategista se conhecer a si mesmo (ou seja, conhecer seu grupo, nação, cidade, empresa, equipe, exército, etc.) para discernir suas fortalezas e se concentrar nelas. Não devemos subestimar a dificuldade e o tempo necessário para atingir um nível adequado de autoconhecimento. Sócrates, o filósofo ateniense, disse que uma vida não examinada não vale a pena ser vivida, e devemos considerar que seria um desperdício de tempo viver tropeçando na escuridão porque não somos conscientes de nossas fortalezas e fraquezas.

Observe como isso está relacionado à primeira condição mencionada por Sun Tzu para sempre sair vitorioso: "Se você se conhece a si mesmo...". Se nos conhecemos, então podemos discernir nossa fortaleza e nos concentrar nela.

Agora, vamos ver o Terceiro Passo para completar o Principio Estratégico Essencial e assim obter a essência de toda Estratégia.

V. O Terceiro Passo para o Princípio Estratégico Essencial

"Se você se conhece e conhece o outro, não precisa temer cem batalhas, pois as vencerá todas." Se conseguirmos seguir os dois primeiros passos do PEE que discutimos, enfrentaremos um terceiro desafio. Esse terceiro passo está implícito na segunda condição de Sun Tzu: "...e se conhece o outro". O terceiro passo do Princípio Estratégico Essencial é aquele que nos indica onde devemos aplicar nossa fortaleza concentrada. O PEE não estaria completo e não funcionaria se fosse aplicado em qualquer lugar e a qualquer momento.

O Princípio Estratégico Essencial completo, a essência de toda Estratégia, está contido nesta frase:

A essência da Estratégia é a **concentração** em sua **fortaleza**, aplicada a uma **dispersão**.

---

[38] *"O strategos vitorioso é aquele que sabe quando lutar e quando não lutar."* - *Sun Tzu.*

VI. Encontrar a dispersão - O que é uma dispersão?

Após focar em sua fortaleza e tornar-se excepcional, único e desistir de tentar ser medíocre em tudo, o estrategista deve saber onde aplicar o resultado dessa fortaleza concentrada. Existe apenas um lugar onde fazê-lo, e é sobre uma dispersão. Dispersão é o oposto de concentração, e, portanto, a essência de toda Estratégia consiste em encontrar o ponto mais adequado, de menor resistência, onde aplicar a concentração das forças.

No entanto, se o estrategista observar uma situação e concluir que a melhor aplicação de sua fortaleza concentrada é sobre a fortaleza do outro (algo equivalente a um ataque frontal), devemos compreender que ele não estaria cumprindo o Princípio Estratégico Essencial. Se não aplicar o PEE, não estará praticando Estratégia e não estará pensando como os grandes estrategistas.[39] Lembre-se de que os grandes estrategistas da história nunca tinham como objetivo buscar um ataque frontal contra um adversário de forças equivalentes ou desconhecidas. Mesmo no caso de um adversário aparentemente mais fraco, o estrategista não busca o ataque frontal. "Fortaleza contra fortaleza", "concentração contra concentração» não representam a essência da Estratégia. Se adotar essa mentalidade equivocada de "fogo contra fogo", acabará desperdiçando suas fortalezas e não conseguirá identificar as verdadeiras oportunidades que poderiam levá-lo a um destino excelente.

Lembre-se de que o máximo na Estratégia não é vencer todas as batalhas, mas vencer sem lutar, e "vencer sem lutar" surge como consequência da aplicação clara do Princípio Estratégico Essencial, de modo que até o próprio adversário reconhece que um confronto direto já não seria necessário.[40]

O Princípio Estratégico Essencial nos diz explicitamente que devemos sempre buscar aplicar nossa fortaleza concentrada sobre uma dispersão. Se, em uma situação específica, não conseguirmos encontrar a maneira de cumprir o PEE, então simplesmente não poderemos praticar a Arte da Estratégia. "Conhecer o outro" é fundamental para encontrar a dispersão e a oportunidade. Toda dispersão[41] é uma fraqueza e toda fraqueza é uma oportunidade para encontrar onde e como cumprir o Princípio Estratégico Essencial.

---

[39] *Não seria uma boa estratégia.*
[40] *A segunda maneira mais excelente, embora inferior a "vencer sem lutar", é vencer lutando, mas deixando intacto o máximo possível de ambos os lados.*
[41] *Toda dispersão inconsciente é uma fraqueza. Existem dispersões que são intencionais, mas sua função é provocar a dispersão em um adversário concentrado (consulte o quadro chamado "A variação competitiva do Princípio Estratégico Essencial" no final do capítulo 12).*

O *Princípio Estratégico Essencial* (PEE)

Portanto, quando Sun Tzu nos diz que ao nos conhecermos e conhecermos o outro, não devemos temer o resultado de cem batalhas, ele está falando, de forma esotérica, do que chamamos aqui de Princípio Estratégico Essencial (PEE).

De acordo com o que aprendemos da história e das ações dos Grandes Comandantes, essencialmente a estratégia trata de buscar e encontrar uma dispersão para aplicar o resultado de nossa fortaleza concentrada sobre essa oportunidade.[42]

Isso pode parecer teórico ou conceitual, mas para que fique claro como funciona o Princípio Estratégico Essencial, veremos dois exemplos. Esses exemplos são muito diversos e nos ajudarão a observar a aplicação do PEE em níveis táticos e imediatos, bem como sua aplicação no âmbito da estratégia de longo prazo. Os exemplos estarão separados por milhares de anos e, dessa forma, veremos como devemos cumprir o Princípio Estratégico Essencial em qualquer situação competitiva para obter as melhores chances de alcançar o objetivo.

O primeiro exemplo será a história do duelo entre Davi e Golias. Essa história muito conhecida, que ocorreu por volta do ano 1000 a.C., nos ajudará a compreender a aplicação tática do Princípio Estratégico Essencial. No segundo exemplo, avançaremos três mil anos para conhecer a incrível história de uma empresa que, estando praticamente falida e atuando em um mercado dominado por um monopólio, consegue aplicar o Princípio Estratégico Essencial e se tornar a empresa mais valiosa do mundo em poucos anos. Esse segundo exemplo é uma metáfora moderna do duelo entre Davi e Golias e nos ajudará a compreender o Princípio Estratégico Essencial e a demonstrar que, na estratégia, não se trata apenas de «pensar grande», mas sim de «saber pensar». Saber pensar para encontrar uma maneira de aplicar o Princípio Estratégico Essencial.

---

[42] *Assim como o talento genial de Mozart residia em encontrar novas formas de expressar música ou criar novas composições, assim também Alexandre encontrava maneiras surpreendentes de cumprir o Princípio Estratégico Essencial em qualquer circunstância. Onde outros não viam possibilidades, Alexandre encontrava maneiras de manobrar e posicionar suas forças com complexa coordenação e ousadia para causar dispersão em seus adversários e, posteriormente, concentrar suas forças sobre a dispersão provocada.*

> "Se você conhece o inimigo e conhece a si mesmo, não precisa temer o resultado de cem batalhas. Se você se conhece, mas não conhece o inimigo, para cada vitória ganha sofrerá uma derrota. Se você não conhece nem o inimigo nem a si mesmo, perderá todas as batalhas."
>
> - Sun Tzu

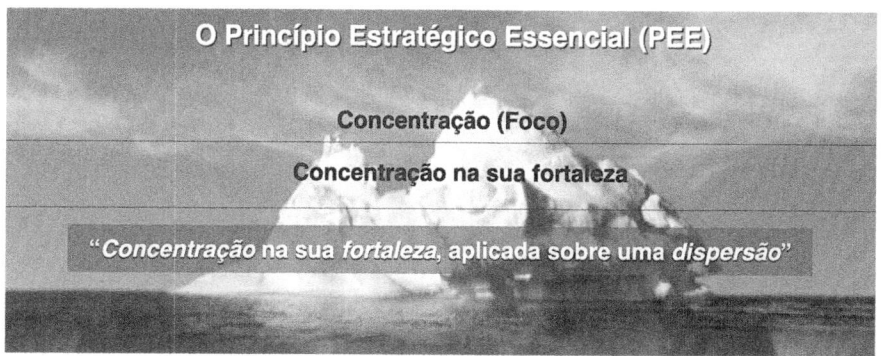

11 - Exemplos da aplicação do Principio Estratégico Essencial

I. Davi e Golias como exemplo da aplicação do Principio Estratégico Essencial

De acordo com os textos sagrados hebreus[1], esse evento ocorreu aproximadamente há três mil anos na terra de Judá. Naquela época, não existiam exércitos profissionais e, na região que hoje chamamos de Oriente Médio, apenas o Egito possuía forças de combate relativamente numerosas e com certo grau de especialização (como arqueiros, infantaria e aurigas). Durante o reinado de Saul, o primeiro rei de Israel, ainda faltavam setecentos anos para o registro do primeiro exército profissional, que seriam as falanges macedônicas de Filipe II.

Comparada ao Egito, Israel era uma nação pequena, assim como Filístia, um de seus inimigos tradicionais. Ambos os povos viviam à sombra do domínio do Egito, embora este último nem sempre tivesse poder suficiente para subjugá-los e também não tivesse interesse em permanecer em terras distantes.[2] Tanto Israel quanto Filístia tinham pouco a ganhar e muito a perder se se enfrentassem e acabassem se enfraquecendo mutuamente. Embora as fileiras dos israelitas e filisteus fossem compostas por guerreiros[3] corajosos e habilidosos, dispostos a deixar suas atividades diárias para irem a um campo de batalha, os "exércitos" não eram compostos por forças profissionais e recrutadas. Portanto, era comum que as nações menores tentassem dissuadir o inimigo e chegar a um acordo ou mesmo dominá-lo sem ter que lutar. No entanto, também corriam o risco de serem vistas como fracas se não comparecessem à batalha e não demonstrassem que seus homens estavam prontos para matar e morrer.

---

[1] *Os textos sagrados hebreus (Tanakh) são divididos em Torá (a Lei), Nevi'im (Profetas) e Ketuvim (Escritos). A história de Davi e Golias está registrada no Primeiro Livro de Samuel (1 Samuel 17:4-23; 21:9).*

[2] *Os egípcios não eram colonizadores de terras distantes devido às suas crenças religiosas de que, para acessar a vida após a morte, deveriam ser enterrados no Egito. Aqueles que deixavam seus corpos em outras terras não poderiam acessar o Aaru ou "Campo de Juncos", o local paradisíaco governado por Osíris.*

[3] *É importante notar a diferença entre "guerreiro" e "soldado". O soldado profissional surge de forma clara apenas com a revolução militar de Filipe II (por volta de 345 a.C.).*

Se o ápice da arte da Estratégia é vencer sem lutar, no caso desses povos, o mais próximo desse ideal seria recorrer a um duelo de um contra um ou de um pequeno grupo contra outro grupo pequeno, evitando assim o massacre de muitos homens. Do ponto de vista da evolução do pensamento estratégico, estávamos naquilo que conhecemos como a "era dos heróis". A sofisticação estratégica que encontramos nessa época é muito limitada e não temos exemplos claros de líderes que utilizassem suas forças de forma coletiva, coordenada e levando em consideração o Principio Estratégico Essencial. No entanto, há muito tempo o ser humano já havia percebido que ataques frontais não eram eficazes e não deveriam ser tentados. O grande perigo, portanto, residia no fracasso das negociações e na impossibilidade de recorrer à alternativa "heroica". Nessas situações, o líder se via obrigado a optar por batalhas campais, e o custo em vidas acabava sendo tão grande para o vencedor quanto para o derrotado, enfraquecendo ambos e, posteriormente, sendo conquistados e escravizados por seus vizinhos mais poderosos (como o Egito).

É nesse contexto histórico estratégico específico que devemos observar e compreender a história de Davi e Golias. Provavelmente você já a tenha ouvido anteriormente e talvez pense conhecê-la bem, mas convido você a observar alguns aspectos-chave do relato bíblico que nos ajudarão a compreender a aplicação do Principio Estratégico Essencial (PEE) por parte de Davi. Ao conhecer e observar a aplicação do PEE, você verá a estratégia por trás da vitória de Davi. Você verá aquilo que Sun Tzu diz: "ninguém vê».

Não sabemos qual foi exatamente o motivo geopolítico que levou ao fracasso das negociações entre israelitas e filisteus e à consequente necessidade de se prepararem para medir suas forças. No entanto, sabemos que os filisteus se reuniram em um lugar chamado Socó, na terra de Judá, e os guerreiros de Israel, liderados por Saul, acamparam em um lugar chamado Vale de Elá. Israelitas e filisteus se posicionaram em colinas opostas, de onde podiam se observar mutuamente.

Com o fracasso das negociações, a opção heroica se tornou a escolha mais lógica para ambas as partes. Por volta do ano 1000 a.C., os seres humanos já haviam chegado à conclusão de que, em um confronto massivo, as chances de uma tragédia eram altas, pois a maioria das mortes ocorria quando um dos grupos desistia e tentava fugir em uma retirada caótica. Mas se ambos os exércitos fossem particularmente valentes, então a tragédia seria ainda maior. A alternativa de ter um herói lutando em nome de todo o povo, evitando arriscar todos os homens em uma batalha em massa, era uma ideia sensata.

O herói normalmente era o guerreiro mais corajoso, habilidoso e poderoso, aquele que se dispunha a lutar representando toda a sua nação contra o herói estrangeiro. De acordo com o acordo, o herói representava todo o povo e sua vitória ou derrota seria a de todos. Entre os gregos, essa "era heroica" foi narrada por Homero e ocorreu aproximadamente na mesma época em que os arqueólogos e historiadores bíblicos situam o duelo entre Davi e Golias.

O Livro de Samuel[4] nos conta que o herói filisteu, Golias, seguindo o costume da época, provocou e incitou os israelitas por vários dias, encorajando-os a apresentar seu próprio herói. O texto afirma que Golias era um paladino, um guerreiro que havia demonstrado sua coragem e habilidades. Golias era um gigante em todos os sentidos, tanto físico quanto em reputação, e sua fama de invencibilidade o precedia. Golias era considerado imbatível. Ele era o melhor e o mais poderoso que os filisteus poderiam apresentar, conforme afirma o texto bíblico. Como herói, ele se concentrava em aprimorar suas habilidades de combate e vitória.

Golias usava uma armadura pesada e armas específicas. Sua proteção incluía um capacete de bronze, uma cota de malha, caneleiras de bronze, e suas armas ofensivas eram lanças de bronze e dardos de ferro. Além disso, ele usava uma espada para combate corpo a corpo, se necessário. Seu escudo tinha tamanho, peso e dureza semelhantes aos que seriam usados pelos hoplitas gregos alguns séculos depois. O escudo restringia certos movimentos e, sendo pesado, era comum que um escudeiro o carregasse para preservar as forças do herói antes do combate mortal.[5]

O texto conta que Golias desceu ao vale e desafiou os guerreiros de Israel, dizendo-lhes: "Por que vocês se formaram em ordem de batalha? Não sou eu o filisteu e vocês os servos de Saul? Escolham um homem para vir lutar contra mim. Se ele conseguir lutar e me vencer, seremos seus servos; mas, se eu o vencer, vocês serão nossos servos e nos servirão». Os guerreiros de Israel não eram covardes, mas não pareciam subestimar Golias e também não se superestimavam a ponto de acreditar que tinham uma chance contra o terrível campeão filisteu. A ideia de morrer para que seu povo aca-

---

[4] *1 Samuel 17:1-51.*

[5] *O escritor americano Malcolm Gladwell teorizou que uma das razões pelas quais Davi teria conseguido derrotar Golias seria uma suposta doença que aflige o enorme filisteu, deixando-o quase cego e, portanto, muito lento. Segundo Gladwell, o simples fato de Golias ter um escudeiro nos levaria a inferir que ele precisava de alguém para ajudá-lo a carregar seu escudo. No entanto, essa teoria não leva em consideração os costumes antigos e parece subestimar a inteligência e o bom senso dos povos antigos. Em uma época em que o destino de homens, mulheres e crianças dependia de um herói, não podemos ir contra a lógica e acreditar que os filisteus estariam satisfeitos e seguros em contar com um infeliz quase cego que precisava que alguém carregasse seu escudo. Seria também subestimar os hebreus pensar que eles não perceberiam se o filisteu, em vez de ser um paladino, fosse um monstro quase cego e desajeitado.*

basse derrotado e escravizado não era uma opção atraente para ninguém. Portanto, quando Saul e todo o Israel ouviram essas palavras de Golias, ficaram perturbados e cheios de medo, pois não havia ninguém entre os israelitas que pensasse poder vencer aquele gigantesco herói. A falta de alguém disposto a assumir o papel de herói entre os israelitas implicava em uma humilhação e derrota histórica.

Segundo o relato bíblico, as fortalezas de Golias eram evidentes e haviam sido aprimoradas e testadas ao longo do tempo. Golias havia se concentrado nelas ao ponto de se tornar um paladino, e suas fraquezas pareciam inexistentes aos olhos dos israelitas. O filisteu apresentava-se depois de cumprir os dois primeiros passos do Princípio Estratégico Essencial e agora convocava os israelitas para apresentarem seu herói. Dessa forma, o paladino poderia buscar a fraqueza sobre a qual aplicaria toda a sua força. Golias era tão superior que, em um combate direto, ele poderia se dar ao luxo de atacar de frente e travar um duelo entre "gladiadores" sem chances para o aterrorizado adversário.

As invocações e provocações se estenderam por vários dias, e o rei Saul estava cada vez mais desesperado. Nesse momento, surgiu um herói inesperado e improvável.

Davi era um jovem pastor que havia sido enviado por seu pai ao Vale de Elá com o objetivo de levar comida para três de seus irmãos que haviam ido com o rei para enfrentar os filisteus. Obedecendo à missão de seu pai, Davi «levantou-se de manhã, deixou as ovelhas aos cuidados de um guarda e foi com a encomenda até o acampamento". Enquanto ele conversava com seus irmãos, Golias, o paladino filisteu de Gate, saiu das fileiras dos filisteus e repetiu as mesmas palavras que já havia pronunciado nos dias anteriores. Davi ouviu e cada um dos israelitas dizia: "Vocês não viram aquele homem que saiu? Ele se adianta para provocar Israel». Aquele que se animasse a enfrentar e vencer o herói filisteu, o rei Saul prometeu grandes riquezas e a mão de sua filha em casamento. Além disso, prometeu isentar de tributos toda a família do valente que o matasse.

Tendo em mente todos esses incentivos oferecidos pelo rei, Davi viu a oportunidade de mudar sua vida. Essa era a oportunidade de passar de pastor de ovelhas a esposo da filha do rei e ainda conseguir isentar sua família de impostos. Imagine que seu pai lhe enviasse para entregar uma encomenda e você voltasse para casa como príncipe e herói. Os incentivos se completavam com a indignação piedosa de Davi ao ouvir que as provocações de Golias colocavam em dúvida a reputação de Adonai, a divindade de Israel. Para Davi, tudo o que mais estimava estava em jogo, juntamente com a possibilidade de uma mudança completa de destino.

Para ter certeza de que havia entendido corretamente, o jovem Davi perguntou novamente: "O que será feito ao homem que vencer este filisteu e livrar Israel do opróbrio?".

Após confirmar o pacote de incentivos oferecido pelo rei, Davi se propôs como antagonista de Golias.

A situação era evidentemente desesperadora, pois o rei Saul estava disposto a aceitar qualquer um, até mesmo um pastor que havia vindo entregar comida para seus irmãos. Talvez, na mente de Saul, não se tratasse mais de vencer, mas sim de evitar a desonra e o contínuo opróbrio que minavam a moral dos israelitas. Não enviar ninguém para o duelo era desonroso e equivalente a aceitar a escravidão sem sequer tentar vencer. Por outro lado, ordenar a qualquer israelita que descesse ao vale seria condená-lo à morte e ver o pobre desgraçado correndo de medo enquanto Golias o empalava com sua lança. Nessas circunstâncias, Saul aceitaria qualquer um que fosse suficientemente louco para não temer enfrentar Golias.

Davi sabia exatamente o que fazer. As decisões que ele tomou antes de descer ao vale nos ajudarão a compreender e observar a aplicação do Princípio Estratégico Essencial (concentração em sua fortaleza aplicada a uma dispersão).

Davi não era imprudente nem um fanático religioso pronto para arriscar-se a morrer como um kamikaze ou um jihadista. Davi era astuto, inteligente e tinha um plano, pois somente alguém que acreditasse que poderia sair vivo desse gesto mortal se asseguraria tantas vezes sobre a lista de benefícios oferecidos por derrotar Golias.

II. Davi e o Princípio Estratégico Essencial - Concentração em sua força aplicada a uma dispersão

Há milhares de anos, a história de Davi e Golias tem representado a vitória do pequeno sobre o grande, a vitória quase milagrosa de um pastor que mal saiu da adolescência contra um guerreiro enorme, experiente e invencível. Essa história tem inspirado centenas de gerações e até hoje um confronto entre "Davi e Golias" é aquele do subestimado (ou claramente em desvantagem) contra o aparentemente invencível. O resultado final do confronto entre Davi e Golias é tradicionalmente interpretado como sendo a consequência de uma intervenção divina, mas se estudarmos o texto, vemos que não há nada de miraculoso. Não se pode negar que, em qualquer situação, Davi precisaria contar com a colaboração da «boa sorte» e certamente teve, mas essa foi toda a ajuda que Deus lhe deu. O Adonai de Israel teria precisado de outro homem se esse jovem pastor não se conhecesse, não soubesse onde estava sua força e não tivesse investido anos aperfeiçoando sua força para aplicá-la a uma *dispersão*.

Vamos observar agora alguns detalhes da história desse duelo entre esses dois personagens bíblicos e ver como Davi cumpre o Princípio Estratégico Essencial e Golias não. Lembre-se de que, na Estratégia, não é o mais forte quem vence, mas sim aquele que primeiro consegue aplicar o Princípio Estratégico Essencial (PEE).

Para ser vitorioso, Golias precisava completar o PEE e já havia completado dois dos três passos. Ele tinha sua força concentrada e só precisava encontrar a dispersão, a oportunidade, a vulnerabilidade, onde aplicar sua força. No entanto, no caso do paladino filisteu, sua força era tão grande e evidente que até mesmo as fortalezas de seus adversários pareciam fraquezas em comparação. Se as próprias fortalezas dos guerreiros israelitas eram como fraquezas quando comparadas às de Golias, nem se fala das fraquezas em si. Nesse cenário, Golias não precisava pensar muito para encontrar uma dispersão em seus rivais, pois nos duelos até a morte, a dispersão costumava surgir de forma espontânea e natural quando o mais fraco era dominado pelo medo. Quando isso acontecia, aquele que era derrotado mentalmente fugia. Virando as costas para seu inimigo, ficava completamente exposto às lanças e terminava morto.[6] Portanto, o filisteu aparentemente não precisava se preocupar em discernir onde estava a dispersão, porque o adversário inteiro era a "dispersão" para Golias. Qualquer guerreiro que enfrentasse Golias seria eliminado com uma lança nas costas ou com três golpes de espada. Ironicamente, a própria força de Golias o tornava "cego" para qualquer outro cenário que não fosse sua vitória. Essa confiança excessiva, embora justificada, era a fonte de sua dispersão, e como todos aqueles que se acham invencíveis, Golias não sabia o que não sabia.

III. A aplicação do Princípio Estratégico Essencial - Até as portas de Ecrom

Davi foi levado à tenda do rei Saul como o único voluntário para enfrentar o herói filisteu. Provavelmente percebendo que Saul havia perdido a coragem ao vê-lo, Davi disse: "Não deixem que o coração de ninguém desfaleça por causa de Golias; seu servo irá e lutará contra esse filisteu". Mas Saul lhe disse: "Você não pode ir contra esse filisteu para lutar com ele; você é apenas um rapaz, e ele é um homem de guerra desde a juventude". Davi respondeu: "Eu era pastor das ovelhas do meu pai; quando vinha um leão ou um urso e pegava um cordeiro do rebanho, eu saía atrás dele, o atacava e o livrava de sua boca; e se ele se levantasse contra mim, eu o agarrava pela mandíbula, o atacava e o matava. Se fosse um leão, se fosse um urso, eu o matava". Davi

---

[6] *De acordo com Homero, o herói troiano Heitor, tomado pelo terror, fugiu de Aquiles correndo ao redor das muralhas de Troia.*

estava dizendo que, do seu ponto de vista, Golias era outro urso. Ele era grande e poderoso, mas não mais rápido do que os projéteis lançados por sua funda. Para todos os outros guerreiros israelitas, Golias não apresentava vulnerabilidades, não apresentava uma dispersão. Mas os olhos de Davi haviam identificado um ponto vulnerável, embora fosse inacessível para as espadas e lanças israelitas e, portanto, "invisível" aos olhos dos guerreiros de Israel. As únicas dispersões estavam na abertura do capacete de Golias e no fato de ele subestimar Davi.

Davi ainda acrescentou e disse a Saul: "Adonai, que me livrou das garras do leão e das garras do urso, ele também me livrará das mãos desse filisteu". Fica claro que Davi, além de estar ciente de que possuía uma força e pretendia se concentrar em usá-la, também já havia identificado a dispersão em Golias. Sua convicção pessoal de que contaria com o favor de Adonai o ajudou a neutralizar a fraqueza que afetava todos os israelitas: o medo.

IV. Davi e Golias

A fortaleza desenvolvida por Davi era única e diferente da dos guerreiros, portanto diferente daquela que Golias poderia imaginar.

Se a força de Davi fosse da mesma natureza que a de Golias, ele não seria capaz de vencê-lo. Da mesma forma, se Davi dependesse apenas de sua coragem e fé, ele poderia se envolver em um combate insano com Golias e morrer sem fugir. Essa batalha seria heroica, mas patética. Saul e os israelitas seriam feitos escravos, e Davi estaria morto como um simples fanático religioso.

No entanto, Davi não era um guerreiro, e como frequentemente acontece na estratégia, o fato de ser diferente era a fonte de sua vantagem e a oportunidade para aplicar o Princípio Estratégico Essencial. As habilidades de Davi como guerreiro não chegavam nem ao nível da mediocridade, mas ele era excelente em outra coisa. A diferença de Davi era que ele usava a funda, uma das ferramentas associadas à pastagem desde o Neolítico. A funda consiste em duas cordas ou tiras que seguram um receptáculo flexível de onde um projétil é disparado. Nas mãos de um especialista, a funda podia ser uma arma temível devido ao seu poder de impacto e alcance; além disso, o tamanho pequeno dos projéteis permitia que penetrassem no corpo como uma bala e fossem quase invisíveis no ar. Davi era excelente no uso da funda, e sua precisão estava destinada a obter fama milenar.

Enquanto Golias havia passado anos praticando com espadas, lanças, dardos e escudos, Davi havia passado anos e incontáveis horas praticando com a funda, usada para defender os rebanhos contra grandes predadores. Golias não tinha conhecimento disso, pois não conhecia Davi. Por outro lado, graças aos anos de prática, Davi sabia o que fazer e onde encontrar a vulnerabilidade de Golias, e assim identificou a oportunidade.[7]

Lembre-se do que Sun Tzu diz: "Se você conhece o inimigo e conhece a si mesmo, não precisa temer o resultado de cem batalhas. Se você se conhece, mas não conhece o inimigo, para cada vitória também sofrerá uma derrota. Se você não conhece nem o inimigo nem a si mesmo, perderá todas as batalhas. Aquele que sabe quando lutar e quando não lutar será vitorioso". No momento em que Davi desceu ao vale para enfrentar Golias, ele ainda era visto como um pastor aos olhos do paladino filisteu, mas na realidade, ele era um franco-atirador que já sabia o que fazer. Golias não sabia, mas suas chances de vitória haviam caído para 50%.

A vulnerabilidade identificada no meio do elmo de Golias, exatamente onde seus olhos e testa ficavam expostos, seria ainda mais evidente devido a outra vulnerabilidade ainda maior. A principal vulnerabilidade mental de Golias ocorreria quando ele visse um pastor em vez de um guerreiro. Isso levaria Golias a subestimar Davi e não se defender com atenção.

Sem muitas esperanças, Saul decidiu enviar Davi e lhe entregou suas armas e proteções de guerreiro. Ele colocou um capacete de bronze em sua cabeça e o revestiu com uma couraça. Davi tentou manejar a espada e tentou andar, porque nunca havia feito isso antes. Davi disse a Saul: "Eu não posso andar com isso, porque nunca pratiquei". E Davi se livrou dessas coisas. Ele pegou seu cajado em sua mão, escolheu cinco pedras lisas do riacho e as colocou em sua sacola de pastor, em sua bolsa que ele carregava, e pegou sua funda em sua mão e foi enfrentar o filisteu.

V. Conheça a si mesmo, seja você mesmo e foque na Estratégia

Ao rejeitar a armadura e a espada, Davi rejeitou aquilo que não era a sua fortaleza e se concentrou naquilo que ele sabia. Ao rejeitar a armadura de Saul e optar por pegar as cinco pedras, ele estava focando em sua fortaleza. Naquele momento, todos os seus recursos físicos, mentais e espirituais estavam concentrados em suas fortalezas. Agora, Davi desceu ao vale para aplicar tudo isso sobre a dispersão já identificada e esperada.

O Livro de Samuel relata que o filisteu se aproximava de Davi, e seu escudeiro estava à sua frente. Mas quando o filisteu olhou e viu Davi, ele o desprezou, pois era apenas um jovem, loiro e de boa aparência. O filisteu disse a Davi: "Eu sou um cachorro, para que você venha até mim com paus?". E ele amaldiçoou Davi por seus deuses.

---

[7] *Davi identificou as oportunidades de como derrubar Golias e de como passar de "pastor a príncipe».*

A Bíblia conta que quando o filisteu se levantou e começou a se aproximar do jovem pastor, Davi se apressou e correu em direção à linha de batalha contra o filisteu.

Golias havia subestimado Davi desde o momento em que o viu, assim como Saul também havia subestimado. Golias não queria perder tempo e veio diretamente contra Davi, aparentemente sem o escudo e talvez até mesmo sem o elmo. Para que ele precisaria de um escudo contra um garoto que vinha com paus e pedras? "Quem eles pensam que eu sou?", reclamou Golias, atacado por seu próprio ego, o maior dispersor na Estratégia.

Então, Davi colocou a mão na bolsa, pegou uma pedra e a lançou com a funda.

O trabalho de Davi naquele momento era confiar e lançar a pedra com o melhor de sua habilidade. O local exato onde a pedra iria acertar não estava totalmente em seu controle. Davi acreditava que seu trabalho era fazer o melhor possível com suas habilidades, e a vitória seria concedida por Deus. A pedra voou tão rápido que Golias não a viu chegar. É possível que, assim como ele não carregava um escudo, também não estivesse usando o elmo. Seu ego havia sido tão ferido que agora seria vergonhoso parecer preocupado com um garoto coberto com uma túnica, que se aproximava com paus e pedras. Mas a pedra voou, se cravou em sua testa e cortou a conexão de Golias com este mundo. O paladino filisteu caiu com o rosto em terra.

A Bíblia diz: "Assim Davi venceu o filisteu com a funda e a pedra; feriu o filisteu e o matou, sem que Davi tivesse uma espada em sua mão. Então, Davi correu e se colocou sobre o filisteu; e, pegando a espada dele e tirando-a da bainha, o matou completamente, cortando-lhe a cabeça. E quando os filisteus viram seu paladino morto, fugiram. Então, os homens de Israel e de Judá se levantaram, gritaram e perseguiram os filisteus até o vale e até as portas de Ecrom".

Três mil anos depois, ainda usamos a imagem de Davi e Golias quando queremos falar de um conflito entre duas forças desiguais, mas que ainda deixa espaço para a esperança de uma vitória inesperada. Se você é o mais fraco, sempre precisa pensar mais, precisa pensar bem, precisa de Estratégia, precisa aplicar o Princípio Estratégico Essencial.

Seja qual for o plano que você escolha para ser vitorioso, o objetivo final do plano deve ser identificar e aplicar o Princípio Estratégico Essencial: Concentração em sua fortaleza, aplicada sobre uma dispersão. Se você conseguir aplicá-lo, terá todas as oportunidades de ser vitorioso.

Davi com a cabeça de Golias, Abraham Bosse (1651).

Leia estas frases de Sun Tzu e identifique como refletem o que foi feito por Davi e Golias e como estão ligadas ao Princípio Estratégico Essencial:

- "Quando você é capaz de ver o sutil, é fácil vencer".
- "Tornar-se invencível significa conhecer a si mesmo, esperar para descobrir a vulnerabilidade do adversário significa conhecer os outros".
- "Se você usa o inimigo para derrotar o inimigo, será poderoso em qualquer lugar que vá».
- "Se seu oponente tem um temperamento colérico, tente irritá-lo. Se ele é arrogante, tente fomentar sua arrogância".
- "Se você não pode ser forte, mas também não sabe ser fraco, será derrotado".

O strategos busca aplicar o Princípio Estratégico Essencial sempre, sem exceção. A essência de todo o Método de Sun Tzu, a essência extraída de milhões de pétalas e condensada em uma única gota é: "Concentre-se em sua fortaleza e aplique-a sobre uma dispersão". Aquele que se concentra em suas fortalezas e sabe onde estão as dispersões não deve temer nenhuma batalha, pois vencerá todas. No entanto, aqueles que conhecem suas fortalezas e as concentram, mas por algum motivo não conseguem encontrar a dispersão no adversário, ganharão metade e perderão metade. Por fim, aqueles que não concentram suas fortalezas e também não sabem onde está a dispersão do adversário serão derrotados.

O Princípio Estratégico Essencial (PEE) é aplicado tanto no nível tático, como fez Davi, quanto no nível estratégico e de longo prazo. No exemplo a seguir, veremos a aplicação do PEE de maneira mais complexa e menos evidente.

12 - Steve Jobs, Apple, Microsoft e o Princípio Estratégico Essencial

I. Steve Jobs

Em 1997, a Apple estava à beira da falência. Vinte anos após a sua fundação e ter sido considerada uma das empresas mais inovadoras do setor, a Apple estava prestes a desaparecer.

Ela havia sido criada em 1976 em uma garagem em Los Altos, Califórnia, graças ao gênio técnico de Steve Wozniak e à inovação e visão de Steve Jobs. Mas Wozniak havia conhecido Jobs quando tinha apenas 15 anos e, embora fosse uma criança muito interessada em eletrônica, não tinha a habilidade técnica do engenheiro de computação para criar e construir um computador. Steve Jobs não era um gênio da eletrônica e não concluiu a faculdade. No entanto, ele era claramente um jovem muito criativo que também sabia "como pensar". Suas forças estavam em seu enorme poder de inovação e sua habilidade de pensar estrategicamente. Uma combinação poderosa por si só, mas que foi ainda mais aprimorada por uma tenacidade e disciplina incomuns para implementar sua visão.

No início dos anos 80, Jobs conheceu Bill Gates, outro empreendedor ambicioso da indústria em ascensão. Naquela época, o mundo da computação era pequeno e Gates ainda estava tentando abrir caminho com sua empresa, a Microsoft. Por um tempo, ele foi um pequeno fornecedor da Apple e, como prestador de serviços, tinha acesso constante à equipe de engenheiros da empresa. Um dia, trocando informações, Bill Gates descobriu o novo projeto estrela de seu cliente. Steve Jobs e a equipe de engenheiros da Apple estavam desenvolvendo um novo sistema operacional que mudaria a forma de interagir com os computadores. Ao ouvir os detalhes do projeto, o jovem Gates ficou surpreso.

Mais tarde, Jobs se preparava para assumir o papel de um metafórico Davi para descer ao vale e enfrentar o invencível e temível gigante IBM, o Golias de sua indústria. Embora a Apple fosse uma empresa muito pequena em comparação com a IBM, Jobs confiava em seus novos designs de hardware e em seu sistema operacional altamente inovador para surpreender o gigante. Ele estava confiante em poder derrotar os PCs da IBM com seu novo computador Macintosh. Com esse plano ambicioso e inovador, Steve Jobs pegou suas metafóricas cinco pedras, preparou sua funda e se preparou para enfrentar seu Golias.

A icônica campanha publicitária de lançamento do novo computador da Apple em 1984 representava a empresa como uma jovem vestida esportivamente que irrompia em uma reunião massiva onde homens sombrios, vestidos de maneira idêntica com roupas escuras, marchavam como autômatos para um grande salão. Esses homens robotizados se sentavam em frente a uma tela grande onde um tirano imenso, o "Grande Irmão", lhes dizia o que e como pensar. A Apple era a mulher libertadora que, correndo, lançava um martelo na tela gigante. Esta se destruía juntamente com a imagem do Grande Irmão, e as pessoas eram libertadas. A Apple vinha para libertar os homens do ano de 1984 profetizado por George Orwell e da monotonia e aridez da IBM.[8] O ano de 1984 havia chegado, e pensar de forma diferente, inovar, facilitar e libertar as pessoas era a proposta dos novos computadores da Apple.

Através do ato de se concentrar em suas fortalezas e aplicar o resultado dessa concentração à dispersão da IBM, Jobs estava cumprindo o Princípio Estratégico Essencial. Sua estratégia foi baseada na inovação do sistema operacional de suas máquinas, adicionando a inovação do mouse e, assim, expandindo a acessibilidade e o uso de computadores para o público em geral.[9] Era uma nova revolução na indústria. Uma que transformaria os computadores de máquinas de trabalho monótonas nos escritórios corporativos em ferramentas práticas e úteis para todos. Portanto, Jobs tinha motivos para ser otimista. Sendo um empreendedor ambicioso, corajoso e que sabia "como pensar", ele também estava confiante de que sabia como passar "de pastor a príncipe".

Do ponto de vista das campanhas de marketing, o ataque da Apple certamente seria frontal, mas na realidade não estaria atacando a fortaleza da IBM. O verdadeiro ataque estava no "flanco", diretamente na fraqueza, na dispersão da IBM. Como mencionado anteriormente, essa dispersão estava na falta de um sistema operacional que permitisse à IBM atrair o público não especializado. Mas é aqui que as semelhanças entre a IBM e Golias terminam. Ao contrário do guerreiro filisteu que subestimou Davi e não pegou seu escudo (e talvez nem mesmo seu capacete) para enfrentá-lo, a IBM não subestimou a Apple. Ou talvez, ao contrário de Golias, a IBM simplesmente teve sorte.

O gigante dos computadores escapou do golpe que o derrubaria porque, após o lançamento do novo Macintosh, seus executivos receberam uma pro-

---

[8] «1984» é o título do conhecido livro de George Orwell, publicado em 1949, no qual ele imaginava um sistema controlador e repressor em um futuro distópico.

[9] O Macintosh foi o segundo computador pessoal com sistema de mouse, sendo o primeiro o modelo "Lisa" da Apple. O mouse e o sistema operacional intuitivo representaram a base para o grande sucesso comercial inicial do Macintosh.

posta de aliança de uma pequena empresa. Essa empresa serviu como escudeiro para enfrentar Steve Jobs e permitiu expandir enormemente o poder dos computadores da IBM e eliminar a dispersão em pouco tempo, antes que a Apple tivesse a chance de acertar o golpe. Em pouco tempo, a IBM conseguiu substituir seu sistema operacional medíocre por um novo, intuitivo, fácil e amigável. O escudeiro chamava-se Bill Gates, o sistema operacional Windows e sua pequena empresa, a Microsoft.

A IBM passou a implementar o novo sistema operacional Windows, que era uma cópia do sistema operacional da Apple, e assim a estratégia de Jobs foi frustrada. O conceito do sistema operacional de Gates era idêntico ao desenvolvido por Jobs e aparentemente foi criado com base em suas conversas com engenheiros da Apple no tempo em que era um fornecedor.

Quando a IBM contra-atacou com o Windows, a surpresa foi grande para todos. Quando Steve Jobs soube, ficou furioso. Segundo dizem, ele gritou: "quero Bill Gates em meu escritório antes do pôr do sol!". Mas poucos anos depois, o sistema operacional Windows já rodava não apenas em todos os computadores PC da IBM, mas também em praticamente todos os inúmeros clones que surgiram desde então. A empresa de Bill Gates passou a possuir uma participação de 97% no mercado de computadores pessoais do planeta, e a revolução sonhada por Jobs foi feita por Gates.

A Apple não se recuperou do golpe recebido. Em 1997, ela tinha apenas 3% de participação de mercado, e a revista Businessweek anunciou em sua capa a despedida da Apple com o título "A queda de um ícone americano".

Se a história tivesse terminado assim, poderíamos observar que Steve Jobs se concentrou em suas fortalezas (sendo o poder de inovação uma das principais) e planejou aplicá-las à fraqueza (a dispersão) da IBM, mas acabou surpreendido e derrotado. Estratégia não é magia, e por isso é interessante observar que Jobs havia conseguido cumprir os três passos do PEE por um tempo, mas na prática não conhecia seu adversário e, portanto, foi surpreendido.

Ele não conhecia seu adversário porque o adversário não era apenas quem ele pensava ser e ele não viu isso chegar. Por outro lado, ele não pôde antecipar a boa sorte que a IBM teria para transformar sua fraqueza em uma fortaleza, graças à intervenção surpreendente de um agente externo no momento mais oportuno.

Devido à estratégia[10] da Microsoft (não da IBM), o flanco em que Jobs mirava passou a ser a linha de frente, e o resultado foi um confronto frontal. Um confronto entre fortalezas. A dispersão, o medíocre sistema operacional das máquinas da IBM, não existia mais. Agora, o sistema operacional Windows era sua fortaleza e, para piorar, era idêntico ao da Macintosh. O gigante IBM

---

[10] *A estratégia em sua manifestação inescrupulosa, como a do Cavalo de Tróia de Odisseu (Ulisses).*

havia sido salvo graças ao seu pequeno escudeiro Bill Gates, e juntos esmagaram a Apple em uma batalha frontal em que o pequeno Davi da Califórnia não tinha chances de vencer.

No entanto, a história não termina aí. A tenacidade era outra fortaleza de Steve Jobs, e isso permitiu que ele continuasse se concentrando em sua capacidade de inovar.

Neste ponto, vale a pena lembrar que a Estratégia é uma arte multidimensional, e as cinco dimensões da Estratégia são Liderança, Propósito, Princípios Estratégicos, Sistemas Estratégicos e Inovação. Talvez a liderança[11] de Jobs fosse questionável, especialmente em sua primeira fase, mas seu evidente conhecimento dos Princípios Estratégicos o levava a cumprir consistentemente o Princípio Estratégico Essencial.

Naturalmente, Steve Jobs sabia que sua capacidade de inovação continuaria lhe proporcionando oportunidades, mas dificilmente ele imaginaria que vários anos depois teria a grande oportunidade de aplicar o Princípio Estratégico Essencial à Microsoft, resgatar a Apple da falência e levá-la a se tornar a empresa mais valiosa do mundo.

II. Saber esperar

Em setembro de 1997, Steve Jobs foi chamado novamente para tentar salvar a Apple.

Essa segunda fase de Jobs é a mais madura em sua aplicação da Estratégia, e podemos ver claramente o cumprimento do Princípio Estratégico Essencial (PEE) sendo buscado. Lembre-se da frase esotérica de Sun Tzu que diz: "Todos veem as táticas com as quais eu venço, mas ninguém vê a Estratégia por trás". A Estratégia por trás pode ser sintetizada com o PEE. Agora você poderá identificá-la claramente, pois saberá o que está procurando. No entanto, tenha em mente que a maioria das pessoas, inclusive analistas, não conhece o Segredo da Estratégia e, portanto, normalmente não consegue identificar os Princípios Estratégicos e o PEE nas ações de Steve Jobs.

Ao estudar esse exemplo, lembre-se de que o primeiro passo do Princípio Estratégico Essencial é Concentração em sua fortaleza.[12] Ao retornar ao co-

---

[11] *A liderança é um conceito bastante complexo e também frequentemente mal interpretado. Neste livro, não iremos explorar a liderança, mas você pode encontrar na internet a ferramenta chamada "Os 4 Reinos da Liderança", que o ajudará a compreender melhor esse conceito. Steve Jobs tinha a reputação de ser um líder pouco empático, mas outros aspectos de sua personalidade apontam para um grande autoliderança, pelo menos no que diz respeito à sua estratégia para a Apple.*

[12] *Na analogia que usamos, esta primeira parte que mencionamos é apenas a ponta do iceberg.*

mando da Apple em 1997, Jobs tinha claro que o primeiro passo seria concentrar todos os recursos da empresa em sua força, em sua capacidade de inovação. Esse ato de concentração em escala corporativa exigiria uma enorme capacidade de liderança e execução.

Quando Jobs assumiu o controle da empresa moribunda, não faltaram conselhos e sugestões sobre o que fazer. A sugestão de Wall Street era vender a empresa. Os gurus e analistas de tecnologia do Vale do Silício aconselharam inventar algo novo. Os investidores não estavam entusiasmados. A empresa estava à beira da falência e sem uma direção clara. Além disso, o mercado de hardware era dominado pela IBM e pelos clones, sendo o reino absoluto da Microsoft, acusada até mesmo de praticar um monopólio mundial com o Windows.

III. Primeiro passo e segundo passo: Concentração na força

A situação era tão difícil que provavelmente poucos teriam alcançado algo semelhante ao que Jobs fez. Por décadas, seu nome foi associado à genialidade, inovação e sucesso empresarial, chegando a ser considerado um herói moderno, digno de culto à sua personalidade. No entanto, a razão do sucesso de Jobs foi sua capacidade de compreender, de forma consciente ou intuitiva, os mesmos princípios que guiavam Alexandre e os Grandes Comandantes homenageados por Napoleão em sua Mesa. Parecia que Jobs conhecia o Segredo da Estratégia e os princípios que Jomini utilizava. Pensar diferente era a essência de sua força, e o slogan da Apple se tornou "Think different" (Pense diferente).[13]

O primeiro ato de Jobs ao retornar foi buscar concentração, foco. Ele eliminou quinze modelos de computadores e ficou apenas com um (a atual linha Mac). Eliminou todos os periféricos (impressoras, scanners, etc.). Cancelou todos os desenvolvimentos de software e reduziu o número de engenheiros de hardware. Encerrou o contrato com cinco dos seis revendedores nacionais que vendiam os computadores Apple e transferiu a fabricação para Taiwan para reduzir custos. Com esse grande ato inicial de concentração, de redução, Jobs salvou a Apple. Agora, ela estava como uma semente que guarda tudo o que há de mais valioso em seu interior.

Após isso, ele deu um passo inimaginável. Deixou de lado seu ego, suas feridas do passado e recorreu ao homem que havia frustrado o grande plano do Macintosh em 1984, Bill Gates. Naquela época, a Microsoft estava sendo investigada pelo governo dos Estados Unidos por suspeita de monopólio, e o último desejo de Gates seria ver a ex-estrela do mercado declarar falência e

---

[13] *Mais adiante, veremos por que pensar de forma diferente é fundamental para cumprir o Princípio Estratégico Essencial.*

servir como evidência. Foi assim que Jobs obteve cento e cinquenta milhões de dólares da Microsoft para investir na Apple e se preparou para dar o terceiro passo do Princípio Estratégico Essencial.

IV. Terceiro passo: Concentração na força, aplicada à dispersão

O Princípio Estratégico Essencial é a totalidade do visível no iceberg que estamos usando como analogia. "Concentração na tua força, aplicada à dispersão" é uma fórmula de três passos simples, mas somente se soubermos como cumpri-los poderemos ter certeza de que encontramos o caminho da Estratégia.

Se não conseguirmos cumprir o terceiro passo do Princípio Estratégico Essencial, devemos estar cientes de que as chances de sucesso serão de apenas 50%. Em 1984, Jobs poderia ter vencido, mas "não conhecia" realmente Bill Gates e não previu o golpe. Mas agora ele seria aquele com a oportunidade de surpreender a todos.

Em 1999, o professor de administração da Universidade da Califórnia em Los Angeles, Richard Rumelt, estava preparando um trabalho sobre a indústria de tecnologia. O objetivo de sua pesquisa acadêmica era entender qual era a fórmula do sucesso na indústria e o que os líderes das empresas estavam fazendo. Para isso, ele conduziu uma pesquisa entre presidentes e diretores executivos. Steve Jobs estava entre seus entrevistados.

Segundo relato do próprio Rumelt[14], a maioria dos executivos identificou a capacidade de inovação como sendo o fator de sucesso na indústria. Segundo eles, se alguém tivesse uma boa ideia, uma nova descoberta e criasse a próxima «grande coisa", então a empresa que conseguisse implementar essa nova "grande coisa" primeiro dominaria o mercado por décadas. Esse era o fator de sucesso que definia o vencedor na indústria de tecnologia.

No entanto, quando Rumelt fazia a pergunta de acompanhamento, "o que sua empresa está fazendo em relação ao futuro?", as respostas dos executivos variavam e não tinham relação com o fator de sucesso mencionado. Alguns diziam estar investindo em projetos para melhorar a cadeia de fornecedores, outros estavam agilizando suas vendas e praticamente todos afirmavam estar focados em algum tipo de melhoria operacional. A surpresa para Rumelt veio quando ele entrevistou Jobs.

Naquela época, Steve Jobs já havia executado a redução e "concentração" da Apple, mas a empresa ainda não havia anunciado uma estratégia de mercado. Portanto, a pergunta de acompanhamento era ainda mais relevante. O professor americano perguntou diretamente:

[14] *Em seu livro Good Strategy. Bad Strategy.*

Steve, agora que você já salvou a Apple e a reduziu ao mínimo... o que você vai fazer?

Sua resposta foi a mesma que daria um strategos com o conhecimento esotérico da Estratégia:

"Vou esperar. Vou esperar a próxima grande oportunidade."[15]

V. A dispersão

> *"A oportunidade de nos proteger contra a derrota está em nós, mas a oportunidade de derrotar o inimigo está nele mesmo."*
>
> - Sun Tzu

Na Estratégia, a dispersão é a oportunidade. A força de Jobs residia em sua capacidade de inovação, mas seu sucesso empresarial se deveu ao seu conhecimento de Estratégia. Muitos empresários inovam, mas poucos sabem como pensar estrategicamente.

Em 1984, Steve Jobs já havia sido frustrado em seus planos de atacar o "flanco" do gigante e foi forçado a lutar de frente contra a IBM. Agora, quinze anos depois, com mais experiência, com suas fortalezas mais trabalhadas, aprimoradas e concentradas, Jobs buscaria novamente uma "dispersão" onde pudesse aplicar sua força concentrada.

Mas onde encontrar uma "dispersão" em um mercado que era, de fato, um monopólio e no qual vários já haviam fracassado, inclusive a Apple? O rei do mercado era absolutamente dominante. A Microsoft tinha 97% de participação de mercado em todo o mundo. Como encontrar uma dispersão em algo tão invulnerável e invencível? Ninguém sabia responder. Aparentemente, nem a própria Microsoft se conhecia o suficiente para identificar onde estaria sua dispersão.

Se Steve Jobs se tornou uma lenda empresarial no início do século XXI, a causa, em última instância, foi que, assim como Davi, ele foi o único que soube identificar a dispersão do gigante. Se Jobs não tivesse tido essa capacidade de pensar com Estratégia, nenhuma de suas invenções e inovações, por melhores que fossem, seriam conhecidas.

Quando Rumelt ouviu a resposta de "Vou esperar. Esperarei a próxima grande oportunidade", ele ficou surpreso. Jobs era o único que parecia estar agindo de acordo com o que a maioria dos executivos havia identificado como o "fator de sucesso". Esperar a próxima oportunidade significava esperar o

---

[15] *"I will wait. I will wait for the next big thing".*

momento certo, esperar o contexto certo, esperar a ideia certa, esperar encontrar a "dispersão".

Em 1999, Jobs parecia ainda não saber onde encontrar a "dispersão", mas em 2001, dois anos após a entrevista com Richard Rumelt, a Apple lançou o iPod. Um dispositivo portátil inovador que mudaria a forma como consumimos música. O iPod interagia com o iTunes, uma enorme biblioteca digital na internet que crescia a cada dia, formando um pequeno ecossistema que cabia no bolso. A Microsoft, que na época estava totalmente focada em colher lucros, não reagiu e nem entendeu como o iPod estava diretamente relacionado ao seu mercado. Foi o início de um ataque indireto.

Em 2007, Jobs lançou o iPhone, outro dispositivo que revolucionaria o uso dos telefones celulares. O iPhone era, de fato, o primeiro computador de bolso e vinha com "aplicativos" que eram baixados de uma plataforma na internet. O iPod, o iTunes, o iPhone, a App Store e os computadores Mac eram todos compatíveis entre si, partes de um mesmo ecossistema que utilizava um sistema operacional chamado iOS.

Em 2010, chegou o iPad para completar todo o sistema de iPods, iPhones, iTunes, Macs e expandir o universo do iOS e do sistema touchscreen. Quando a Microsoft percebeu, já era tarde demais. Steve Jobs havia transferido o mercado de computadores de mesa (onde o Windows reinava) para os bolsos e carteiras das pessoas.

Jobs não atacou de frente e não tentou vencer a fortaleza da Microsoft representada pelo sistema operacional Windows. Isso seria impensável e ridículo, equivalente a Davi tentando vestir uma armadura sobredimensionada para parecer um espantalho diante de Golias. Em vez disso, Jobs criou e expandiu um inovador ecossistema digital com softwares e hardwares sob um novo sistema operacional. Em vez de pensar em um ataque frontal, Jobs seguiu o caminho menos esperado, o caminho do inovador, e assim criou um novo mundo onde o rei não era o Windows, mas sim o conjunto do sistema operacional iOS, softwares e hardwares. Steve Jobs encontrou a dispersão e criou a próxima «grande coisa" que mudaria o jogo do mercado e daria à Apple o domínio por décadas.

Em 10 de agosto de 2011, pouco mais de dez anos após sua experiência à beira da falência, a Apple ultrapassou a Exxon como a empresa mais valiosa do mundo, com um valor de 337 bilhões de dólares no fechamento do mercado. Steve Jobs havia mudado o mundo, e a Microsoft foi a última a despertar.

Neste segundo exemplo, podemos observar por que se diz que o máximo na arte da Estratégia é vencer sem lutar. "Sem lutar" não significa que Jobs não tenha trabalhado e superado milhares de desafios de todos os tipos. "Sem lutar" significa que ele não teve que enfrentar o gigante Microsoft em seu próprio jogo. Assim como Davi, consciente de suas fortalezas, rejeitou a armadura do guerreiro, sabendo que não enfrentaria Golias com as mesmas armas dominadas pelo paladino.

VI. Microsoft e a dispersão que Jobs buscava

Steve Jobs havia aplicado o Princípio Estratégico Essencial ao lançar o Macintosh, mas em 1984, mesmo concentrando suas forças na dispersão da IBM, ele não conseguiu derrotar o gigante. O PEE não havia falhado, mas na vida real, uma coisa é conhecer o Princípio Estratégico Essencial (PEE) e outra coisa é conseguir aplicá-lo e sustentá-lo.

Considere esta citação de Sun Tzu: "Sua invencibilidade depende de você, mas a vulnerabilidade do inimigo depende dele. Aqueles que são especialistas na Arte da Estratégia podem se tornar invencíveis, mas não podem tornar o inimigo vulnerável."

Agora que conhecemos o PEE, temos acesso à chave hermenêutica para interpretar Sun Tzu. Pois se Golias foi surpreendido, foi porque ele se tornou vulnerável, e se a Microsoft foi surpreendida, foi porque também se tornou vulnerável. Anteriormente, Jobs já havia aplicado o PEE contra a IBM e não havia conseguido vencer porque os engenheiros conseguiram resolver rapidamente e de maneira providencial a dispersão, a vulnerabilidade. Nem Davi nem Steve Jobs poderiam ser vitoriosos se não tivessem encontrado a dispersão que surge do adversário.

É relativamente fácil julgar um evento depois que ele ocorreu e dizer como poderia ter sido feito melhor. Mas também é verdade que se os líderes da Microsoft tivessem sido capazes de ver e seguir os princípios da Estratégia, eles não teriam se tornado vulneráveis. Toda a indústria viu como essa empresa passou de ser o rei absoluto do mercado para um gigante que não conseguiu acordar e reagir a tempo. Mas qual foi a dispersão da Microsoft?

Aqueles de nós que não estiveram nas salas de reuniões da Microsoft nunca conhecerão os detalhes e nuances que levaram pessoas de grande inteligência a cometer erros estratégicos que, posteriormente, parecem evitáveis. No entanto, cometemos esse tipo de erros estratégicos quando não conhecemos, esquecemos ou simplesmente não conseguimos seguir os princípios da Estratégia. O mundo é muito complexo, e seria pretensioso e arrogante acreditar que sabemos como a dispersão foi gerada em uma corporação tão grande e complexa como a Microsoft. No entanto, Basil Liddell Hart, Napoleão e Jomini deduziram os princípios da Estratégia com base na tomada de decisões dos comandantes, e, portanto, a única coisa que se poderia afirmar com certeza é que, assim como pensavam os executivos da Microsoft, assim foi sua estratégia e seu destino.

Anos atrás, na Cidade do México, tive o privilégio de conhecer o vice-presidente intercontinental da Microsoft, que havia participado da gestão e tomada de decisões estratégicas durante a era de Bill Gates. Certa tarde, ele me contou como, em 2006, quando o fundador da Microsoft já havia anunciado sua saída, a empresa contratou novos consultores de estratégia. Jack Welch, ex-CEO da General Electric (GE) nomeado "gerente do século" pela revista Fortune, estava entre eles. A conhecida estratégia de Welch na GE era priorizar os negócios lucrativos e cortar todo o resto. Na época, várias empresas tentaram copiar a fórmula, e os novos consultores estratégicos presumiram que as bases da estratégia da GE eram as mesmas que a Microsoft deveria adotar. Dessa forma, uma vez que Bill Gates deixou a empresa para se dedicar à sua Fundação, o foco da Microsoft passou a ser vendas e lucratividade. Muitos projetos de inovação que estavam em desenvolvimento, mas ainda não eram lucrativos, foram interrompidos. Com os orçamentos de inovação reduzidos e o foco em colher os lucros do grande domínio comercial mundial do Office Windows, a empresa fundada por Bill Gates não estaria mais concentrada em inovação.

A falta de ênfase em pesquisa e inovação refletiu uma mudança de foco e, consequentemente, uma dispersão no caso de uma empresa de tecnologia como a Microsoft. Talvez os novos consultores estratégicos não conhecessem tão bem a empresa ou não conhecessem os adversários do mercado. Talvez devido a essa falta de autoconhecimento, eles julgaram que as fortalezas estavam nas vendas e que o que importava no final era a lucratividade. Talvez a Microsoft, sem Bill Gates, tenha esquecido que era uma empresa nascida da inovação e que continuava dependendo de sua capacidade de inovar. Talvez aqui esteja a raiz da dispersão da Microsoft.

A força de Jobs era a capacidade de inovação, e a dispersão da Microsoft havia sido a perda de concentração em inovação. Nesse exemplo, podemos observar como, mais uma vez, Steve Jobs conseguiu cumprir o Princípio Estratégico Essencial, mas agora Bill Gates não estava mais lá para salvar ninguém.

VII. O Retorno da Microsoft

Dissemos que observaríamos o Princípio Estratégico Essencial (PEE) aplicado no nível tático, como fez Davi, e também no nível estratégico e de longo prazo, como fez Steve Jobs. Mas também dissemos que esse segundo caso seria mais complexo e, assim como a Apple se recuperou de um golpe mortal que não viu chegando, a Microsoft também se recuperou do duro golpe que tampouco viu chegando.

É importante lembrar que, quando você conhece os princípios da Estratégia, fica relativamente fácil "ver" ou discernir uma estratégia. No entanto, não devemos esquecer que é fácil julgar posteriormente o que poderia ter sido feito melhor em um determinado caso. Na vida real, os estrategistas não têm acesso ao panorama completo, e outros poderosos fatores, como o medo ou os interesses pessoais, afetarão os diferentes atores. Isso acontecerá de forma mais ou menos consciente ou às vezes até mesmo de forma totalmente inconsciente. Henry Kissinger[16] já havia dito, ao falar de Nixon e das tremendas dificuldades de ser um presidente equânime, que é impossível compreender ou imaginar as pressões e complexidades enfrentadas por uma pessoa em cargos assim ao tomar decisões. Portanto, não podemos pretender conhecer os detalhes e complexidades que influenciaram as decisões de um grande estrategista como Bill Gates e em uma empresa gigantesca como a Microsoft. Mas cabe perguntar: você se surpreende que os consultores estratégicos da Microsoft não tenham percebido que estavam criando uma dispersão e dando oportunidade para a Apple?

A inerente dinâmica, fluidez e imprevisibilidade da vida sempre nos oferecerão oportunidades para vencer ou para "lutar outro dia". No entanto, como já vimos antes, a própria palavra "estratégia" está entre as mais ambíguas do vocabulário moderno, e não são poucos os consultores que falam de estratégia sem realmente conhecer os princípios que a regem. Muitos conhecem "tipos de estratégias", mas se o consultor não estiver ciente dos fundamentos e dos princípios da Arte da Estratégia, ele facilmente poderá cometer erros sem estar consciente e aplicar "estratégias genéricas" em vez de pensar verdadeiramente estrategicamente. O estrategista deve permitir que a estratégia adequada surja "de dentro" da empresa, ou em outras palavras, a partir de suas fortalezas e peculiaridades únicas. Quando aplicamos a estratégia que funcionou "lá" para fazê-la funcionar "aqui", sempre corremos um grande risco. Muitas empresas e corporações pagam um preço alto por estratégias que nascem fracassadas.

No entanto, assumindo que a ignorância não era o problema que afetava os consultores, é novamente importante considerar que, mesmo conhecendo e reconhecendo os princípios e fundamentos da Estratégia, o desafio sempre estará na obtenção do autoconhecimento. É possível terceirizar o processo de pensar e elaborar uma estratégia? É possível que um consultor externo tenha um conhecimento maior da empresa do que seus próprios proprietários e executivos? São perguntas que talvez não tenham uma res-

---

[16] *Henry Kissinger foi o Secretário de Estado durante os mandatos de Richard Nixon e Gerald Ford, e conselheiro de Segurança Nacional durante todo o primeiro mandato de Nixon.*

posta definitiva, mas certamente é difícil para um consultor externo conhecer profundamente uma organização. Por isso, a humildade do estrategista é fundamental para fazer uma análise completa e imparcial de uma situação ou cenário complexo antes de sugerir uma estratégia específica. Infelizmente, é comum que a humildade não caracterize a maioria dos consultores externos que cobram milhões de dólares e acreditam saber tudo, embora muitas vezes "não saibam o que não sabem". Nesses casos, o sucesso passado se torna uma das principais causas da falta de discernimento em relação aos perigos futuros.

O caso da Apple, IBM e Microsoft nos mostra como os cenários mudam e os papéis se invertem, como o poder da inovação sempre oferece outra oportunidade e como fatores como a boa sorte e o medo desempenham papéis determinantes. No final dos anos 90, o medo da Microsoft de ser processada pelo governo dos Estados Unidos era grande e foi um fator preponderante nas decisões de Bill Gates. Alguns anos depois, o próximo CEO, Steve Ballmer, disse: "... se voltarmos a 1997, quando Steve [Jobs] voltou e eles estavam praticamente falidos, fizemos um investimento na Apple como parte de um acordo extrajudicial. Nós, a Microsoft, fizemos um investimento, e de certa forma você poderia dizer que foi a coisa mais maluca que já fizemos".[17] No entanto, quando um de seus vice-presidentes perguntou a Gates o motivo de investir e salvar a Apple em 1997, sua resposta foi clara. Do ponto de vista dele, havia uma oportunidade de mercado para o Office Windows nas máquinas da Apple. A Microsoft continuaria desenvolvendo o Office e outros aplicativos para Mac nos próximos cinco anos, e Jobs concordou em retirar todas as ações pendentes que tinham contra a Microsoft. O plano oficial de Bill Gates de aumentar a rentabilidade e as vendas de seus softwares por meio das máquinas da Apple não resistiu ao contato com o inimigo, mas eventualmente a Microsoft conseguiu se recuperar, se reagrupar e usar as tremendas receitas geradas por sua fortaleza (o sistema operacional) para reenfocar sua capacidade de inovação e buscar um novo território, longe da influência direta de seu rival ressurgido e energizado.

No momento em que concluímos esta edição, a Microsoft retomou uma liderança global com investimentos e inovações na "nuvem" e reforçou seu foco no mercado corporativo e empresarial (que havia sido a fortaleza original da IBM), sem buscar atacar diretamente a Apple. Lembre-se novamente das palavras de Sun Tzu e pense como a seguinte afirmação se relaciona com o PEE: "Os especialistas na Arte da Estratégia podem se tornar invencíveis, mas não podem tornar o inimigo vulnerável".

---

[17] *Entrevista dada a Bloomberg em Outubro de 2015.*

VIII. A Variação Competitiva do Princípio Estratégico Essencial

Existe uma aplicação que deriva da necessidade de sempre cumprir o Princípio Estratégico Essencial e que frequentemente foi utilizada por Alexandre e pelos Grandes Comandantes. Em grande parte dos contextos competitivos, ambos os lados estarão concentrados, mas é nesse momento que a genialidade dos grandes estrategistas consegue provocar a dispersão. Isso parece contradizer a afirmação de Sun Tzu mencionada anteriormente de que não é possível "tornar o inimigo vulnerável". No entanto, o mestre oriental leva em conta o estrategista "padrão" e até mesmo o "excelente", mas não os grandes gênios da Estratégia que são francamente excepcionais.

Quando o adversário está focado e a única alternativa parece ser enfrentar força contra força, fogo contra fogo, surge então essa derivação clássica do Princípio Estratégico Essencial, que também pode ser sintetizada em três etapas:

I - Uma dispersão intencional do estrategista.
II - Dispersão do outro lado provocada pela dispersão do estrategista.
III - Concentração na dispersão provocada.

Em outras palavras, a tua dispersão - a dispersão dele - a tua concentração, como identificado por Basil Liddell Hart. Isso não é alcançado facilmente, requer audácia e depende da habilidade do estrategista para decifrar psicologicamente o adversário. "Ao estudar o aspecto físico, nunca devemos perder de vista o psicológico, e somente quando ambos se combinam a estratégia é verdadeiramente uma abordagem indireta, calculada para deslocar o equilíbrio do oponente" (Basil Liddell Hart).

IX. Conclusão

Aprendemos que a essência de toda Estratégia, de toda boa estratégia, está em buscar e cumprir o Principio Estratégico Essencial (PEE). Na analogia do iceberg, colocamos o PEE na parte visível porque todos veem quando você aplica o PEE, embora poucos sejam aqueles que veem a intenção e o pensamento por trás disso.

Quando o rei Helü pediu a Sun Tzu "a essência de milhões de pétalas" na esperança de conhecer "a essência do Método do Mestre Sun", o que ele realmente buscava era isso que vimos aqui com o nome de Principio Estratégico Essencial. "Concentração em suas fortalezas aplicada a uma dispersão".

O exemplo de Davi nos dá uma ideia de como o Principio Estratégico Essencial é aplicado taticamente, na ação imediata e pontual. O exemplo de Apple, IBM e Microsoft nos ajuda a ver o Principio Estratégico Essencial aplicado em um nível estratégico, a longo prazo.

Quando você direciona sua mente para encontrar o Principio Estratégico Essencial por trás das coisas que acontecem, há muito a perceber e captar em sutileza e profundidade. Como Estratégia é a arte de compreender e seguir esses sete princípios que veremos no iceberg, é importante dedicar tempo para refletir sobre eles. Sua habilidade de pensar estrategicamente dependerá de como você interpreta o PEE e de como consegue percebê-lo.

Guarde e valorize o Principio Estratégico Essencial (PEE), é a essência de toda Estratégia.

No próximo capítulo, conheceremos a parte mais profunda do iceberg (C), o conceito mais transcendental para alcançar o sucesso: Grande Estratégia.

13 - Grande Estratégia

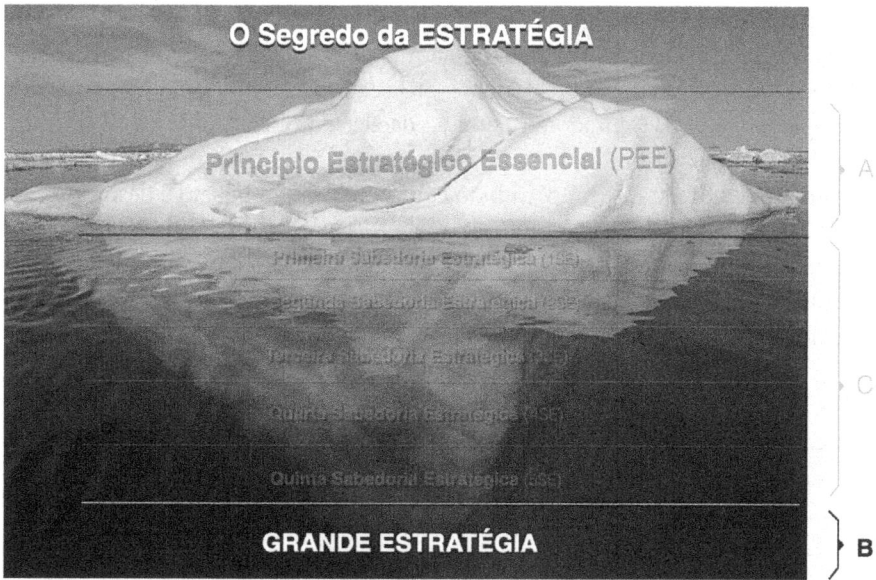

O segundo princípio que proponho analisar está localizado na parte profunda (C) do iceberg que usamos para esquematizar o Segredo da Estratégia. Ao compreender o Princípio Estratégico Essencial (PEE), você saberá onde o estrategista direciona sua atenção e qual é o princípio da Estratégia que buscará cumprir por meio de seus movimentos e decisões. Agora, neste capítulo, você conhecerá o conceito de Grande Estratégia (GE) e poderá estabelecer um objetivo de longo prazo sem se equivocar. Ao considerá-lo constantemente, você evitará cair em um dos maiores erros estratégicos.

A Grande Estratégia é o conceito que você sempre deve levar em conta se deseja obter o verdadeiro sucesso a longo prazo. O que é o verdadeiro sucesso? Essa é a pergunta que está por trás da Grande Estratégia.

Entre todos os princípios e axiomas que compõem o Segredo da Estratégia, não existe, na minha opinião, nenhum mais transcendental do que o da Grande Estratégia. Não é à toa que colocamos esse princípio na parte mais profunda do iceberg. Por causa disso, gostaria de dar um salto qualitativo e usar a palavra sabedoria (em grego, Σοφια, Sofía). Até este momento, falamos sobre «conhecimento de Estratégia", mas se formos capazes de ir além da teoria e aplicar o conhecimento adquirido, daremos um grande passo em direção à sabedoria. Pois a sabedoria é obtida quando conseguimos aplicar o conhecimento e não apenas adquiri-lo.

I. O conceito de Grande Estratégia

Após retornar ferido da batalha do Somme e após suas extensas e profundas pesquisas, Basil Liddell Hart afirmou que a Grã-Bretanha não havia seguido os princípios da Estratégia durante a guerra e tampouco havia considerado uma Grande Estratégia ao negociar e impor o Tratado de Versalhes à Alemanha derrotada. As evidências de que Inglaterra e França não haviam considerado uma Grande Estratégia eram evidentes pelo fato de terem tido a oportunidade de negociar uma paz duradoura entre as nações europeias, mas não o fizeram. Inglaterra e França humilharam os vencidos e obrigaram a orgulhosa Alemanha a assinar um tratado que foi percebido como um castigo injusto e desproporcional. Os políticos britânicos e franceses estabeleceram cláusulas que consideraram adequadas, embora duras, mas não projetaram o futuro de maneira realista.

Entre as muitas cláusulas do tratado, a mais controversa (artigo 231), conhecida como "cláusula de culpabilidade pela guerra", afirmava:

> Os governos aliados e associados declaram, e a Alemanha reconhece, a responsabilidade da Alemanha e de seus aliados por terem causado todos os danos e perdas sofridos pelos governos aliados e associados como consequência da guerra imposta a eles pela agressão da Alemanha e de seus aliados.

Isso forneceu uma base legal para obrigar a Alemanha a pagar por todos os danos e aceitar a responsabilidade moral e material pela guerra. Os líderes vitoriosos não perceberam a sabedoria de que posteriormente esse mesmo Tratado de Versalhes e suas polêmicas cláusulas permitiriam que demagogos como Adolf Hitler encontrassem apoio em um povo alemão ansioso por acreditar em qualquer um que prometesse restaurar a honra perdida e vingar a humilhação nacional.[18] Devido a essa cláusula de culpabilidade, todas as colônias alemãs passariam para os vencedores, o exército alemão seria reduzido ao mínimo e sua população ficaria endividada por várias décadas.[19]

---

[18] *O Tratado de Versalhes não foi consistente com o espírito que o presidente americano Woodrow Wilson havia tentado transmitir aos europeus por meio da criação da Liga das Nações. A precursora da Organização das Nações Unidas foi inspirada nos "Artigos preliminares para uma paz perpétua entre os Estados" de Immanuel Kant, que já afirmava no primeiro artigo: "Um tratado de paz não deve ser considerado válido se for acordado com a reserva mental de certos motivos capazes de provocar futuras guerras". Obviamente, um filósofo alemão não teria influência direta nas decisões dos vitoriosos ingleses.*

[19] *Alemanha liquidou o pagamento das reparações de guerra apenas em 1983. No entanto, ainda restava o pagamento dos juros acumulados desde a aprovação do tratado. A Alemanha finalizou totalmente as reparações de guerra em 3 de outubro de 2010.*

Diferentemente de Filipe II, que conquistou os atenienses por meio da clemência, com o objetivo de garantir uma união voluntária e uma paz duradoura, os ingleses e franceses não consideraram o longo prazo e esqueceram os objetivos transcendentes pelos quais, teoricamente, haviam lutado. No entanto, o estrategista que considera a arte da Estratégia não se esquecerá de que existem objetivos ainda maiores do que a vitória na batalha. Esses objetivos podem ser expressos e explicados de diferentes maneiras, mas podem ser resumidos em duas palavras: paz e prosperidade.[20]

Com o Tratado de Versalhes, ocorreu aquilo que Sun Tzu nos advertiu sobre o risco de não prestar atenção e não meditar sobre tudo relacionado à Estratégia. A falta de consciência, o egocentrismo em suas manifestações individuais ou coletivas, a falta de conhecimento sobre o passado ou simplesmente a incapacidade de colocar em prática a teoria levaram esses líderes europeus a perderem tudo o que lhes era mais caro. Inadvertidamente, em vez de conduzir suas nações a uma paz duradoura, estabeleceram as bases para uma segunda e ainda maior Guerra Mundial.

O conceito de Grande Estratégia nos lembra que o objetivo final de uma nação é alcançar a paz e a prosperidade. Esse é o objetivo último do Estado e a conclusão lógica a que o homo sapiens chegou após milhares de anos de história.[21] No entanto, quando falamos de países e nações, a busca por uma Grande Estratégia é limitada pelo nível de consciência e conhecimento de seus líderes e do cidadão comum. Assim, o idealismo e a prática de uma Grande Estratégia em nível nacional ou global se tornam quase impossíveis devido ao medo, à falta de confiança e à *realpolitik*[22] que prevalece entre os governantes. No entanto, a grande oportunidade reside no indivíduo. A grande oportunidade, realista e prática, está na adoção consciente de uma Grande Estratégia pessoal. Devemos nos concentrar na pessoa, em nós mesmos, pois os estados são formados por indivíduos e são eles que importam e determinarão o caráter e o destino de seus estados, nações, empresas e comunidades.[23] Portanto, consideremos a Grande

---

[20] *Esta busca por um objetivo além da vitória militar é claramente observada no tratamento de Filipe II com Atenas e no discurso de Alexandre no casamento coletivo entre macedônios e persas em 324 a.C. na cidade de Susa. Por outro lado, o "rei filósofo" descrito por Platão era aquele que compreendia seu papel de líder de maneira filosófica e, por ser sábio, buscava trazer aos homens aquilo que todos anseiam: paz e prosperidade.*

[21] *Platão, A República.*

[22] *A Realpolitik (do alemão Realpolitik, que significa "política realista") é a política ou diplomacia baseada principalmente em considerações de circunstâncias e fatores existentes, em vez de noções ideológicas explícitas ou premissas éticas e morais.*

[23] *Assim como Sócrates e Platão consideraram a polis, o Estado, como uma derivação coletiva da alma individual (Platão, A República). Se os indivíduos forem bons, os Estados serão bons; se os indivíduos forem injustos, os Estados também serão injustos.*

Estratégia como o conceito que deve nos levar, em primeiro lugar, a questionar e, posteriormente, a não esquecer o que realmente buscamos como objetivo e destino final.

O objetivo da Primeira Guerra Mundial era ser "a guerra para acabar com todas as guerras", mas no final, os vencedores estabeleceram as bases e os motivos para o próximo conflito armado. Isso também pode acontecer no âmbito pessoal quando o indivíduo compreende o Principio Estratégico Essencial (PEE), o estuda e o aplica, mas esquece de pensar em sua Grande Estratégia. Esse indivíduo estudará, projetará e implementará estratégias sólidas para alcançar seus objetivos, mas com o passar dos anos, chegará o momento em que perceberá que suas conquistas não resultaram em paz verdadeira e prosperidade.

Compreender e praticar a Grande Estratégia determinará se "venceremos no jogo" a longo prazo e se estamos considerando o grande esquema das coisas, o grande Jogo da Vida. Afinal, de que adiantaria ganhar todas as batalhas e acabar perdendo a guerra? Ou vencer a guerra para posteriormente causar um conflito ainda maior?

Algumas pessoas que se consideram pragmáticas talvez questionem a necessidade de pensar a longo prazo ou mesmo questionem a ideia de que paz e prosperidade sejam os objetivos finais do jogo.[24] No entanto, a razão se levanta para perguntar: de que adiantaria vencer no trabalho e perder sua família? Ou vencer em um esporte e perder a saúde? Que sucesso existe em acreditar que estamos no caminho certo e perceber, apenas no final, que tomamos a direção errada? Se subirmos com sucesso a escada e, ao chegarmos ao topo, percebermos que era a muralha errada, isso não é sucesso. Ser bem-sucedido na meta errada não pode ser considerado verdadeiro sucesso e nem uma boa estratégia.

Para praticar a Grande Estratégia, são necessários indivíduos de grande visão e grande caráter. Como mencionamos antes, talvez seja utópico pensar que um país possa ter uma liderança tão iluminada a ponto de completar uma Grande Estratégia, mas no âmbito pessoal, é totalmente possível ter uma Grande Estratégia e segui-la até o fim. Ter sua Grande Estratégia pessoal clara o mais cedo possível fará a diferença em seu destino e no de seu ambiente.

A Grande Estratégia está associada ao mundo militar porque Basil Liddell Hart invocou esse conceito para lembrar os britânicos de que as armas, as mágoas e as vinganças deveriam estar subordinadas à busca do

---

[24] *Quando perguntaram ao economista britânico John Maynard Keynes o que aconteceria com sua teoria econômica no longo prazo, sua famosa resposta insinuava que ele não se importava, pois "no longo prazo, todos estaremos mortos".*

último e maior desejo de um povo e do objetivo final do Estado. O contexto mais uma vez determinou que a Grande Estratégia seja associada ao militar e diplomático, mas esse mesmo conceito está presente na pergunta retórica de Jesus Cristo: "De que adianta ganhar o mundo inteiro e perder a própria alma?"[25]

Para entender a Grande Estratégia, gostaria de compartilhar com você um dos mitos gregos mais conhecidos: a disputa entre Atena, a deusa da estratégia e da sabedoria, e o mais poderoso dos deuses, Poseidon. Confio que conhecer esse mito o ajudará a compreender a importância fundamental de considerar uma Grande Estratégia para sua vida pessoal.

II. A disputa entre Atena e Poseidon

Cada um dos detalhes deste mito pode nos fornecer uma nova visão para expandir o conhecimento sobre a arte da Estratégia. Os mitos são a linguagem simbólica que nosso inconsciente coletivo utiliza para tentar transmitir as verdades que governam a vida dos seres humanos,[26] e assim devemos considerá-los. Observe os símbolos e descubra por si mesmo a essência do conceito de Grande Estratégia.

Desde o seu nascimento, a história da deusa Atena, a personificação da Sabedoria e da Estratégia, era muito curiosa. Quando Zeus ouviu dizer que um oráculo havia profetizado que sua esposa Métis, deusa da Prudência, daria à luz a um ser mais poderoso do que ele próprio, decidiu agir e matar Métis. Não encontrou uma ideia melhor do que devorar sua esposa. A decisão de devorar Métis foi impulsionada pelo medo de ser substituído pelo ser tão poderoso que nasceria da Prudência. No entanto, alguns meses depois, Zeus teve fortes dores de cabeça e, surpreendentemente, de dentro de sua cabeça, surgiu Atena. A deusa da Estratégia e da Sabedoria era filha da Prudência e nascida da cabeça do "Pai dos deuses". Atena havia nascido com um corpo já adulto, vestida como uma guerreira, extremamente poderosa e ferozmente independente.

Tempo depois, Atena soube que um grupo de gregos estava fundando uma nova cidade e buscava um deus para ser seu patrono e protetor. Naquela época, fundar uma cidade era um dos maiores atos de liderança, visão e coragem. Portanto, guiada por um grande desejo de apoiar os corajosos, Atena quis ser a deusa protetora dessa nova cidade. Mas obter a posição não seria tão fácil, pois outro oráculo havia previsto que a cidade seria a mais poderosa da Grécia e sua fama se espalharia por todo o mundo, sendo lembrada por milhares de anos. Essa profecia chegou aos ouvidos de Poseidon, o mais po-

---

[25] *Mateus 16:26*
[26] *Carl Gustav Jung.*

deroso dos deuses e senhor absoluto dos mares, que também desejava obter o cargo de "deus patrono da cidade".

Dessa forma, para resolver quem seria o deus patrono, os cidadãos decidiram organizar uma disputa entre os dois. O rei Cécrope ordenou que os cidadãos se reunissem em assembleia para ouvir as propostas de Poseidon e de Atena. No final, votariam e escolheriam a proposta mais agradável e adequada.

Poseidon foi o primeiro a apresentar suas credenciais. Ele era irmão de Zeus e tão poderoso quanto ou mais do que o pai de Atena. O deus do mar prometeu à assembleia que, se o escolhessem, sua cidade predominaria nos mares. Além disso, eles obteriam a hegemonia sobre as ilhas e sobre tudo que estava acima das águas do mar, do Helesponto até as colunas de Hércules (Gibraltar). Ele prometeu que, com sua ajuda, a cidade se tornaria uma grande potência marítima e seus navios de guerra seriam favorecidos e vitoriosos em todo o Mar Mediterrâneo. Profetizou que derrotariam armadas muito mais numerosas, jurou que as tempestades seriam enviadas para destruir seus inimigos e que a calmaria e a névoa surgiriam oportunamente para distraí-los e confundi-los. Poseidon jurou e, para dissipar qualquer dúvida sobre seu poder, decidiu realizar um prodígio. Ele ergueu seu tridente e observou a assembleia. Enquanto eles o olhavam atônitos, ele golpeou o chão rochoso com seu tridente. Houve um grande estrondo. A terra tremeu e do chão do pátio onde estavam reunidos jorrou uma enorme fonte de água. O volume de água era enorme e se assemelhava ao tropel de vários cavalos brancos que saltavam e coiceavam em todas as direções. O espetáculo era impressionante, e essa fantástica fonte de água deixou toda a assembleia extasiada e convencida do grande poder de Poseidon.

Mas logo os homens perceberam que a água era salgada e mais agradável à vista do que ao paladar. As águas salgadas da maravilhosa fonte de Poseidon logo esterilizariam o solo e as árvores morreriam. A proposta do deus dos mares havia parecido muito atraente no início, e, de fato, o poder de Poseidon era impressionante, mas também havia trazido consequências imprevistas. Prudentemente, os cidadãos manifestaram sua admiração, o elogiaram, mas disseram ao rei Cécrope que agora desejariam ouvir a proposta de Atena.

Desde o dia em que havia nascido da cabeça de Zeus, Atena estava vestida para a guerra. Ela trouxe um escudo, um capacete, uma couraça, grevas e uma lança. Os presentes estavam ansiosos para ouvir a proposta da segunda candidata. Alguns diziam que a deusa da Sabedoria e portadora do Segredo da Estratégia apresentaria uma proposta prática e concreta. No entanto, havia cidadãos que advertiam que a natureza da deusa era surpreender, e que qualquer um que se atrevesse a prever seus pensamentos estaria destinado a ser surpreendido. O rei apostou que Atena prometeria vitórias e o predomínio nos campos de batalha, assim como Poseidon havia prometido. Afinal, ninguém poderia assegurar mais vitórias do que a própria deusa da Estratégia.

Os mais idosos entre os cidadãos tinham a opinião de que a deusa ofereceria a hegemonia sobre as futuras cidades da Ática e do Peloponeso, provavelmente sobre toda a Grécia. Com certeza, ela ofereceria a hegemonia, afinal, quem mais além da deusa da Estratégia poderia oferecer algo assim?

Todos especulavam e tinham ideias preconcebidas sobre o conteúdo da proposta que Atena apresentaria. A deusa caminhou até o centro da assembleia e, ao chegar lá, fez algo que surpreendeu a todos. Ela baixou seu escudo, deixou a lança de lado e, com um gesto simples, estendeu um ramo de oliveira, oferecendo-o à assembleia.

Todos ficaram em silêncio. Eles nunca tinham imaginado essa situação. As crianças olharam para seus pais sem entender, mas os adultos também se olhavam, procurando por uma explicação. O que esse gesto significava?

Atena olhou atentamente para a assembleia e iniciou seu discurso. Ela prometeu que guiaria a cidade para a paz e a prosperidade. Daria aos seus líderes sabedoria e previsão para guiar todos os cidadãos. Explicou que conquistar todas as terras vizinhas à força, como Poseidon tinha proposto, causaria mais ressentimento e mais guerras entre os povos. Ela fez a promessa de que, se os líderes seguissem seus preceitos e ouvissem seus conselhos, a nova polis seria a maior e mais famosa da Grécia, como profetizado pelo oráculo. Milhares de anos se passariam e ainda contariam nos livros de história como a deusa da Estratégia tinha sido sua protetora e essa polis perpetuaria sua fama entre os povos de todo o mundo. Atena prometeu que também poderiam obter tudo o que o deus do mar tinha prometido, mas não por meio de guerras, e sim através da Sabedoria.[27] Se a deusa da Estratégia prevalecesse, então a Paz e a Prosperidade, simbolizadas pelo ramo de oliveira, também prevaleceriam. Tendo dito isso, Atena plantou o ramo no chão e uma grande árvore de oliveira, cheia de frutos, surgiu do solo que estava estéril devido às águas de Poseidon.

A assembleia dos cidadãos se regozijou e votou entusiasmada por Atena. Todos perceberam que não havia nada mais valioso do que a Paz e a Prosperidade. Alcançar uma vida de paz e prosperidade era mais importante do que todos os domínios prometidos por Poseidon. Esses gregos nomearam a filha de Zeus e Metis como protetora da cidade e adotaram o nome Atenas, em homenagem à deusa da Sabedoria e da Estratégia.

---

[27] *O deus da guerra era Ares, meio-irmão de Atena. Tenha em mente a diferença na genealogia entre esses meio-irmãos. Ambos eram filhos de Zeus, mas Atena era filha da Prudência (Metis), enquanto Ares era filho da ciumenta, vingativa e adversária Hera.*

III. Grande Estratégia

O relato acima é um mito, mas os mitos são figuras de linguagem que tentam transmitir uma verdade mais profunda que está dentro de nós. A Grande Estratégia é aquilo que você realmente busca na vida e que nunca deve esquecer. Assim como as ações táticas devem estar ligadas a uma estratégia, as estratégias também devem estar ligadas a uma Grande Estratégia.

A palavra tática em grego é conhecida, assim como a palavra estratégia, mas muitos desconhecem a existência desse terceiro conceito fundamental e importantíssimo na Arte da Estratégia. A Grande Estratégia é a estratégia que está acima de todas as estratégias e é a primeira coisa que você deve definir em seu caminho. Qual é a sua Grande Estratégia?

Hoje em dia, muitas coisas esplendorosas são oferecidas e vendidas com a promessa de que, se você as possuir, terá sucesso ou até mesmo já é bem-sucedido. Muitos são enganados e se distraem, colocando seus olhos em objetivos que consideram muito desejáveis, mas que no final são vazios. Veja como Poseidon também ofereceu algo atraente e esplendoroso, mas as águas que brotaram do solo como cavalos galopantes não eram boas para as plantações. O esplendor e a aparência de poder que Poseidon exibia não ajudariam os cidadãos a longo prazo, pois suas terras seriam arruinadas. Além disso, seus inimigos se multiplicariam com as conquistas prometidas por Poseidon. A cidade seria poderosa, mas odiada.

Embora a Estratégia seja uma arte holística, multidimensional e regida por princípios, o primeiro passo é muito simples e consiste em saber para onde queremos ir e estar muito conscientes do que desejamos alcançar a longo prazo. Enquanto não tivermos um objetivo claro e concreto a longo prazo, corremos o risco de ser seduzidos e enganados por propostas atraentes que não nos levarão à paz e prosperidade que realmente desejamos.

Assim como Basil Liddell Hart lembrou aos generais ingleses sobre o erro de não considerar o objetivo final do Estado (paz e prosperidade duradoura), lembremo-nos também de que ter uma Grande Estratégia requer sempre e frequentemente nos perguntarmos qual é o verdadeiro e último objetivo da vida. A Grande Estratégia não se trata, em última instância, do objetivo final da empresa, nem do governo, nem da equipe, nem do objetivo final dos negócios, mas sim da própria vida.

> *"Viver é escolher. Mas para escolher bem, você deve saber quem você é e no que acredita, para onde quer ir e por que quer ir lá."*
>
> - Kofi Annan

Atena em pé sobre um globo terrestre, gravura anônima, italiana, do século XVI ao início do século XVII. Museu Metropolitano de Arte.

14 - Táticas, Estratégia e Grande Estratégia

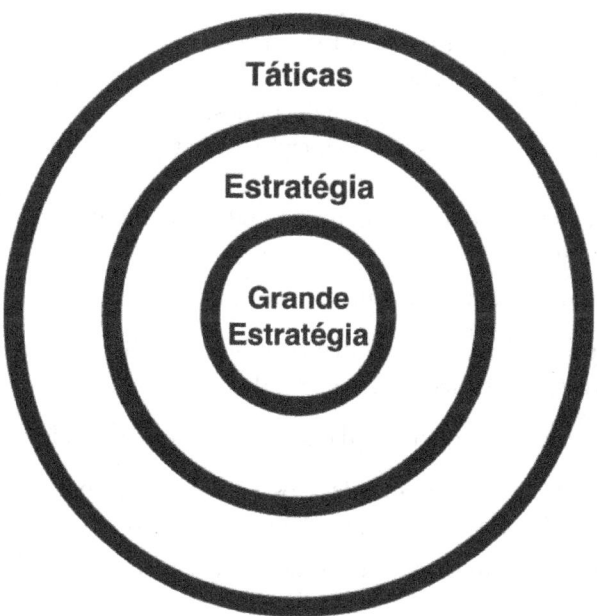

Já exploramos a parte visível do iceberg (A), onde localizamos o Princípio Estratégico Essencial (PEE) e também consideramos o conceito de Grande Estratégia (C), que está nas profundezas que sustentam o iceberg.

Lembre-se de que existem três formas de adquirir conhecimento, de acordo com Francis Bacon: por meio da experiência pessoal, por meio da observação das experiências dos outros e por meio da tradição, que é o acúmulo das experiências humanas ao longo dos milênios.

Antes de continuarmos a exploração e descobrir as Cinco Sabedorias Estratégicas, vamos fazer um exercício de observação. Esse exercício ajudará você a identificar os princípios que vimos até agora (o PEE e a GE). Ao mesmo tempo, você poderá perceber intuitivamente a diferença entre os conceitos de táticas, estratégias[28] e Grande Estratégia. Em relação à diferença entre tática e estratégia, considere que toda estratégia é composta por táticas,

---

[28] *Nesse caso, usamos a palavra "estratégias" para diferenciá-la das "táticas". Ambos conceitos são incluídos dentro da arte do "strategos" quando escrevemos "Estratégia" com letra maiúscula.*

mas nem todas as ações táticas são estratégicas. Da mesma forma, apenas aquele que conhece a estratégia pode saber se uma ação específica também é estratégica, além de ser tática. Se uma ação é puramente tática, significa que ela não faz parte de uma estratégia. Considere a afirmação de Sun Tzu de que "estratégia sem boas táticas é o caminho mais lento para a vitória, e táticas sem estratégia são apenas o ruído antes da derrota".

Sugiro que você preste atenção aos detalhes históricos e procure intencionalmente os diferentes conceitos que já vimos.

Tente identificar onde está o Princípio Estratégico Essencial (PEE) por trás das ações.

Identifique as ações que você considera táticas e observe como elas se relacionam com uma estratégia.

- Identifique a estratégia que gera as ações táticas.

- Encontre o Princípio Estratégico Essencial (PEE) na maior quantidade possível de situações e por trás da estratégia.

- Observe as consequências da ausência de uma Grande Estratégia.

- No final, analise e considere os resultados e consequências desses eventos históricos a curto, médio e longo prazo.

Dessa forma, estaremos praticando a absorção do conhecimento de Estratégia por meio da observação da experiência dos outros, como recomendavam Otto von Bismarck[29] e o próprio Napoleão.

Esse é o caso de Isoroku Yamamoto, almirante da Marinha Imperial do Japão nos primeiros quatro anos da Segunda Guerra Mundial e o strategos[30] que definiu o destino do Japão na guerra do Pacífico contra os Estados Unidos.

I. O strategos Isoroku Yamamoto

Em 1935, Isoroku Yamamoto era um homem experiente e maduro. Ele tinha 51 anos e estava quase no auge de sua brilhante carreira militar. Após vários anos e passar por muitos testes e vitórias pessoais, Yamamoto retornou pela primeira vez à sua pequena cidade natal de Nagaoka. Recentemente, ele havia sido nomeado vice-almirante da Marinha Imperial do Japão e estava ansioso para ver seu irmão mais velho, Kihachi Takano, e compartilhar com

---

[29] *"Os tolos dizem que aprendem com suas próprias experiências. Eu prefiro aprender com os deles." - Otto von Bismarck.*

[30] *Aqui usamos a palavra "strategos" não como um título, mas como um papel ou função.*

ele a experiência de ter sido escolhido para representar o imperador Hirohito nas negociações com as potências mundiais.

Para Yamamoto, voltar à pequena cidade de Nagaoka era voltar à sua infância. Ele havia sido o filho da velhice de seu pai, que o viu crescer, nadar e pescar às margens do rio Shinano. Desde cedo, Isoroku chamou a atenção por sua inteligência e disciplina excepcionais. Seu pai havia sido um dos últimos samurais e o educou para ser um homem honrado, corajoso e justo. Quando Isoroku atingiu a idade apropriada, seu pai o introduziu na sabedoria do Código Bushido.[31] Este código, um conjunto de princípios, foram os fundamentos que o prepararam para liderar sua comunidade em tempos de guerra e tempos de paz, mantendo sempre os valores de lealdade, nobreza e honradez. Seu pai ainda estava vivo quando, aos 16 anos, Isoroku Yamamoto se matriculou na Academia Naval Imperial e, anos depois, formou-se entre os melhores de sua geração. No entanto, pouco tempo depois, aos 21 anos, Yamamoto teve seu batismo de fogo na Marinha Imperial.

Em 1905, Japão e Rússia estavam em guerra, e na batalha naval de Tsushima, Yamamoto foi gravemente ferido. Ele ficou internado por seis meses no hospital naval de Nagasaki, onde sua resiliência e caráter foram testados ao extremo, e um evento permitiu que ele demonstrasse sua coragem e tenacidade. Os médicos informaram que seu braço estava infectado e precisaria ser amputado, pois, caso contrário, suas chances de morrer seriam de 50%. Diante dessa aposta de vida ou morte, o espírito de honra e serviço com o qual ele havia crescido e aprendido com seu pai o levou a responder aos médicos:

"Eu me alistei na Marinha Imperial com a grande ambição de me tornar um marinheiro e ir para a guerra. Portanto, ou morro por causa dessa ferida infectada, porque me recuso a ter meu braço amputado, ou me recupero e continuo sendo um soldado. Tenho 50% de chance de sobreviver, e vou apostar nisso!"

A inteligência do jovem Yamamoto já havia chamado a atenção de seus superiores, mas agora sua coragem e devoção ao Japão haviam chegado aos ouvidos do homem mais poderoso da Marinha Imperial Japonesa, o almirante Togo Heihachiro. Yamamoto salvou seu braço e venceu a aposta contra a morte para continuar desenvolvendo seus conhecimentos e treinando sua mente.

Seis anos depois, em meados de 1911, ele iniciou seus estudos em artilharia naval e se tornou um excelente aluno a ponto de se tornar instrutor. As promoções continuaram, e ele recebeu uma bolsa para estudar nos Estados Unidos, na Universidade de Harvard, onde aprendeu a

---

[31] *É um código ético estrito e particular ao qual muitos samurais (ou bushi) dedicavam suas vidas. Exigia lealdade e honra até a morte.*

falar inglês e se interessou em conhecer a mente e a cultura americana. Nos anos em que viveu nos Estados Unidos, Yamamoto visitou poços de petróleo, indústrias e estaleiros. O Japão sempre foi um país tradicionalmente isolacionista, e naquela época Isoroku Yamamoto era um dos pouquíssimos japoneses que tiveram uma experiência em primeira mão com a cultura americana. No futuro, esse conhecimento sobre a forma de pensar dos americanos permitiria a ele julgar e compreender as possibilidades do Japão em uma guerra contra esse país. Ao voltar para o Japão, ele continuou a serviço do imperador, enquanto suas responsabilidades aumentavam.

Yamamoto voltava pela primeira vez à sua pequena cidade natal desde que a deixara aos 16 anos para se matricular na Academia Naval Imperial. Agora, ele voltava para visitar o túmulo de seu pai. Nessa ocasião, seu irmão Kihachi Takano havia preparado um presente muito especial para marcar todas essas conquistas e a grande honra que o recente cargo de vice-almirante havia significado para sua família.

Kihachi presenteou-o com uma espada japonesa nihontō, forjada pelo grande mestre Sadayoshi Amada. A espada nihontō, com apenas um fio e pouco mais de um metro de comprimento, era o símbolo de seus ancestrais samurais e do código de honra que seu pai lhe ensinara desde a infância. A espada era o tesouro mais precioso de um samurai,[32] e Kihachi sabia que sempre que Yamamoto contemplasse a espada, ele se lembraria de seu pai e de seus deveres como líder do Japão. Desde então, Yamamoto sempre carregou a espada consigo.

Alguns anos após essa visita, Yamamoto alcançou a posição mais alta na Marinha Imperial do Japão: ele foi nomeado almirante da Marinha.

II. O contexto geopolítico

Durante as primeiras décadas do século XX, muitos militares japoneses gradualmente começaram a simpatizar com ideias ultranacionalistas. O Japão, uma nação anteriormente isolada, tornou-se um país ambicioso que simpatizava com ideias de dominação e conflitos armados. Yamamoto era praticamente o único em seu ambiente que não concordava com essas ideias e não compartilhava de todas as decisões que seu país estava tomando. O almirante Isoroku Yamamoto estava muito distante dos anos inocentes em que brincava nas margens do rio Shinano, mas a espada samurai que seu irmão lhe havia

---

[32] *A expressão "samurai" deriva do verbo japonês "saburau", que significa "servir como assistente". Por outro lado, "bushi" significa "cavaleiro armado". A palavra "samurai" era utilizada por outras classes sociais, enquanto os guerreiros se referiam a si mesmos como "bushi".*

presenteado o acompanhava sempre, continuando a ser o símbolo dos princípios que guiavam seu pensamento como um bushi,[33] embora todos os outros estivessem seguindo por outro caminho.

Ao contrário dos outros líderes, Yamamoto acreditava que o Japão não poderia e não deveria se envolver em guerras, pois suas forças não eram suficientes para derrotar as poderosas nações dos Estados Unidos e da Grã-Bretanha. Yamamoto tinha visto com seus próprios olhos a magnitude da infraestrutura americana e conseguia dimensionar o poder que eles possuíam. O autoconhecimento que leva a uma avaliação correta das próprias forças e fraquezas sempre foi uma obrigação de um bushi ou estrategista, mas uma avaliação adequada exigia uma mente clara e imparcial. Aparentemente, Yamamoto era o único entre os líderes japoneses que conseguia manter a mente lúcida naquele momento de grande fanatismo nacionalista.

Yamamoto acreditava que, se o Japão se aliasse à Alemanha e à Itália, as relações com os Estados Unidos e a Grã-Bretanha piorariam e, eventualmente, não haveria mais maneira de evitar um conflito armado contra as grandes potências. Yamamoto considerava que a paz era o objetivo último de todos, e para que o Japão sobrevivesse, ele aconselhou veementemente o governo a não se aliar à Alemanha e à Itália.

Sua posição era contrária à maioria, e era necessário grande coragem para nadar contra a correnteza. Muitos não o queriam. Yamamoto havia recebido dezenas de ameaças anônimas. Os jornais o chamavam de "traidor da nação", e apesar de toda essa pressão, Yamamoto lia todas as críticas com muito cuidado, tentando ver onde poderia estar errado. Mas ele concluía que as críticas não tinham fundamentos e eram incorretas do ponto de vista estratégico, e que as ameaças anônimas eram parte de um esforço organizado para assustá-lo.

O almirante Kichisaburo Nomura, que também participava das negociações como embaixador nos Estados Unidos, lembrou um episódio: "Um dia, entrei no quarto de Yamamoto. Uma espada samurai (feita por Sadayoshi Amada) estava bem atrás dele. 'Que grande espada', eu disse. Yamamoto sorriu e respondeu: 'Se os maus vêm aqui para me assassinar, matarei todos com esta espada', e riu alto. Ele era realmente um homem corajoso".

Yamamoto havia dito a Nomura:

---

[33] *"Bushi" em japonês significa "cavaleiro armado", e "Bushi-do" significa o "caminho do cavaleiro armado". Conceitualmente, o bushi japonês corresponde à mesma posição dos strategos na antiga Grécia. Em outras palavras, é o líder cidadão que assume a responsabilidade de pensar, agir e liderar outros cidadãos durante tempos de guerra e tempos de paz.*

Se você comparar cuidadosamente o poder militar do Japão com o dos Estados Unidos e da Grã-Bretanha, deve concluir que não há como o Japão competir e sobreviver. Já estamos lutando contra a China há cinco anos. Agora teríamos que lutar contra os Estados Unidos e a Grã-Bretanha, possivelmente também contra a União Soviética? De jeito nenhum. Se o Japão assinar uma aliança com a Alemanha e a Itália, como a maioria das opiniões públicas diz que deveríamos, o Japão provavelmente será destruído rapidamente. Eu tenho que ser uma rocha que se mantém contrária à correnteza; com orgulho, me tornaria essa rocha. Tarde ou cedo, o fluxo principal engolirá a rocha. Mas eu tenho que fazer isso pelo Japão. É o caminho dos samurais; é o meu destino.

Apesar dos conselhos estratégicos de Yamamoto, as vozes radicalizadas triunfaram. A ambição, o nacionalismo e a cegueira estratégica haviam tomado conta dos políticos e da maioria dos militares japoneses, que não consideraram o longo prazo e não tiveram a experiência necessária para discernir corretamente as forças e fraquezas de sua nação.

As placas tectônicas da geopolítica mundial estavam se movendo, e muitos ao redor do mundo desejavam abalar o atual equilíbrio de poder e, se necessário, usar a força. Entre eles estavam a Alemanha de Hitler e o Japão.

Nesse contexto geopolítico, as convicções idealistas e a clareza que Yamamoto tinha em relação à estratégia não serviram ao seu país. A *realpolitik* predominou nas relações internacionais, e os líderes políticos japoneses não estavam dispostos a considerar os conselhos estratégicos do almirante Isoroku Yamamoto.

III. Yamamoto e o Princípio Estratégico Essencial

Em Tóquio, políticos e militares estavam convencidos de que o Japão deveria ocupar seu lugar na história e dominar a zona de influência Ásia-Pacífico. Segundo essas vozes, o principal obstáculo para alcançar o completo domínio da região era a força naval dos Estados Unidos estabelecida na ilha do Havaí. A palavra guerra começou a ser utilizada e considerada.

Apesar das vozes radicalizadas, o almirante Yamamoto mantinha-se firme em sua oposição a uma guerra contra os Estados Unidos. Além de conhecer a forma de pensar dos americanos, ele também havia visto a enorme infraestrutura do país. Em um relatório a Tóquio, ele explicou:

"É evidente que uma guerra entre os Estados Unidos e o Japão seria necessariamente longa. Os Estados Unidos não desistirão enquanto o Japão estiver ganhando. A guerra durará vários anos. Enquanto isso, os recursos do Japão se esgotarão, os navios de guerra e o armamento serão danificados, será impossível repor o material... O Japão empobrecerá. [...] Não se deve travar uma guerra com tão poucas chances de vitória."[34]

Yamamoto estava considerando o longo prazo e discernindo o caminho racional sem se deixar enganar pelas emoções e pelas promessas do nacionalismo. No entanto, Yamamoto não era um *strategos autokrator*[35] como havia sido o caso de Filipe II, de Alexandre, de Aníbal Barca e de vários dos Grandes Comandantes representados na Mesa encarregada por Napoleão. Apesar do poder de seu cargo, a decisão de guerra ou paz não estava em suas mãos.

Em setembro de 1940, o imperador Hirohito se reuniu com Adolf Hitler e Benito Mussolini em Berlim para assinar uma aliança, o Pacto Tripartite. A conquista da Ásia-Pacífico era o destino manifesto do Japão, segundo os nacionalistas, e mais uma vez Yamamoto não podia fazer nada além de pensar na melhor estratégia possível para dar uma remota oportunidade de vitória à sua nação. O almirante Yamamoto insistiu que não acreditava que o Japão pudesse ganhar uma guerra a longo prazo se o inimigo fossem os Estados Unidos, mas caso existisse uma mínima oportunidade a curto prazo, ele a encontraria e aproveitaria.

Por ordens do Imperador, o almirante Yamamoto começou a projetar a estratégia da guerra no Pacífico. Logo chegou à conclusão de que a única opção de vitória seria desferir um golpe decisivo e surpreendente no início do conflito. Talvez isso obrigasse os Estados Unidos a negociar. Yamamoto explicou que o alvo do ataque deveria ser a frota americana do Pacífico enquanto descansava em sua base em Pearl Harbor, nas ilhas Havaí. No entanto, o arquipélago do Havaí estava a 6.400 quilômetros do Japão, e um ataque tão distante parecia uma ideia absurda para o governo japonês. Yamamoto argumentou que a única oportunidade para o Japão seria aproveitar o fato de que ninguém imaginaria um ataque tão distante ao Havaí. Dessa forma, o Japão aproveitaria a falta de concentração dos Estados Unidos (sua dispersão) e paralisaria as forças americanas no Pacífico destruindo seus porta-aviões, couraçados e tanques de petróleo, todos localizados na base de Pearl Harbor.

---

[34]   *Eri Hotta, Japão 1941. O caminho para a infâmia: Pearl Harbor.*
[35]   *Strategos autokrator era o strategos que tinha todo o poder de decisão. Como exemplo, em Atenas, havia dez cidadãos que serviam como strategoi, mas apenas um deles ocupava o cargo de strategos autokrator. No entanto, os únicos strategoi totalmente independentes eram aqueles das monarquias gregas (Esparta e Macedônia) ou líderes autocráticos.*

Da mesma forma, Yamamoto observou aos líderes japoneses que a sociedade americana estava polarizada em relação à guerra na Europa. Os isolacionistas haviam escolhido o presidente Franklin Delano Roosevelt porque ele havia prometido não se envolver em guerras. Portanto, devido a essa divisão interna entre os americanos, o governo japonês talvez pudesse pressionar os Estados Unidos a negociar para evitar uma guerra longa no Pacífico. Se os americanos aceitassem negociar após o ataque, talvez o Japão pudesse obter termos favoráveis. No entanto, a estratégia de Yamamoto era muito arriscada, pois dependia de muitas variáveis. O almirante Yamamoto voltou a advertir que a longo prazo não poderia garantir nada e que o Japão não poderia pensar em uma vitória final.

"Durante os primeiros seis ou doze meses de guerra contra os Estados Unidos e a Grã-Bretanha, causarei estragos em todos os seus flancos e conquistarei uma vitória após outra. Até então, se a guerra continuar após esse tempo, não tenho nenhuma expectativa de sucesso".[36]

IV. As ações táticas e o Princípio Estratégico Essencial

Em fevereiro de 1941, Yamamoto enviou uma carta ao capitão Minoru Genda, membro da 1ª Divisão de Porta-aviões e o melhor piloto da Marinha Imperial, pedindo a ele que investigasse minuciosamente a viabilidade de um plano de ataque aéreo a Pearl Harbor, reconhecendo que "não seria fácil realizar algo assim". Na carta, ele explicava que o objetivo era "desferir um golpe na frota americana no Havaí, de forma que, por um tempo, os Estados Unidos não pudessem avançar para o Pacífico Ocidental". O plano tático de Yamamoto insistia na combinação de ataques aéreos com bombardeiros por cima e uma inovadora manobra de lançamento de torpedos a partir de aviões em voo rasante.

Dois meses depois, o almirante Yamamoto recebeu a resposta redigida pelo contra-almirante Takijirō Ōnishi, chefe do Estado-Maior da 11ª Frota Aérea. Ao ler a resposta, ele ficou desapontado ao ver que tanto Ōnishi quanto Genda só falavam em bombardeios em mergulho e haviam descartado o uso de torpedos lançados por aviões em voo rasante, como Yamamoto havia solicitado. A explicação de Ōnishi e Genda era que, devido à baixa profundidade das águas de Pearl Harbor, os torpedos japoneses não alcançariam seus alvos. Eles precisariam de cerca de trinta metros para evitar que os torpedos se afundassem no fundo do mar, mas o porto de Pearl Harbor tinha apenas doze metros de profundidade.

Yamamoto insistiu que a combinação de ataques aéreos por cima e por baixo era fundamental para o sucesso da operação e respondeu que era ne-

---

[36] *Eri Hiotta, op. cit.*

cessário aprimorar e treinar os pilotos de caça para realizar voos rasantes. O plano tático de Yamamoto consistia em forçar os americanos a concentrar sua atenção na operação das baterias antiaéreas, para criar uma dispersão abaixo, onde seriam surpreendidos pela ideia inovadora. Ninguém esperaria caças lançando torpedos em voos rasantes.[37] Ōnishi e Genda começaram a trabalhar na solução dos problemas relacionados ao uso de torpedos lançados por aviões. Com a ajuda de técnicos, conseguiram reduzir drasticamente a profundidade necessária para que os torpedos atingissem o alvo e treinaram os pilotos para voarem baixo e diminuir a possibilidade de os torpedos se afundarem no fundo do mar.

V. Princípio Estratégico Essencial. O primeiro passo: Concentração em suas fortalezas e concentração de forças

Inicialmente, o plano de ataque a Pearl Harbor apresentado por Yamamoto foi rejeitado pelo Estado-Maior da Marinha, por considerá-lo muito arriscado e porque exigia o uso de muitos recursos navais que seriam necessários em outros cenários de guerra. O Estado-Maior não estava interessado nos desafios de natureza técnica, como era o caso de Onishi e Genda, mas sim no fato de que Yamamoto havia solicitado seis dos dez porta-aviões que a Marinha Imperial possuía na época.

Diante da recusa em concentrar as forças navais para conduzir o ataque ao Havaí, Yamamoto insistiu. Ele defendeu seu plano de concentrar as forças nesse ataque específico porque sabia o que estava tentando fazer. O almirante já havia sido forçado a criar uma estratégia para uma guerra com a qual não concordava e que considerava praticamente invencível. Consciente de que o Japão já estava errando ao não considerar uma Grande Estratégia, ele estava determinado a não ceder e não permitir que o Estado-Maior da Marinha o levasse a cometer um erro no nível tático.

Yamamoto tentava cumprir o Princípio Estratégico Essencial (PEE) de Concentração na fortaleza, aplicado à dispersão, e mais uma vez exigiu a concentração suficiente de forças para dar o golpe decisivo à base naval americana. Cumprir o PEE era tão importante para Yamamoto que, como último recurso, ele ameaçou renunciar ao cargo caso suas demandas de "concentração de forças" não fossem aceitas. O Estado-Maior da Marinha cedeu - não podiam perder Yamamoto, o homem mais prestigioso da Marinha - e finalmente aprovou os planos táticos e a estratégia de Isoroku Yamamoto, apesar das dúvidas que o audacioso plano ainda suscitava.

---

[37] *Observar a aplicação do PEE (Princípio Estratégico Esencial) ao nível da operação tática.*

VI. Outro strategos entra em cena

Para executar a estratégia de Isoroku Yamamoto, foi criada a 1ª Frota Aérea sob o comando do vice-almirante Chūichi Nagumo. Yamamoto não confiava em Nagumo, mas era impossível substituí-lo sem motivo.[38]

VII. A estratégia de Yamamoto

Em dezembro de 1941, japoneses e americanos ainda estavam sentados à mesa de negociações, discutindo a invasão japonesa à China. Os americanos desejavam evitar conflitos armados, mas exigiam que o Japão saísse da China.

A estratégia de Yamamoto baseava-se na possibilidade de que, após um bem-sucedido ataque à dispersão americana e a subsequente paralisação de suas forças no Pacífico, os políticos dos Estados Unidos, impulsionados pelos isolacionistas e pela grande divisão existente no país, se vissem obrigados a sentar-se para negociar um armistício imediato. A maioria dos eleitores americanos havia votado em Franklin D. Roosevelt porque ele havia prometido não entrar em guerras, e Yamamoto entendia como funcionava a democracia e a política americana.

Para que sua estratégia funcionasse, o almirante Yamamoto esperava que o Japão comunicasse aos Estados Unidos que as negociações haviam sido encerradas. Seria necessário emitir uma declaração de guerra antes de atacar. Yamamoto teria dito que "um inimigo sempre tentará atacar onde menos se espera, mas um homem de honra não atacaria alguém enquanto dorme". O código de honra que ele havia aprendido com seu pai, representado pela espada samurai que carregava consigo, lembrava-lhe qual era o caminho honroso.

O almirante japonês estava ciente de que o sucesso de sua estratégia dependeria da coordenação e complementação das ações militares e diplomáticas. No entanto, os políticos em Tóquio não pensavam de maneira estratégica e já consideravam arriscado o modo de pensar de Yamamoto. Portanto, não desejavam dar nenhuma oportunidade aos Estados Unidos e consideravam um ataque surpresa sem uma declaração prévia de guerra. Com os políticos contra ele, Yamamoto temia que a única esperança do Japão desaparecesse no momento em que atacassem sem declarar guerra. Seria uma grande desonra e motivo de união para todos os americanos. Dessa forma, Yamamoto comunicou ao governo japonês que atacaria trinta minutos após a declaração de

---

[38]   *Os antigos gregos debatiam há milênios sobre qual seria a melhor maneira de governar e comandar: a monarquia, a oligarquia, a tirania ou a democracia. O Japão era uma monarquia, mas Isoroku Yamamoto não era o imperador e não tinha todo o poder em suas mãos. Isso costuma ocorrer em praticamente todos os contextos, seja em uma equipe, uma empresa ou um país.*

guerra. Os políticos em Tóquio cederam e prometeram avisar oficialmente os Estados Unidos trinta minutos antes do ataque de Yamamoto.

VIII. Um excelente planejamento tático

Em meados de novembro de 1941, o almirante Isoroku Yamamoto entregou os seguintes objetivos ao vice-almirante Chuichi Nagumo:

Destruir as unidades navais americanas, incluindo os três porta-aviões e encouraçados.

Destruir os tanques de combustível armazenados na ilha, mas evitar bombardeá-los no primeiro ataque, pois a fumaça resultante prejudicaria a visão dos pilotos e dificultaria as manobras de ataque aos navios de guerra.

Realizar um segundo ataque, semelhante ao primeiro, para destruir os tanques de combustível após a destruição dos navios ser concluída.

Esses golpes severos permitiriam ao Japão conquistar o Sudeste Asiático sem interferências. Os Estados Unidos levariam muito tempo para recuperar suas forças e o ataque seria um golpe na moral de um país que já estava dividido. O Japão esperava que os Estados Unidos pedissem a retomada das negociações para evitar uma longa e distante guerra na Ásia.

Em 26 de novembro de 1941, uma força de ataque concentrada composta pelos porta-aviões Akagi, Kaga, Sōryū, Hiryū, Shōkaku e Zuikaku, sob o comando do vice-almirante Chuichi Nagumo, partiu secretamente do arquipélago das Ilhas Curilas. Somente então a tripulação e os pilotos foram informados de que o objetivo da missão era destruir a força naval americana estacionada no Havaí. Um total de 408 aeronaves seria utilizado: 360 para duas ondas de ataque e 48 para tarefas defensivas de patrulha aérea de combate. A primeira onda seria o ataque principal para destruir a maior quantidade possível de navios. A segunda onda finalizaria o que a primeira não conseguisse destruir e atacaria os tanques de combustível, conforme planejado pelo almirante Yamamoto.

A primeira onda transportaria a maior parte das armas destinadas a neutralizar os grandes navios, especialmente com torpedos lançados por caças em voo rasante e redesenhados para operar em águas rasas. Chuichi Nagumo ordenou selecionar os alvos mais valiosos - encouraçados e porta-aviões - ou qualquer outro grande navio de guerra, como cruzadores e destróieres. A operação tática foi planejada com detalhes. Os bombardeiros atacariam alvos em terra e suportariam as baterias antiaéreas americanas. Os caças seriam responsáveis por lançar os torpedos por baixo, onde não encontrariam resistência. Além disso, foi atribuído aos aviões de caça a missão de metralhar e destruir todas as aeronaves americanas em terra, a fim de garantir que elas não contra-atacassem os bombardeiros, especialmente na primeira onda.

Quando o combustível dos caças japoneses estivesse se esgotando, eles teriam que retornar aos porta-aviões para reabastecer e se juntar ao ataque para destruir os depósitos de petróleo.

O ataque foi programado para as 8h da manhã de domingo, 7 de dezembro de 1941.

O almirante Nagumo deu a ordem e os aviões japoneses começaram a decolar. Quando os cento e oitenta e três aviões da primeira onda estavam no ar, partiram em formação em direção à baía de Pearl Harbor. Na vanguarda estavam os caças-bombardeiros, no meio estavam os bombardeiros de alta altitude e, atrás deles, a grande surpresa tática: os caças-torpedeiros. Eles estavam posicionados em diferentes alturas e em linha horizontal para cumprir o Princípio Estratégico Essencial (PEE) planejado por Yamamoto. Os americanos mirariam nos bombardeiros de cima e seriam atacados por baixo pelos caças-torpedeiros que chegariam por trás.

Tora, Tora, Tora. Ao ouvir essas palavras, cada piloto da frota aérea japonesa sabia exatamente o que fazer e como participar dessa operação planejada taticamente até os últimos detalhes.

O ataque começou pontualmente às 8h da manhã. Os americanos estavam em seu dia de folga e foram totalmente pegos de surpresa. A dispersão havia sido identificada com sucesso e o ataque japonês foi devastador. A primeira onda foi executada perfeitamente. Os homens a bordo dos navios americanos acordaram com o som dos alarmes, explosões das bombas e tiros. Ainda sonolentos, tiveram que se vestir rapidamente enquanto corriam para os postos de combate, já sentindo o cheiro de queimado e ouvindo a destruição. Os defensores não estavam preparados, os depósitos de munição estavam fechados, os aviões estacionados, asas com asas e ao ar livre para evitar sabotagens, foram facilmente destruídos pelos caças japoneses que voavam sem encontrar resistência.

A surpresa foi tão grande que alguns marinheiros americanos pensaram que era uma simulação realizada por sua própria força naval. Eles tentaram reagir, mas apesar de seu heroísmo, não conseguiram responder ao ataque combinado de bombardeiros de cima e caças-torpedeiros por baixo. Os americanos tentavam derrubar os bombardeiros e, enquanto apontavam para cima, eram atacados pelos torpedeiros rasantes por baixo e pelos torpedeiros em mergulho na vertical. A segunda onda, composta por 171 aviões, atacou dividida em três grandes grupos, que chegaram por diferentes direções, mas quase ao mesmo tempo. Noventa minutos após o início, o ataque aéreo havia terminado.

Ao retornarem aos porta-aviões, os pilotos japoneses foram recebidos como heróis. As baixas americanas foram de mais de 2.000 soldados: 18 navios foram afundados ou encalhados, incluindo cinco encouraçados. As baixas japonesas foram mínimas. O vice-almirante Nagumo, entusiasmado, comemorou a vitória com seus oficiais.

O sucesso da operação tática superou todas as expectativas, mas, para sorte dos americanos, os porta-aviões não estavam em Pearl Harbor naquele dia e as duas ondas japonesas não realizaram o ataque ordenado por Yamamoto aos tanques de petróleo e navios de reparo. Quando Yamamoto descobriu que Nagumo havia encerrado a operação após o sucesso tático inicial e não havia destruído os tanques de petróleo nem os porta-aviões, ambos de importância estratégica, ele soube que os Estados Unidos estavam feridos, mas não paralisados.

IX. Vitória a curto prazo e erros estratégicos

A preocupação de Yamamoto aumentou quando ele soube que a segunda parte de sua estratégia também não foi executada conforme acordado. A embaixada japonesa em Washington não havia declarado guerra como havia sido estabelecido e, consequentemente, o ataque ocorreu sem uma declaração de guerra. No curto prazo, o Japão parecia ter saído vitorioso, mas nem o almirante Nagumo parecia compreender que estava apenas celebrando o sucesso de seu planejamento tático. Yamamoto sabia que Pearl Harbor era o início do fim do Japão. "Táticas sem estratégia são apenas o ruído antes da derrota", havia dito Sun Tzu milênios antes, e o filho do samurai entendia isso perfeitamente.

O presidente Roosevelt denunciou a infâmia do ataque surpresa e foi obrigado a responder declarando guerra imediatamente. A estratégia de Yamamoto não obteve sucesso. Os Estados Unidos não consideraram por um instante sequer voltar à mesa de negociações. Devido aos erros estratégicos do Japão, os Estados Unidos foram forçados a entrar em uma guerra que não desejavam.

X. Consequências a médio prazo

Em 13 de abril de 1943, dezesseis meses após o ataque a Pearl Harbor, um dos ouvintes de rádio da inteligência americana no aeródromo de Campo Henderson, na ilha de Guadalcanal, interceptou um telegrama japonês. A mensagem codificada indicava um itinerário de visitas de um alto oficial inimigo à ilha de Bougainville, na Papua-Nova Guiné. A mensagem foi decodificada e a inteligência americana descobriu que o almirante Isoroku Yamamoto faria uma visita aos locais japoneses da região em quatro dias.

Em 17 de abril de 1943, o 339º Esquadrão da Marinha dos Estados Unidos, com 18 aviões Lockheed P-38 Lightning baseados na ilha de Guadalcanal, foi rapidamente reunido. Eles receberam a missão de abater um alvo ao norte da ilha de Bougainville. A pontualidade era absolutamente essencial, pois o alcance máximo dos P-38 era de 1400 km e o alvo estava a 500 km. Eles usariam tanques de combustível adicionais, mas o tempo de permanência na zona de ataque era limitado a apenas 15 minutos.

O ataque surpresa americano foi um sucesso. O alvo foi atingido e a aeronave que transportava o almirante Isoroku Yamamoto foi derrubada. O corpo do almirante foi encontrado no dia seguinte por uma equipe japonesa de busca e resgate. O corpo do almirante foi identificado entre os destroços do avião em que ele estava viajando. O socorrista do exército japonês que encontrou o corpo afirmou que Yamamoto havia sido lançado para fora do avião junto com o assento. Ele foi encontrado ainda sentado sob uma árvore, com sua mão enluvada segurando o cabo de uma espada samurai nihontō.

XI. Consequências a longo prazo - Hiroshima e Nagasaki, a vingança por Pearl Harbor

Seria simplista pensar que o ataque surpresa a Pearl Harbor foi a única causa ou motivação que os Estados Unidos tiveram para lançar duas bombas nucleares sobre populações civis japonesas alguns anos depois.[39] No entanto, o fato de os oficiais e políticos japoneses não terem seguido a estratégia de Yamamoto à risca resultou em um ataque surpresa a Pearl Harbor enquanto os diplomatas de ambos os países ainda conversavam e buscavam alternativas à guerra. Esse erro estratégico tirou os Estados Unidos de sua neutralidade e convenceu seus habitantes a se unirem para a guerra.

O detalhado plano tático do Japão permitiu obter uma grande vitória em Pearl Harbor, mas foram os erros estratégicos que eliminaram qualquer esperança de que o Japão pudesse vencer a guerra ou forçar os americanos a negociar para evitar lutar na Ásia. Isoroku Yamamoto estava certo: o Japão não possuía a força necessária para derrotar a longo prazo uma nação tão grande e com tantos recursos como os Estados Unidos.

O Japão perdeu cerca de 3,1 milhões de pessoas, incluindo aquelas que morreram em ataques aéreos atômicos e convencionais. Perdeu todos os seus territórios ultramarinos e qualquer pretensão de formar um império.

---

[39] *O governo dos Estados Unidos tinha outros motivos além de vingar o ataque surpresa. A União Soviética havia entrado na guerra contra o Japão, e a bomba atômica poderia ser interpretada como uma mensagem contundente para os soviéticos, mostrando que os Estados Unidos agora eram uma potência mundial. Nesse sentido, poderíamos considerar Hiroshima e Nagasaki como os primeiros tiros da Guerra Fria, bem como os últimos da Segunda Guerra Mundial. Independentemente de todos os motivos que possam ter existido, o fato de o Japão ter se envolvido em uma guerra que não poderia vencer foi um grande erro estratégico.*

Não se pode negar que Pearl Harbor uniu os americanos e que a decisão de lançar a bomba foi influenciada pelos sentimentos de vingança pelo ataque surpresa à sua base naval e pelos preconceitos raciais que se intensificaram principalmente nos últimos meses da guerra.

No mito que vimos no capítulo anterior, Atena - personificação da Sabedoria - nos ensina que a Grande Estratégia não se trata de conquistar, fazer guerras ou dominar os outros. O arquétipo da Sabedoria nos dá o exemplo deixando de lado sua lança e seu escudo e oferecendo um ramo de oliveira como sinal de paz e prosperidade. As guerras e conflitos em geral costumam resultar de nossa incapacidade de praticar o ápice da Estratégia: vencer sem lutar.

Observe a história e perceba a diferença entre uma execução tática, uma Estratégia e uma Grande Estratégia. Assim como os atenienses, devemos discernir entre Poseidon, que nos oferece poder e glória ao custo de nos tornarmos estéreis, e a paz e prosperidade, que são os frutos da verdadeira Sabedoria e Estratégia.

No pensamento superficial daquele que não compreende a Arte da Estratégia, não há motivo para considerar o longo prazo. O indivíduo que não tem conhecimento sobre Estratégia prefere pensar como o economista Maynard Keynes e dizer que o longo prazo não importa, pois de qualquer forma todos estaremos mortos. No entanto, Estratégia trata-se de considerar o longo prazo e lembrar que o que pode funcionar a curto prazo não é necessariamente o caminho correto.

Nos próximos capítulos, conheceremos as Cinco Sabedorias Estratégicas, os axiomas que surgem naturalmente do Princípio Estratégico Essencial (PEE) e que, sendo parte da Natureza e, portanto, da razão, formam a estrutura de como pensavam Alexandre o Grande, e os Grandes Comandantes da história.

Última foto de Isoroku Yamamoto saudando pilotos e empunhando a espada forjada por Sadayoshi Amada na base em Rabaul, Papua Nova Guiné, em 18 de abril de 1943.

15 - As Cinco Sabedorias Estratégicas

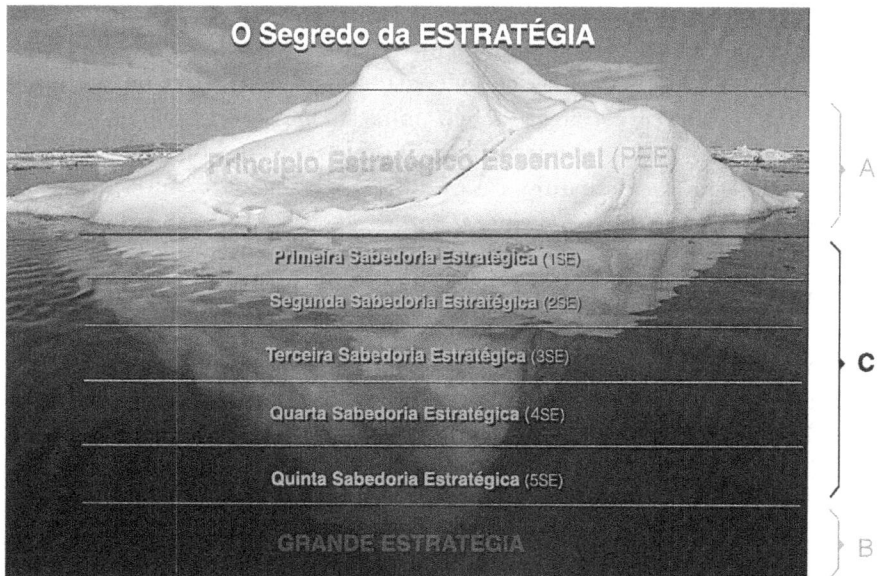

As Cinco Sabedorias Estratégicas são fundamentais para pensar estrategicamente. Se conseguirmos aplicá-las, alcançaremos a sabedoria no pensar e no agir. Se alcançarmos a sabedoria, então poderemos viver bem e aproveitar o tempo, o recurso mais finito em qualquer estratégia.

O significado de viver bem é algo que você deve definir com muito cuidado, tendo sempre em mente o conceito de Grande Estratégia.

Todas as Cinco Sabedorias Estratégicas dependem da capacidade de autoanálise, do nível de autoconhecimento alcançado e do autoliderança do indivíduo. Se a pessoa ocupa o papel de comandante militar, então a sabedoria estratégica se manifestará na forma de uma ação militar. Mas se o indivíduo for um artista, um atleta, um empresário ou um político, então a sabedoria estratégica se manifestará em seu respectivo campo de atuação.

A pergunta mais importante, portanto, é: como aplicarei e manifestarei as Cinco Sabedorias Estratégicas em meu campo de atuação, em minha vida?

I. As Cinco Sabedorias Estratégicas são parte das leis naturais

Lembre-se de que tanto Napoleão quanto Jomini encontraram um padrão de pensamento que caracterizava os grandes comandantes vitoriosos. Esse mesmo padrão de pensamento foi encontrado por Basil Liddell Hart após estudar as batalhas mais importantes de todas as épocas de nossa civilização. Esse padrão de pensamento, quando estruturado e compreendido, dava aos seus possuidores a capacidade de saber como pensar em qualquer situação.

O Princípio Estratégico Essencial (PEE) e as Cinco Sabedorias Estratégicas fazem parte desse padrão de pensamento. Elas não são um "conjunto de técnicas" ou uma doutrina. Elas também não foram inventadas ou propostas por algum filósofo ou estrategista. São simplesmente a conclusão de milênios de observação e a consequente realização progressiva de como funcionam e como se movem as leis naturais. Em outras palavras, é o cumprimento da afirmação de Francis Bacon de que a Natureza, para ser comandada, deve ser primeiramente obedecida.

Os grandes comandantes se adaptavam à realidade das leis naturais e se posicionavam adequadamente para que essas leis trabalhassem a seu favor, e não contra eles. Alexandre, Aníbal, Júlio César e todos aqueles que foram consistentemente vitoriosos seguiram, sem hesitar, o que também foi observado por Bacon mais de um milênio depois. Nunca esqueça disso: a Natureza, para ser comandada, deve ser primeiramente obedecida. Há um limite para tudo, e é o strategos que deve se adaptar à realidade, e não o contrário. Para ter sucesso, primeiramente, o indivíduo deve se submeter a pensar de acordo com a Natureza, a lógica, a razão e a verdade.

O bom strategos não faz a vontade de seu ego, mas sim aquela que é ditada pela Natureza, pois o ego é o principal inimigo da Estratégia. O ego deseja sempre fazer sua vontade, mesmo contra a lógica e a razão. Já vimos alguns exemplos e veremos outros.

Se, por ignorância ou falta de conhecimento, decidirmos agir contra as leis naturais e conscientemente decidirmos ir contra as Cinco Sabedorias Estratégicas, as consequências serão previsíveis. Embora seja também provável que aquele que desconsidera esses axiomas estratégicos não esteja ciente de seu erro. No entanto, as consequências colocarão as coisas em equilíbrio. Isso é natural de acontecer.

II. Axiomas - As mentes dos grandes comandantes

As Cinco Sabedorias Estratégicas são os axiomas que surgem do Princípio Estratégico Essencial e fazem parte de todo o pensamento estratégico que forma um todo, ao qual estamos chamando de Segredo da Estratégia. Axioma (ἀξίωμα) é outra palavra grega e refere-se a algo que, por ser tão evidente, não precisa ser comprovado. É evidente, é um axioma. Um exemplo simples de um axioma matemático seria a afirmação de que 1 (um) é diferente de 0 (zero). Em matemática, tal afirmação não precisa de prova, simplesmente é assim, é a verdade, é lógico e razoável, é um axioma. Os axiomas servem como base para a construção do pensamento.

Cada uma das Cinco Sabedorias Estratégicas representa a lógica das leis naturais que os grandes comandantes representados na Mesa de Napoleão (e outros estrategistas da história) souberam observar, identificar, respeitar e aproveitar. A consistência em segui-las e respeitá-las, em qualquer circunstância, determinava a invencibilidade do strategos. A consistência na aplicação das Cinco Sabedorias Estratégicas estava também diretamente ligada à frequência de sucesso do strategos e ao seu nível de autoconhecimento e autoliderança.

As Cinco Sabedorias Estratégicas que estamos prestes a conhecer constituem o padrão de pensamento de Alexandre o Grande, de Aníbal, de Júlio César e de todos os grandes estrategistas da história. Esses são os princípios descobertos por Antoine-Henri Jomini e por Napoleão Bonaparte. É o mesmo padrão de pensamento que você deve adotar se realmente deseja pensar como um strategos e aplicar o Princípio Estratégico Essencial (PEE). Se você não seguir as Cinco Sabedorias Estratégicas de forma racional e com autoconhecimento, terá poucas chances de encontrar e aplicar o PEE. Por outro lado, se você as seguir de maneira racional e com autoconhecimento, terá as maiores chances de sucesso em seu campo de atuação.

Dependendo da idade que você tem ao ler este livro, você já deve ter percebido que a vida não é fácil e que também tem várias fases. Em cada uma delas, você terá que enfrentar cenários diferentes, diferentes estados de espírito, diferentes sonhos, projetos e desafios. Nas diferentes fases da sua vida, você terá interesses diversos e as prioridades mudarão. No entanto, em todas elas, o autoconhecimento e a autoliderança são suas principais fortalezas, e as Cinco Sabedorias Estratégicas são o padrão de pensamento que permitirá que as leis naturais estejam a seu favor. Assim como no caso de Alexandre e dos grandes comandantes, não será a sorte, mas a consistência em seguir e respeitar os axiomas estratégicos, em qualquer circunstância, que determinará se você terá sucesso ou não.

Você é o strategos de sua própria vida. Todos veem as táticas que você usa, mas ninguém vê a Estratégia que está por trás.

III. A intenção dos exemplos e casos neste livro

Uma abordagem óbvia para estudar as Cinco Sabedorias Estratégicas seria utilizar as batalhas de Alexandre e dos Grandes Comandantes como exemplos históricos. Isso é exatamente o que Basil Liddell Hart fez. Se seguíssemos por esse caminho, certamente a autoridade histórica que sustenta as Cinco Sabedorias Estratégicas seria evidente e sólida. Teríamos a possibilidade de identificar cada um dos axiomas nas ações dos grandes estrategistas da história. No entanto, um axioma não precisa de "validade histórica". De qualquer forma, o respaldo histórico sempre existirá, como já foi demonstrado pelo trabalho de vários historiadores militares. Como mencionado anteriormente, não desejo que este livro enfatize a conexão entre Estratégia e o militarismo, e, portanto, adotaremos um caminho mais eclético ao selecionar os exemplos.

Além dos exemplos militares, que serão utilizados, adicionaremos outros de diversos campos. Dessa forma, você poderá identificar mais diretamente cada uma das Cinco Sabedorias Estratégicas, verificar que elas realmente se aplicam em qualquer campo e que a Estratégia não é apenas a arte da guerra. Existem vários livros de estratégia militar e se você estiver envolvido no mundo militar, reconhecerá todos os axiomas e certamente encontrará exemplos nas batalhas que estuda. Existem muitos livros de estratégia de negócios e não seria necessário adicionar mais um. No entanto, ao conhecer e estudar as Cinco Sabedorias Estratégicas, você será capaz de aplicá-las autonomamente em seus próprios projetos profissionais, em sua carreira, em seus relacionamentos, em seu esporte e praticamente em qualquer circunstância e necessidade que surgir em seu caminho.[40]

Ao julgar pela maneira de pensar e agir de Alexandre, registrada por diversos biógrafos, o que veremos nos próximos capítulos eram os princípios de Estratégia que guiavam o filho de Filipe II. Assim, respaldados pela história e pelas evidências coletadas e apresentadas por Basil Liddell Hart, poderíamos até inferir que se tratava do conhecimento esotérico que Alexandre havia recebido na Escola Real de Pajens.

Abra sua mente e prepare-se para receber o conhecimento que era ensinado na Escola Real de Pajens de Filipe II da Macedônia.

Este é o conhecimento atemporal que guiou imperadores, faraós, comandantes e o maior de todos os gênios da Estratégia.

Continuemos a exploração de nosso iceberg e agora mergulhemos abaixo da linha d'água (B) para ver aquilo que ninguém vê.

---

[40] *Você também poderá estudar qualquer um dos dezenas de livros de estratégia de negócios que foram escritos desde que Igor Ansoff utilizou a palavra "estratégia" pela primeira vez e desde que Michael Porter definiu a estratégia empresarial em 1996. Os textos de qualquer estrategista lhe parecerão mais claros, mais úteis e você poderá rapidamente diferenciar o que é e o que não é estratégia, e as boas estratégias das ruins.*

16 - A Primeira Sabedoria Estratégica

Considere, em primeiro lugar, o que você deseja e examine sua própria natureza para ver se possui a força necessária para realizar seus desejos. Você quer ser um atleta ou um gladiador? Então observe seus braços, apalpe suas coxas, observe a robustez e resistência de suas costas, pois nem todos nascemos para alcançar as mesmas conquistas. Você tem certeza de que ao exercer essa profissão poderá comer como aqueles que a praticam, beber como eles e - como eles - renunciar a todos os prazeres? É necessário dormir pouco, trabalhar muito, abandonar pais e amigos, ser brinquedo de uma criança, contentar-se em chegar por último na obtenção de cargos e honras. Considere bem tudo isso e veja se a esse preço você pode adquirir a tranquilidade, a liberdade e a constância; caso contrário, dedique-se a outra coisa e não se comporte como uma criança; não seja filósofo hoje, sicário amanhã, pretor no dia seguinte e, por fim, secretário privado do príncipe. Considere que todas essas coisas se conjugam muito mal entre si. É indispensável que você seja um só homem, bom ou mau. É necessário que você se dedique ao estudo daquilo que corresponde à sua natureza e disposição e que trabalhe para adquirir bens interiores ou exteriores; em outras palavras, que você se manifeste com o caráter de um filósofo ou de um homem comum.

Epíteto

I. Ajuste seus objetivos aos seus meios

Os cinco axiomas que veremos são a base do pensamento de Alexandre o Grande, e dos Grandes Comandantes, os fundamentos de como pensar corretamente, os princípios da arte do strategos.

A Primeira Sabedoria Estratégica (1SE) é aquela que nos diz imperativamente: "Ajuste seus objetivos aos seus meios". Esta afirmação simples e racional, especialmente depois de compreender o Princípio Estratégico Essencial (PEE), é difícil de praticar. Exige autoconhecimento e independência de pensamento que poucos conquistaram.

As duas palavras-chave na Primeira Sabedoria Estratégica (1SE) são objetivos e meios.

De acordo com a maneira popular de pensar, o indivíduo deve primeiro perguntar: "Qual é o objetivo que buscarei?" No entanto, essa não é a primeira pergunta que devemos nos fazer na Estratégia.

A cultura moderna nos incita a escolher os objetivos mais altos possíveis, de acordo com a imaginação ou desejos individuais. É a cultura de "pensar grande" sem base e sem propósito. No âmbito corporativo, os objetivos são definidos ou impostos de acordo com a necessidade de convencer os acionistas a continuar com o capital investido. Nos cursos ministrados por motivadores, a cultura que costuma prevalecer é a do sucesso medido pelo aspecto material e a crença de que mais é melhor ou que o objetivo final de uma pessoa é crescer materialmente. Essa pressão é consistente com os desejos de uma sociedade de consumo que sempre deseja mais e precisa crescer indefinidamente.

No entanto, esse tipo de pensamento não é a base correta para pensar estrategicamente e leva a muitos erros. Muitas vezes, os objetivos que surgem desse tipo de imaginação são gerados pela ambição desmedida do ego, pela insegurança e pela necessidade de reconhecimento, ou simplesmente pela ignorância do indivíduo sobre o que é estratégico e o que não é.

As visualizações e desejos resultantes desse pensamento condicionado geralmente não oferecem uma base sólida para a definição de objetivos. Portanto, o primeiro passo na Estratégia é alcançar um certo grau de autoconhecimento que permita ao indivíduo avaliar realisticamente seus meios (seus recursos) para posteriormente determinar qual será o objetivo a ser alcançado no curto e médio prazos com esses meios e de acordo com seu propósito.

O conhecimento dos meios inclui a capacidade do indivíduo de discernir as forças, fraquezas, talentos, recursos físicos, psicológicos e espirituais que possui. Somente com esse conhecimento o strategos poderá tentar cumprir o Princípio Estratégico Essencial (PEE). O strategos deve estar ciente de seus meios, como utilizá-los e combiná-los. Este é o caminho racional e o caminho indicado pela Primeira Sabedoria Estratégica (1SE).

Alguns podem argumentar que esse modo de pensar limita o resultado final, mas muitos dos que pensam assim também tendem a apoiar a teoria de que "se você mirar nas estrelas, poderá acabar na Lua". Isso pode ser verdade em um jogo de azar, mas esse modo de pensar está mais próximo da "motivação emocional" do que da Estratégia, e você normalmente ouvirá isso da boca de motivadores.

No entanto, se você observar bem, essa ideia de "mirar nas estrelas e acabar na Lua" se baseia no fato de que o indivíduo não consegue estimar seus meios e, portanto, sua melhor estimativa seria pensar o maior possível. Como ele realmente não tem ideia de onde exatamente deseja chegar, o que deseja obter e qual é seu potencial, o indivíduo passa a "pensar grande". Mas essa é uma das maneiras mais comuns de cometer um erro estratégico.

"Sonhar alto" é um processo de visualização que não está ligado ao Princípio Estratégico Essencial (PEE) ou às Cinco Sabedorias Estratégicas (CSE). Motivação não é Estratégia. Confundir motivação ou pensamentos mágicos com pensamento estratégico pode levar a uma série de problemas que são difíceis de resolver posteriormente. O indivíduo guiado por sua imaginação e incentivado por suas emoções estará sempre navegando fora de sua zona de autoconhecimento.

O pensamento que diz "mire nas estrelas para alcançar a Lua" pode levar alguns à Lua, mas você não deve esquecer que também deixará milhões estagnados no teto ou no telhado de sua casa, frustrados por não terem alcançado as estrelas. Eles se perguntarão por que não alcançaram seus objetivos e não perceberão que esses objetivos estavam superdimensionados desde o início por falta de autoconhecimento.

A título de exemplo, esse tipo de pensamento mágico também está por trás da decisão de um jogador amador de golfe que, ao bater na bola, decide fazê-lo o mais forte possível, convencido de que, se acertar bem, a bola irá longe. O jogador não está errado ao dizer que se acertar bem, a bola irá de fato longe. Ele está errado em não perceber que não possui os meios necessários para alcançar o objetivo de forma confiável e consistente. A experiência lhe dirá que pensar contra a 1SE não leva a bons resultados, nem no golfe, nem nos negócios e nem em qualquer outro aspecto da vida.

Embora os exercícios de visualização sejam válidos para gerar inspiração interna, o strategos não deve confundir a visualização com o objetivo concreto em que deve se concentrar. Se o indivíduo não ajustar seus objetivos aos seus meios, será como aqueles que agem corajosamente porque são ignorantes dos riscos e, ao fazer os cálculos, em vez de se sentirem seguros, ficam indecisos.

Na Estratégia, os cálculos devem fornecer confiança, pois servem para adaptar os objetivos aos seus meios e garantir que a primeira parte do PEE (concentração na força) possa ser cumprida. Apenas adaptando os objetivos aos seus meios, você pode ter certeza de que sua coragem resultará da certeza de ter a capacidade de cumprir o Princípio Estratégico Essencial (PEE).

O desafio, portanto, está em fazer uma estimativa correta dos meios, e isso resultará do nível de autoconhecimento que o indivíduo possui. Ao estar ciente da 1SE e praticá-la, o indivíduo terá um caminho mais claro e não dependerá apenas da motivação. Ele poderá usar a razão, focar em suas forças e permitir que a própria vida o leve mais longe e a paisagens mais interessantes do que aquelas que ele poderia imaginar inicialmente.

A Arte da Estratégia respeita a realidade e a maneira como a vida se move. Não são os sonhos exagerados que ajudarão a pensar estrategicamente. A história não respalda a ideia de que quanto mais alto se sonha, mais alto se chega. O que a história nos comprova é que os grandes líderes e estrategistas têm sucesso primeiramente por meio do autoconhecimento, e a pessoa que não segue a Primeira Sabedoria Estratégica não termina bem. Se o indivíduo se superestima, muitas vezes acaba ferido ou destruído, e se subestima, acaba frustrado e arrependido.

Por outro lado, pensar de maneira correta permitirá posicionar o strategos de tal forma que ele possa aproveitar as forças externas. Assim como um marinheiro que posiciona as velas para aproveitar o vento, independentemente da direção em que esteja soprando, para levá-lo na direção que ele escolheu.

Devemos lembrar que Estratégia não se trata de tentar ganhar na loteria e também não se trata de "pensar grande". Estratégia trata-se de pensar da maneira correta para aumentar as chances de obter o melhor resultado possível, de acordo com o destino escolhido pelo indivíduo por meio do autoconhecimento.

Se desejamos aprender a pensar estrategicamente como Alexandre o Grande, e os Grandes Comandantes, devemos nos conhecer e discernir nossos meios, nossos recursos, e então ajustar nossos objetivos de acordo com a realidade que percebemos. Nesse processo de autoconhecimento, o ego será sempre o principal inimigo e não podemos perdê-lo de vista.

Exemplos

Vou compartilhar dois exemplos que serão úteis para entender melhor a importância e o desafio intrínseco que a Primeira Sabedoria Estratégica (1SE) nos apresenta. Os erros na estimativa de meios e os consequentes erros na definição de objetivos são bastante comuns. O caso a seguir tem a intenção de aumentar a consciência sobre a importância de sempre considerar a Primeira Sabedoria Estratégica.

Como veremos no caso a seguir, a estimativa incorreta dos meios pode ocorrer tanto por meio de uma superestimação quanto por meio de uma subestimação.

II. A montanha mais alta

O Aconcágua é a montanha mais alta do hemisfério ocidental e uma das chamadas Sete Cumes.[1] É uma montanha que atrai aventureiros de todo o mundo

---

[1] *As "Sete Cumes" são as montanhas mais altas de cada um dos seis continentes, adicionando ainda a mais alta da América do Norte. Everest (Ásia), Aconcágua (América), Denali (América do Norte), Kilimanjaro (África), Elbrus (Europa), Kosciuszko (Oceania), Vinson (Antártida).*

e exige muito respeito, como toda alta montanha. Embora o Aconcágua seja a segunda mais alta das Sete Cúpulas do Mundo, oferece uma rota tradicional que é relativamente clara até o cume. Esse detalhe costuma atrair muitas pessoas ansiosas para alcançar o topo sem terem experiência prévia em alta montanha.

A rota clara até o cume pode dar a falsa impressão de que é uma montanha "fácil" em comparação com outras. Não cair nessa ilusão é um dos principais desafios mentais que o escalador deve superar nessa montanha andina. É um cenário ideal para expor nossa falta de autoconhecimento e aprender que quanto mais inconscientes estivermos de nosso próprio ego, maior poderá ser o erro ao estimar meios e estabelecer um objetivo.

Em janeiro de 1999, eu estava na cidade de Mendoza, na Argentina, com 27 anos de idade e pronto para tentar chegar ao cume do Aconcágua.

Eu tinha certa experiência em montanhas altas, mas apenas o suficiente para saber que não sabia muito e que precisava ir passo a passo. Em montanhas anteriores, cometi meus próprios erros de estimativa e já havia caído mais de uma vez na armadilha de subestimar uma montanha. Isso geralmente acontece devido à inexperiência combinada com a superestimação dos próprios recursos. Em 1995, escalando o Kilimanjaro, outra das Sete Cúpulas, eu tinha dado como certo que alcançaria o cume porque me sentia forte e faltavam apenas quatrocentos metros. A certeza de que praticamente já havia alcançado o objetivo fez com que eu perdesse a concentração à medida que continuava escalando, e esse erro me causou muitas dificuldades quando faltavam apenas duzentos metros para chegar ao cume.

Quatro anos depois, no Aconcágua, eu me mentalizei e me concentrei de forma a não cometer o mesmo erro. Para tentar chegar ao cume do Aconcágua, meu objetivo mental era não perder a concentração e não dar nada como garantido. Em outras palavras, não subestimar a montanha nem por um momento. É interessante notar que, embora existam várias maneiras de perder a concentração, dessa vez eu estava consciente apenas do erro que me causou problemas antes. Mas, de fato, existem várias maneiras de perder a concentração, e devemos conhecer todas aquelas que possam nos afetar. Ironicamente, são aquelas causas de dispersão das quais não temos consciência que acabam representando o maior risco para nós. É aqui que vemos novamente a importância do aprendizado por meio da observação da própria experiência e da experiência dos outros.

A história que compartilharei abaixo não trata dos meus próprios erros na subida ao Aconcágua em 1999, pelo simples fato de que eles não estavam especificamente relacionados à Primeira Sabedoria Estratégica.[2] No entanto,

---

[2] *Cometi outros erros diferentes que resultaram em perda de concentração e tiveram sua origem em pontos cegos, os quais só se tornaram conscientes posteriormente.*

a seguinte história nos dará a oportunidade de observar outros dois escaladores que faziam parte da expedição e cujos exemplos serão úteis para entender como a omissão da 1SE pode impedir que o indivíduo alcance seu objetivo.

Eu havia chegado a Mendoza, Argentina, um dia antes de iniciar a escalada para encontrar o grupo de oito escaladores que subiríamos acompanhados por dois guias de montanha. No final do dia, depois de organizar os detalhes necessários, todos fomos a um pequeno bar onde conversamos por um curto período de tempo. Cada membro da expedição se apresentou e compartilhou os motivos e metas que tinham ao vir de longe para escalar aquela montanha. Observemos dois dos escaladores, pois serão muito úteis para entender a importância da Primeira Sabedoria Estratégica (1SE).

III. O Comando Boina Verde

Era um homem de estatura média, robusto e acabara de completar 50 anos. Quando se apresentou, disse que era um ex-comando especial na Guerra do Vietnã. Ele havia servido na guerra como um dos chamados Boinas Verdes, uma força de elite do exército dos Estados Unidos. Quando ouvi que ele era um ex-comando do exército, imediatamente o coloquei em uma categoria superior a todos. Certamente esse homem conhecia o que significava enfrentar desafios difíceis e, em termos de resistência mental e determinação, era superior ao indivíduo comum. Como a observação é importante e não a identidade da pessoa, vamos chamá-lo de Rambo. Foi assim que o chamamos, pois ele nos disse que tinha todas as habilidades de sobrevivência na selva e uma mente altamente treinada para enfrentar a dureza dos desafios. Se eu tivesse que apostar naquele momento, Rambo era, na minha opinião, um daqueles que deveria alcançar o cume. Quando ele compartilhou detalhes de seu treinamento e mencionou que, entre outras proezas, havia percorrido centenas de quilômetros de bicicleta por 24 horas, fiquei impressionado com sua força física. Naquele momento, senti a necessidade de aumentar minha aposta mental de que Rambo era um forte candidato a "fazer cume", como diziam os guias. Ele estava acompanhado por um amigo da mesma cidade que, ao se apresentar, disse não ter experiência em montanhas, mas que estava ali para acompanhar seu amigo. Ao contrário de Rambo, seu amigo não falava muito e disse que ficaria satisfeito em apoiá-lo e esperar no acampamento base, Plaza de Mulas. Os recursos que Rambo tinha à sua disposição para chegar ao cume do Aconcágua não se limitavam à sua força física, conhecimento de sobrevivência na selva e evidente resistência mental: no dia seguinte, enquanto estávamos preparando as mochilas, ele me disse que durante seus anos de guerra, ele havia adquirido ferramentas mentais muito especiais que o permitiam superar qualquer tipo de situação. Lembro-me de ele mencionar possuir uma ferramenta mental exclusiva dos Boinas Verdes e que compartilharia comigo quando estivéssemos acima de seis mil metros de altitude. Como meu objetivo mental era não subestimar a montanha em nenhum momento, não quis assumir que atingiríamos os seis mil metros até realmente alcançarmos essa altitude. Então pedi a ele que compartilhasse os detalhes dessa "ferramenta mental" comigo e insisti que o fizesse no início, não aos seis mil metros de altitude. Ele se recusou a fazê-lo. Fiquei convencido de que ele era um homem especial quando ele revelou que o Aconcágua era apenas parte do seu treinamento. A montanha andina não era seu objetivo final. Em alguns meses, ele estaria viajando para o Nepal, onde encontraria seu verdadeiro objetivo: o Monte Everest, a montanha mais alta do planeta. O Aconcágua era parte de seu processo de aclimatação para o Everest. Isso confirmou minha convicção inicial de que, se tivesse que apostar, Rambo seria um dos candidatos mais fortes para chegar ao cume, mas naquele momento, ocorreu-me perguntar quais montanhas ele havia escalado anteriormente. Sua resposta foi tão surpreendente quanto seu treinamento e sua história: "Nenhuma. Esta será minha primeira montanha", disse Rambo, como se a informação aumentasse ainda mais seu poder. Essa última informação me fez reconsiderar minha aposta de que Rambo alcançaria o cume. Ele era tão inexperiente quanto eu havia sido quando subestimei o Kilimanjaro a poucos metros do topo. Mas, apesar de sua falta de experiência, Rambo havia estabelecido uma meta imensa e extraordinária. Esse escalador não estava considerando a Primeira Sabedoria Estratégica (1SE), e veremos como ele superestimou seus recursos.

IV. O Maratonista

Naquela mesma noite, no bar onde todos estávamos reunidos, conheci outro escalador que também chamou minha atenção por ter uma força muito específica: ele era um atleta experiente que havia completado mais de quarenta maratonas. Ele era um homem alto, magro, mas muito forte e com uma condição cardiorrespiratória ótima. Acreditei que ele tinha mais de 45 anos e que, devido à vantagem que as maratonas lhe proporcionaram, ele também seria um candidato a chegar ao cume do Aconcágua. No entanto, em termos de atitude, esse atleta estava no extremo oposto do confiante e quase arrogante ex-comando. Embora ele não fosse um comando especial, o maratonista estava melhor preparado fisicamente do que qualquer outra pessoa do grupo, incluindo o próprio Rambo. Sua condição física excedia significativamente a de qualquer pessoa comum. Nessa narrativa, vamos chamá-lo apenas de Maratonista. Ele também teve que responder à mesma pergunta: quais montanhas ele havia escalado antes? Sua resposta foi a mesma de Rambo: "Nenhuma. Esta será minha primeira montanha." Tanto Rambo quanto o

Maratonista eram totalmente inexperientes, mas, ao contrário do ex-comando Boina Verde, o Maratonista parecia inseguro. Em alguns momentos, ele parecia arrependido de ter embarcado naquela aventura. Ficou claro que ele estava muito preocupado com a possibilidade de sofrer do "mal da montanha" e disse que estava com medo. Segundo ele, a escalada até o cume seria muito difícil. Ele explicou que seu treinamento e sua vasta experiência em maratonas não teriam nenhuma importância quando o "mal da montanha" o afetasse. Ainda estávamos nos conhecendo naquele momento e eu tinha a intenção de encorajá-lo. Lembrei-o de que sua capacidade pulmonar poderia lhe dar uma vantagem extra e que ele não deveria ter medo, pois a rota era difícil, mas sem complicações técnicas. Tive a impressão de que ele não queria ouvir argumentos, pois imediatamente me perguntou se eu já havia lido sobre os sintomas que poderíamos enfrentar em altitudes elevadas.

V. "Ajuste seus objetivos aos seus meios" - Nada em excesso

Dois dias depois, estávamos partindo de um lugar chamado Puente del Inca em direção à fronteira com o Chile para chegar à entrada do Parque do Aconcágua. A partir deste ponto, tivemos a primeira vista majestosa e imponente da montanha. Ao lado da estrada, entramos em um estreito vale escoltado por grandes elevações à direita e à esquerda. No final do vale, atrás de uma montanha menor, erguia-se impressionante e intimidadora a grande massa de pedra cinza do Aconcágua, com seu pico nevado sendo atingido pelos ventos naquele dia. O céu azul contrastava com o que parecia ser uma nuvem no topo, mas na verdade era uma tempestade de neve. Subir e descer a montanha levaria duas semanas. O plano era subir gradualmente, escalar o mais alto possível durante o dia e depois acampar e dormir o mais baixo possível. O primeiro dia de escalada consistiu em uma longa caminhada por trilhas pedregosas que subiam e desciam até chegar ao primeiro acampamento chamado Confluência, a 3.368 metros de altitude. Foi um dia intenso, mas não diferente de uma excursão extenuante de *trekking*.

O primeiro dia foi longo, mas foi o mais leve de todos os que nos esperavam. Naquela noite, dormimos em Confluência.

De acordo com o planejamento, dedicaríamos o segundo dia ao processo de aclimatação. Subiríamos a quatro mil metros até um anfiteatro natural chamado Plaza Francia, de onde teríamos uma vista espetacular da imponente parede sul do Aconcágua. O dia seria novamente exaustivo, mas estávamos apenas nos aclimatando para evitar o mal de altitude. No entanto, na manhã seguinte, após o café da manhã, tivemos a primeira surpresa. O Maratonista informou que não tinha passado uma boa noite e que não achava que estava em condições de subir até Plaza Francia. Ele havia tido muitas dores de cabeça durante a madrugada e achava que seria melhor ficar descansando e se recuperando da noite mal dormida. O Maratonista disse que tinha medo de subir a quatro mil metros porque sua condição poderia piorar ainda mais. Ele estava certo. Ele optou então por ficar descansando o dia todo no acampamento Confluência.

Depois de visitar Plaza Francia, voltamos a Confluência no final da tarde e fomos dormir cedo. O terceiro dia seria muito longo e teríamos que atravessar uma planície alta e árida chamada Playa Ancha. Durante todo o dia, estaríamos avançando lentamente, cercados por algumas das montanhas mais altas da América. Ao acordar no dia seguinte, estávamos prontos, um pouco mais aclimatados e prestes a partir do acampamento Confluência para atravessar a Playa Ancha.

Nesse momento, tivemos a segunda surpresa. O Maratonista nos informou que realmente tinha adoecido. Ele tinha sido vítima do "mal de altitude", assim como temia desde o início. Nas condições em que ele estava, acreditava que simplesmente não poderia continuar a expedição. Segundo ele, havia calculado mal seu objetivo e o Aconcágua não era possível para ele, apesar dos meios de que dispunha.

Evidentemente, o Maratonista estava no extremo oposto de Rambo no que diz respeito à Primeira Sabedoria Estratégica que nos diz para ajustar nossos objetivos aos nossos meios. Onde Rambo subestimava a montanha, o Maratonista a superestimava. Onde Rambo superestimava seus meios, o Maratonista se subestimava a si mesmo e, da mesma forma, subestimava seus meios. O Maratonista e Rambo eram exemplos opostos da incapacidade de seguir esse primeiro axioma da Estratégia que diz para ajustar seus objetivos aos seus meios e, portanto, não poderiam cumprir o Princípio Estratégico Essencial (PEE) de forma realista.

Rambo e os outros seis alpinistas e os dois guias continuaram a escalada sem o Maratonista. Fiquei com a sensação de que o mais forte do grupo, aquele que eu considerava mais preparado fisicamente para chegar ao topo, tinha ficado doente antes mesmo de partir para o acampamento base em Plaza de Mulas.

O curioso era que desde o início, quando ainda estávamos em Mendoza, o Maratonista parecia resignado à ideia de que alcançar o cume do Aconcágua não era um objetivo para ele. Isso me chamou a atenção porque em algum momento de seu processo ele teria considerado que era possível e, por isso, tinha investido tempo e dinheiro para ter uma oportunidade.

O trabalho de se conhecer, identificar e estimar corretamente as forças e fraquezas e depois ter a capacidade mental de se concentrar nas forças é um processo que, como vimos antes, é a primeira parte do PEE, a essência mesma de toda estratégia. Mas na vida real, não é tão simples colocar em prática o PEE, pois exige autoconhecimento significativo e autoliderança.

Playa Ancha era um deserto alto, árido e aparentemente interminável. O trecho me pareceu mais difícil do que o esperado, e terminei o dia chegando quase exausto em Plaza de Mulas. Ao chegar, ouvi de um dos guias que Rambo havia tido problemas e ainda não havia chegado. Aparentemente, ele estava várias horas atrasado. Os guias pareciam um pouco preocupados e, de fato, três horas depois, quando já era quase noite e o frio estava se intensificando, ouvimos que Rambo finalmente tinha alcançado Plaza de Mulas. Alguém comentou que ele havia sido levado diretamente para a tenda do médico de plantão.

Como o atraso de Rambo havia preocupado a todos, atravessei o acampamento para ir vê-lo na barraca do médico. Ao entrar, vi Rambo sentado em um pequeno banquinho, encolhido e coberto com cobertores como um frágil velhinho. Ele tinha a cabeça coberta com dois bonés, além do capuz de sua vestimenta de camuflagem de selva. Parecia muito abatido e estava com febre. Fiquei surpreso ao ouvir que ele não sabia se continuaria a expedição. Rambo começou a relatar com voz frágil e palavras articuladas lentamente que acreditava ter subestimado o trecho de Confluência a Plaza de Mulas. Ele não tinha planejado corretamente sua ingestão de energia e, quando o trecho se tornou "interminável", ele ficou sem energia para continuar.

Naquele momento, Rambo teve que recorrer sua experiência na selva e todo o conhecimento que adquiriu durante a guerra do Vietnã. Ele nos contou que decidiu misturar um pacote de açúcar que carregava consigo com a água que estava carregando, com o objetivo de que essa mistura doce fornecesse glicose aos seus músculos. No entanto, como Playa Ancha não era a selva do Vietnã, essa mistura lhe deu energia a curto prazo, mas intensificou tremendamente sua sede devido ao terreno árido, seco e quente que enfrentava. A sede foi se agravando até que Rambo se viu no meio do deserto pedregoso e montanhoso sem energia, com muita sede, sem água e ainda relativamente longe do objetivo.

Nesse estado, percebendo que seus meios não eram adequados para a montanha, ele ficou inquieto ao perceber que a situação tinha saído do seu controle. Ele tentou compensar o erro de arruinar a água com açúcar recorrendo novamente aos seus meios. No entanto, cometeu outro erro ao tentar aplicar na montanha algo que havia aprendido nas selvas. Para saciar a sede, ele encontrou um pequeno filete de água descendo da montanha e decidiu que era uma boa ideia beber a água barrenta. O resultado foi uma intoxicação que causou vômitos e agravou a desidratação que ele já apresentava anteriormente.

Errar na estimativa correta dos nossos meios pode ser fatal na montanha, e Rambo estava ciente de que estava em perigo. Foi só nesse momento que ele se deu conta de que estava em um terreno em que não tinha nenhuma experiência. Seus meios não eram adequados para o objetivo que ele havia estabelecido. Ele nos disse que passou pela sua mente a ideia de que se cometesse mais um erro, poderia morrer.

Talvez a inexperiência em montanhas altas tenha impedido Rambo de perceber que, além disso, ele estava sendo afetado pela altitude e que sua clareza mental estava diminuída. Naqueles momentos em que a confusão mental causada pela falta de energia, pela sede, intoxicação e altitude já eram grandes, Rambo entrou em colapso quando acreditou ouvir pelo rádio que seu amigo, a quem havia convencido a escalar com ele, estava perdido. A tempestade mental se agravou com essa nova má notícia. Sentindo na própria pele a dureza da montanha, ele imaginou que seu amigo, perdido e sem a força física dele, já estaria prestes a morrer. Esse foi o golpe psicológico que o derrubou completamente, como ele nos contou sentado no banquinho, encolhido sob cobertores, enquanto o médico verificava seu pulso.

Mas, após três horas de atraso, exausto, sofrendo muito e se culpando pela possível morte de seu amigo, Rambo conseguiu chegar ao acampamento Plaza de Mulas quase à noite. O mais importante para ele naquele momento era resgatar seu amigo, mas ao chegar lá, ele soube que, felizmente, seu amigo estava bem e que era ele próprio o "perdido na montanha". A altitude tinha causado muita confusão nele.

No dia seguinte, a desidratação causada pela ingestão de água barrenta, juntamente com o tremendo golpe psicológico, desencadearam um edema facial e Rambo foi obrigado a abandonar a expedição.

Todos nós cometemos erros de estimativa. Todos nós temos dificuldade em nos conhecer e definir corretamente nossas forças e fraquezas. A principal razão pela qual Rambo e o Maratonista chamaram minha atenção desde o primeiro dia foi porque eu mesmo cometi erros semelhantes no passado.

Talvez eu não tenha chegado aos extremos sofridos por Rambo, mas eu superestimei minhas forças quando faltavam duzentos metros para chegar ao cume de outra montanha. Quando ouvi Rambo dizer dias antes que ele iria escalar o Everest e que estava indo ao Aconcágua apenas para se aclimatar, mas não tinha experiência em montanhas altas, pude identificar nele os mesmos erros que cometi no passado. Da mesma forma com o Maratonista. Todos nós, em algum momento, podemos nos tornar vítimas do medo e de nossas próprias profecias autorrealizáveis, se não conseguirmos nos concentrar totalmente em nossas forças.

A Primeira Sabedoria Estratégica diz: "Ajuste seus objetivos aos seus meios, conheça a si mesmo". Quando ocorre um aumento da autoconsciência por meio da observação imparcial e desapaixonada de nossos próprios erros, conseguimos ter a capacidade de identificar o mesmo erro nos outros.

O Maratonista claramente subestimou seus recursos físicos a ponto de permitir que o medo o dominasse e fizesse com que ele perdesse a concentração. Ele deveria ter focado todas as suas energias em suas forças, mas isso é mais fácil falar do que fazer. Embora ele tivesse as melhores condições cardiovasculares e musculares, ele foi o primeiro a abandonar a expedição porque sua fraqueza estava no medo e ele foi dominado por ele. O diagnóstico de "mal da altitude" o eliminou porque ele provavelmente não tinha os recursos psicológicos necessários para alcançar o objetivo que ele havia estabelecido.

No entanto, em algum momento do passado, antes de vir para a montanha, o Maratonista acreditou em suas possibilidades, caso contrário, nem teria tentado escalar o Aconcágua. O momento em que ele acreditou que poderia conseguir foi quando ele estava concentrado em suas forças físicas e não em seu medo.

No outro extremo, encontramos Rambo, que superestimou seus recursos e subestimou a montanha. Ele escolheu o Aconcágua como um simples "treino para escalar o Everest", sem ter experiência em montanhas.

Às vezes, nos surpreendemos mais com a queda daquele que se superestima e menos com o fracasso daquele que se subestima, mas em Estratégia evitar ambos os erros faz parte da Primeira Sabedoria Estratégica (1SE). Tanto a superestimação quanto a subestimação dos recursos são erros estratégicos que impedem o cumprimento do Princípio Estratégico Essencial (PEE). Se nos excedermos, nos dispersaremos, mas se ficarmos aquém do nosso potencial, não poderemos concentrar nossas forças de forma ótima e, assim, provavelmente acabaremos frustrados.

A montanha acaba sendo uma metáfora para nos ajudar a compreender que o pensamento estratégico está no território que fica entre a temeridade e o medo. "Nada em excesso" é a síntese da sabedoria e é um conselho mais difícil de seguir do que parece à primeira vista.

Aquela expedição ao Aconcágua em dezembro de 1999 foi particularmente difícil. Fomos surpreendidos por uma tempestade a 6.200 metros de altitude e ficamos presos por 48 horas no Acampamento Berlim. Mas, para piorar, a única pessoa que conseguiu continuar após a tempestade e alcançar o cume acabou pagando com sua vida pelos próprios erros estratégicos. Essa é talvez a lição mais dramática da montanha: nunca esqueça sua Grande Estratégia.

VI. A montanha e a Grande Estratégia

Infelizmente, esse homem que chegou ao cume decidiu escalar mais longe e por mais tempo do que seria prudente. Seu nome era José Luis, um militar argentino que, após a tempestade, teve forças para continuar a escalada com um companheiro. A montanha oferece uma "janela de tempo" que você precisa respeitar para alcançar o cume. Se o alpinista não cumprir essa janela de tempo, poderá ficar preso no cume, algo impensável, ou descer para o Acampamento Berlim no meio da escuridão. Se já se passaram dez ou quinze dias de escalada e você fez um esforço enorme para chegar ao cume e só faltam os últimos cinquenta metros, mas você já excedeu o tempo e a prudência diz para você voltar... o que você faz? É muito difícil, mas a decisão correta é sempre voltar. É difícil porque há muito tempo de trabalho envolvido e, com a falta de oxigênio e o cansaço, não apenas o bom senso é prejudicado, mas também a capacidade de se orientar no espaço e no tempo.

É nesses momentos que não esquecer sua Grande Estratégia pode salvar sua vida. Esse senhor era pai de família e tinha três ou quatro filhos, e tenho certeza de que sua Grande Estratégia não era chegar ao cume do Aconcágua. Alcançar esse cume era um objetivo, mas não sua Grande Estratégia. Talvez ele nunca tivesse conhecido esse conceito e, portanto, não o tinha em mente ao decidir continuar escalando ou voltar atrás. José Luis e seu companheiro continuaram e chegaram ao cume. Ao descerem na escuridão, ambos caíram em um precipício. José Luis morreu. Seu companheiro rastejou a noite toda e a manhã seguinte com a perna quebrada até que fosse avistado do Acampamento Base e resgatado.

Era sua Grande Estratégia (ou seja, objetivo de vida) chegar ao cume do Aconcágua? Claro que não. O falecido tinha menos de 40 anos, era casado e tinha filhos. Lembre-se sempre, em momentos de perigo, tensão ou grandes decisões, qual é a sua Grande Estratégia.

A Primeira Sabedoria Estratégica "ajuste seus objetivos aos seus meios", o autoconhecimento e a estimativa correta do desafio que devemos enfrentar são fundamentais na Estratégia. É de suma importância compreender e estar ciente disso, pois nossos problemas começam quando ignoramos a Primeira Sabedoria Estratégica.

Lembre-se de que as duas palavras-chave da 1SE são objetivos e meios, e não se esqueça de que o erro estratégico geralmente ocorre tanto durante a estimativa dos meios quanto na definição do objetivo.

VII. A importância da experiência na 1SE

A aprendizagem ocorre por meio da experiência observada e analisada, como explicava Francis Bacon. O strategos deve aproveitar a experiência para aprender mais sobre si mesmo. Pois, se você esquecer que a essência da Estratégia é a concentração na força, aplicada em meio à dispersão, e não conhecer as Cinco Sabedorias Estratégicas que surgem desse Princípio

Estratégico Essencial, então o processo de identificação dos erros se tornará mais difícil.

Se o strategos não ampliar seu autoconhecimento, a razão pela qual cometeu um erro permanecerá no inconsciente, e essa mesma inconsciência o levará a repetir o erro uma e outra vez, até destruí-lo.[3]

A pessoa que ignora a 1SE não entenderá a razão de seu fracasso e de seus problemas. Ela construirá um enorme castelo de areia que, apesar de sua grandiosidade ou por causa dela, está destinado a desmoronar. A cadeia de erros estratégicos se inicia ao ignorar a 1SE, mas a partir daí, logicamente, outros erros se seguirão.

Se, além de ser inconsciente da 1SE, o indivíduo sofre de grande insegurança e da consequente necessidade de se provar, poderá sofrer de uma ambição desmedida. Nesse caso, a pessoa será facilmente levada por seu ego e estabelecerá objetivos irracionais. O ego, que costuma ser inconsciente de si mesmo, convencerá o indivíduo de que possui os meios adequados para alcançar o que imagina. Esse pensamento pode crescer gradualmente, e a pouca consciência restante ficará obscurecida à medida que o indivíduo alcançar seus primeiros objetivos.

Se esse tipo de pensamento não for controlado, pode levar o indivíduo a se estender demais, e como toda extensão excessiva é efetivamente uma dispersão, é um erro estratégico. Portanto, o ego pode levar o indivíduo ao ponto de subestimar o desafio e superestimar seus próprios meios. Se o processo continuar, chegará o momento em que o indivíduo estará fora da realidade objetiva e estará sujeito a receber o "ajuste" da Natureza.[4]

Essa combinação de superestimar os próprios meios e subestimar o desafio cria as condições para uma queda catastrófica que inevitavelmente ocorrerá.

Nesses casos, ocorre o que Carl G. Jung diz: "Até que o inconsciente se torne consciente, o subconsciente continuará dirigindo a vida do indivíduo, e ele o chamará de destino".

Algo semelhante, embora normalmente mais rápido, pode acontecer no outro extremo, onde o indivíduo subestima a si mesmo e superestima exces-

---

[3] *O ego leva o indivíduo a um deterioro gradual em sua capacidade de estimativa, chegando ao ponto em que a pessoa passa a acreditar que pode controlar o destino e alcançar todos os seus objetivos e planos. O sucesso de ontem se transformará gradualmente na razão da queda de amanhã.*

[4] *Se a violação da Primeira Sabedoria Estratégica (1SE) for levada ao extremo, poderia ser associada ao que os gregos chamavam de "hubris". Existem várias maneiras de descrever o conceito de hubris, mas uma delas é associá-lo à "ambição excessiva». Cometer hubris tem suas raízes no ego inflado e desmedido. É impulsionado pela necessidade de alcançar objetivos cada vez mais elevados para satisfazer o desejo de reconhecimento e obter ou manter o poder, mesmo que isso signifique prejudicar a vida dos mais fracos.*

sivamente o desafio que enfrenta. A frustração será o resultado final, mas antes virão o medo e a paralisação. Esse processo pode minar ainda mais a autoestima do indivíduo e gerar um círculo vicioso.

Por outro lado, em um indivíduo que não é dominado excessivamente pelo ego, o autoconhecimento aumentará graças à observação de suas próprias experiências, seus erros e os erros dos outros. O processo de autoconhecimento levará o indivíduo a conhecer suas forças e fraquezas e à possibilidade de praticar a arte da Estratégia.

> *"Os tolos dizem aprender com suas experiências.*
> *Eu prefiro aprender com eles."*
>
> OTTO VON BISMARCK

Se o erro estratégico for individual e não afetar os outros, o mal é menor. Mas quando o erro estratégico é cometido pelos líderes, pode resultar em destruição e sofrimento para muitos. Esse foi o caso do próximo exemplo que veremos.

A montanha Aconcágua, vista da entrada do Parque Provincial Aconcágua, em Mendoza, Argentina.

17 - Hubris

I. Marco Licinio Crasso e a Primeira Sabedoria Estratégica

A hubris é um antigo conceito grego ligado à violação da Primeira Sabedoria Estratégica. Cometer hubris inevitavelmente trazia consigo a chegada da némesis, a vingança dos deuses.

O conceito de hubris se manifesta na cultura de quase todos os povos do mundo de uma forma ou de outra. Os hebreus ensinavam que a arrogância precede a queda e que Deus ama o humilde e humilha o soberbo.[5] Muito antes de Pitágoras (por volta de 500 a.C.), já se observava a realidade com olhos de matemático e encontrava-se sentido, razão e equilíbrio nas proporções da Natureza, daí surgiu a essência da filosofia grega que diz "nada em excesso" e evita que o indivíduo caia no erro de cometer hubris.

Depois de conquistar o Império Persa Aquemênida, Alexandre chegou à Índia no ano 327 a.C. e lá ouviu falar da Lei do Karma, o ajuste do equilíbrio, ensinada pelos iogues.[6] No Oriente, esse conceito de equilíbrio está contido no "caminho do meio" do Buda Sidarta Gautama e, não por coincidência, é também a síntese da sabedoria dos antigos filósofos gregos.[7]

O oposto da hubris era a moderação de caráter, conhecida na Grécia como sophrosyne (σωφροσύνη) e era uma das características do strategos ideal.

---

[5] *Salmos 138:6.*

[6] *Iogues, chamados gimnosofistas pelos gregos, eram um grupo de filósofos que viviam nas selvas próximas a Taxila. Enquanto estava em Taxila, Alexandre enviou seu próprio filósofo, Onesícrito, seguidor cínico de Diógenes, para visitar um concílio de gimnosofistas. Lá, Onesícrito conheceu Kalanos, que o recebeu com arrogância, e Dandamis de Taxila, o mais velho e sábio entre eles, que repreendeu seu colega por sua má conduta e elogiou a sabedoria de Alexandre ao desejar aprender com eles. Dandamis revelou também que tinha sido ele quem aconselhou o rei Taxiles a receber pacificamente Alexandre para benefício mútuo. No final, Kalanos decidiu acompanhar Alexandre e se tornou seu amigo, desenvolvendo um apego pelo jovem macedônio. Kalanos ficou doente e decidiu se imolar em uma pira funerária. Conta-se que antes de morrer, ele se despediu de seu amigo dizendo: "Nos encontraremos em Babilônia". Alexandre morreria um ano depois em Babilônia.*

[7] *A moderação era o caminho mais excelente, embora praticado por poucos na Grécia.*

Moderação nas emoções, moderação nos desejos, moderação nos confortos, moderação em tudo.[8]

Todas essas maneiras de expressar o conceito de equilíbrio e moderação derivam da observação da existência de uma lei natural que o ser humano tem constatado ser inevitável desde sempre. É a lei do equilíbrio. O equilíbrio se manifesta no micro e no macro em toda a Natureza, em tudo o que existe. Para que você possa pensar em ter sucesso, deve obedecer a essa lei. Os sábios de todas as épocas apontaram para esse caminho. O equilíbrio é o estado ótimo e é o único que leva à tranquilidade.

Ajustar seus objetivos aos seus meios é, portanto, a expressão dessa lei natural em formato de pensamento estratégico. É o primeiro axioma identificado por Basil Liddell Hart em seu estudo sobre as grandes batalhas e grandes comandantes da história.

Assim como fizemos com a história de Isoroku Yamamoto, este próximo caso nos fornecerá material para observar e pensar. Proponho mais um exercício de observação,[9] pois, nesses casos de hubris, é muito melhor observar de longe e aprender com os erros dos outros. Quando se quebra o equilíbrio e nos tornamos arrogantes e prepotentes, entramos em uma zona de total falta de autoconhecimento. As consequências costumam ser catastróficas.

Se você é alguém que acredita ter conquistado muito na vida e se considera muito bom no que faz, se acredita ser o campeão e se considera imutável e invencível, cuidado: você está em um território onde a consciência de sua própria grandeza pode ser a maior distração que você tem.

Observe este homem que, devido à sua necessidade de grandeza e reconhecimento externo, cometeu hubris. Identifique o ato de hubris e como isso o levou a encontrar sua némesis devido à violação da Primeira Sabedoria Estratégica: "Ajuste seus objetivos aos seus meios".

A vida do general romano Marco Licínio Crasso, ou simplesmente Crasso, como é conhecido em português, é um exemplo histórico que nos permitirá observar diferentes nuances do erro estratégico cometido ao não ser capaz de praticar a Primeira Sabedoria Estratégica (1SE). Observe como Crasso sofre de uma superestimação progressiva de seus meios e isso o leva a excessos cada vez maiores ao estabelecer seus objetivos.

---

[8] *Nas palavras de Jesus, que era considerado um radical apenas por ser moderado no meio de fanáticos religiosos, a moderação está evidente em "dai a César o que é de César e a Deus o que é de Deus" (Lucas 20:25), ou na repreensão aos fanáticos religiosos que tinham visto um profeta ascético (João Batista) e o haviam criticado, e agora o viam a ele (Jesus) beber vinho, comer e compartilhar com todo tipo de pessoas, e também o criticavam.*

[9] *A observação da experiência dos outros é uma das três fontes pelas quais se pode obter conhecimento, de acordo com Francis Bacon.*

A notoriedade de Marco Licínio Crasso começa com a rebelião de escravos que começou em 73 a.C. na cidade de Cápua, Itália. Essa rebelião de escravos foi liderada por um trácio chamado Espártaco e causou problemas para Roma por dois anos. A revolta representava um risco político e, se não fosse esmagada imediatamente, mais escravos poderiam se juntar às fileiras de Espártaco. O Senado Romano convocou o general Marco Licínio Crasso para resolver o problema, que já se estendia além do esperado.

O general Crasso pôs fim à rebelião, Espártaco morreu com a espada na mão e mais de seis mil de seus associados foram crucificados em Roma ao longo da Via Ápia. A mensagem havia sido transmitida e ninguém mais ousaria pensar que uma revolta de escravos poderia terminar bem. Crasso havia feito um bom trabalho como general e até arriscou sua vida. Mas essa vitória não lhe deu o prestígio que esperava, pois era uma "guerra contra escravos", embora na verdade fossem gladiadores perigosos. Também não ajudou o fato de que outro general, Pompeu, havia chegado para dar o golpe final na rebelião. Ao retornar a Roma, Crasso não se atreveu a solicitar uma grande honra (ou seja, um triunfo[10]), mas nem mesmo recebeu uma honra menor, que seria a chamada "ovação".[11]

Até hoje as pessoas reconhecem o nome de Espártaco e poucos reconhecem o de Crasso, e no entanto este último era aquele que desejava ser reconhecido e admirado como nenhum outro homem em Roma.

---

[10] *Na Roma republicana, as conquistas militares verdadeiramente excepcionais mereciam as mais altas honras possíveis. A mais importante dessas honras era o triumphus. O triunfo relacionava o vir triumphalis ("homem do triunfo", mais tarde conhecido como triunfador) com o passado mítico de Roma. Nessa ocasião, o general era conduzido em procissão pela cidade em uma carruagem de quatro cavalos, sob o olhar de seus pares e de uma multidão que aplaudia, até o templo de Júpiter Capitolino. Durante a procissão, ele vestia os trajes tradicionalmente associados a Júpiter Capitolino: a "toga picta" púrpura e dourada, a coroa de louros, as botas vermelhas e possivelmente também o rosto pintado de vermelho, como a divindade suprema de Roma. O espólio e os cativos de sua vitória encabeçavam a procissão; em seguida, seus exércitos o seguiam. Uma vez no templo capitolino, ele sacrificava dois bois brancos a Júpiter e depositava aos pés do deus as amostras de sua vitória, dedicando seu triunfo ao Senado Romano, ao povo e aos deuses. Segundo historiadores, desde a época de Cipião Africano, o general triunfante estava associado a Alexandre e ao semideus Hércules, que havia trabalhado desinteressadamente em benefício de toda a humanidade.*

[11] *A ovação (do latim ovatio), ou pequeno triunfo, era outra cerimônia na qual honras eram prestadas a um general vitorioso. Tinha menos destaque do que o triunfo, mas não era menos solene. A origem da palavra vem da raiz latina ovis, ovelha, o animal sacrificado ao final da cerimônia.*

As poucas honras e o reconhecimento recebidos após sufocar a rebelião de Espártaco não foram suficientes para este general romano. Crasso então estabeleceu como objetivo se tornar mais rico. Ele pensou que sendo mais rico seria mais poderoso e mais admirado. Dessa forma, ele receberia o reconhecimento que tanto ansiava.

Mas Crasso já era rico. Ele possuía muitas minas de prata, propriedades de grande valor por si mesmas. Mas essas minas de prata não eram nada em comparação com a quantidade de escravos que Crasso possuía. Ele os possuía de todos os tipos, nacionalidades e profissões: leitores, ourives, artistas, administradores, mordomos, arquitetos, e foi graças a estes últimos que ele pôde implementar uma ideia de negócio que o levaria a se tornar o homem mais rico de Roma.

Com o objetivo de se tornar ainda mais rico do que já era, Crasso viu uma oportunidade de negócio no fato de que na cidade de Roma a maioria das casas era feita de madeira. Com frequência, as casas pegavam fogo, causando perdas totais aos proprietários. Além disso, os incêndios eram muito perigosos, pois as casas estavam aglomeradas e o fogo se espalhava facilmente de uma casa para outra.[12] O Senado não se preocupava com o assunto e foi nisso que Crasso viu sua oportunidade de negócio.

Ele treinou seu batalhão de escravos arquitetos e mestres de obras para apagar incêndios e reconstruir casas. Ele chegou a ter um total de quinhentos escravos especializados em combater incêndios e reparar casas. Mas suas intenções e modus operandi estavam longe de serem altruístas, pois seu objetivo era adquirir os prédios queimados e os adjacentes a eles.

O modus operandi de seu negócio era simples. As equipes de escravos corriam para a casa que estava sendo destruída pelo fogo e um representante se aproximava do proprietário desesperado fazendo uma oferta monetária pela casa. A oferta era sempre apenas uma fração do valor da casa e isso garantia que, se Crasso a comprasse, seus lucros seriam grandes após a reconstrução. Se o proprietário não aceitasse a oferta, então os escravos ficavam observando enquanto a casa queimava. À medida que os minutos passavam e o proprietário hesitava, a oferta monetária de Crasso diminuía ainda mais. O proprietário se encontrava na situação em que, se não aceitasse a oferta, teria uma perda total.

Logo, esse negócio imobiliário baseado na exploração dos infortunados e no abuso das famílias desesperadas romanas levou Crasso a se tornar o proprietário de grande parte da cidade e o homem mais rico de Roma. Possivelmente o homem mais rico do mundo.

Depois de alcançar seu objetivo de se tornar o homem mais rico e também sendo reconhecido anteriormente como o general que derrotou Espártaco, Crasso percebeu que o poder econômico não era suficiente para ele. Ele des-

---

[12] *Por isso, Nero foi capaz de incendiar Roma.*

cobriu que sua força estava em ganhar dinheiro, mas como general ele sentia que deveria conquistar mais. Ele precisava de mais realizações para ser reconhecido como o homem mais importante de Roma. Ele percebeu que o que lhe daria o verdadeiro reconhecimento seria obter poder político.

Ele estimou que ser um famoso general e possuir um talento especial para negócios eram evidências de que ele tinha os meios para estabelecer metas ainda mais altas e buscar ser o homem mais admirado e respeitado de toda Roma. Ele então definiu como objetivo alcançar o poder político.

Usando sua riqueza prodigiosa e sua habilidade em conquistar pessoas através da oratória, buscando obter amigos através de presentes e atenções, ele foi ganhando espaço e influência nos mais altos círculos do poder senatorial de Roma. Crasso se promoveu, aproveitando que no século I a.C., assim como agora, as pessoas estavam dispostas a aceitar a ideia de que o sucesso de um indivíduo nos negócios e no mundo empresarial eram provas de que ele também poderia transferir seus talentos para a liderança política. Crasso promoveu sua fama como grande empresário e usou sua vasta riqueza econômica para comprar votos e favores.

Foi assim que, em 70 a.C., ele formou uma aliança política com Cneu Pompeu e ambos foram eleitos cônsules de Roma. O cargo de cônsul era o mais alto da República e todo o mundo romano estava agora aos pés de Crasso. Mas como o sistema romano escolhia não apenas um, mas dois cônsules, Crasso teve que compartilhar o poder e o reconhecimento com seu colega, o general Cneu Pompeu.

Neste momento, Crasso, o general que havia derrotado Espártaco, o dono de grande parte de Roma e provavelmente o homem mais rico do mundo ocidental, também era o mais poderoso politicamente em toda Roma. Mas isso não era suficiente para ele, pois Crasso percebeu que precisava de mais.

O problema era que seu colega Cneu Pompeu era mais jovem e mais admirado. A admiração do povo por Pompeu cresceu depois que ele retornou vitorioso das campanhas militares para as quais havia sido enviado pelo Senado em 63 a.C. Pompeu, o vitorioso, o conquistador de Mitridates e da Ásia Menor, recebeu uma entrada triunfal como nenhum outro romano havia recebido antes, incluindo o grande Cipião Africano, vencedor de Aníbal.

Já havia senadores e cidadãos romanos afirmando que Cneu Pompeu era o maior general desde a época de Alexandre o Grande[13], e isso afetava grandemente o ego de Pompeu e o de Crasso, mas de maneira oposta.

Enquanto Cneu Pompeu desfilava nos eventos públicos e banquetes privados com a panóplia de Alexandre, que ele havia obtido do túmulo do ma-

---

[13] *Cneu Pompeu Magnus é um dos Grandes Comandantes da Mesa designada por Napoleão Bonaparte.*

cedônio em Alexandria, Crasso definiu como objetivo conquistar o apoio e a admiração popular de outra forma. Ele abriu seus cofres para organizar um banquete com dez mil mesas e distribuiu grãos suficientes para cobrir as necessidades de cada família romana por três meses. Mas o povo continuava favorecendo Pompeu.

Crasso então se retirou temporariamente da política, mas poucos anos depois, em 59 a.C., chegou novamente ao auge do poder romano. Nessa ocasião, graças a um pacto secreto com Cneu Pompeu e outro jovem político, a quem Crasso havia apoiado com seus vastos recursos econômicos: Caio Júlio César. Os três formaram o primeiro Triunvirato de Roma.

Talvez você pensasse que isso já seria suficiente para Crasso e que em algum momento ele deveria parar e saciar seu desejo de "crescimento". Quando o membro mais jovem do Triunvirato, Júlio César, foi enviado como procônsul (governador) à distante, indesejada, rebelde e perigosa província da Gália, Crasso não teve objeções. No entanto, quando percebeu que Júlio César soube aproveitar essa situação aparentemente desfavorável e obteve vitórias militares nos anos seguintes que até mesmo ofuscariam as conquistas do grande Cneu Pompeu, Crasso ficou inquieto.

Agora, o povo admirava e aclamava Pompeu e Júlio César, mas não Crasso. Vale a pena entender a situação desse homem, pois ele estava literalmente competindo com dois dos Grandes Comandantes da Mesa de Napoleão. Ambos, Cneu Pompeu e Júlio César, estão entre os doze camafeus que rodeavam Alexandre na Mesa encomendada pelos artesãos franceses. Os conhecimentos de estratégia de Crasso não eram suficientes nem adequados para se igualar a Pompeu e Júlio César.

No ano de 56 a.C., o Triunvirato foi renovado, uma magistratura na qual três pessoas estavam envolvidas. Cneu Pompeu e Marco Licínio Crasso foram escolhidos novamente como cônsules do ano seguinte. Como Júlio César havia sido enviado à Gália, foi acordado que tanto Pompeu quanto Crasso teriam a oportunidade de obter poderes semelhantes aos concedidos a César na Gália (ou seja, o proconsulado). Assim, um projeto de lei apresentado e aprovado pelo Senado transferiu a província da Hispânia para Pompeu e a Síria para Crasso por um período de cinco anos.

Já haviam se passado mais de quinze anos desde que Crasso havia encerrado a revolta de Espártaco, e era normal que as pessoas não se lembrassem mais das suas vitórias militares. Sua enorme riqueza havia sido útil para comprar o Senado e conquistar o mais alto cargo da República Romana, mas o povo continuava admirando mais seus colegas César e Pompeu.

Crasso percebeu que, apesar de sua riqueza proverbial e de seu enorme poder político, ele também precisava obter glória militar. Somente sendo aclamado e admirado como general, como estrategista, ele se tornaria o homem mais admirado de Roma. Além disso, as vitórias militares consolidariam seu poder político. Foi então que, quase chegando aos 60 anos de idade[14] e assumindo, mais uma vez, que seus sucessos passados garantiam que ele possuía os meios para alcançar qualquer coisa que se propusesse, Crasso estabeleceu o último e mais alto objetivo de sua vida.

O general Marco Licínio Crasso decidiu superar Cneu Pompeu e Júlio César no campo militar e restaurar sua reputação como grande estrategista. Afinal, ele era o homem que havia derrotado a revolta de Espártaco, era o homem mais rico do mundo e o mais experiente dos três homens mais poderosos de Roma. Ele calculou que poderia se lançar no objetivo de ser reconhecido como o maior general e estrategista de Roma. Ele, e não Pompeu, seria o "novo Alexandre". Mas para alcançar seu objetivo, ele precisava de um inimigo e foi procurá-lo.

II. A Batalha de Carras

> *"Se você se conhece e conhece o outro, não precisa temer nem cem batalhas*
> *Se você não se conhece e não conhece o outro, será derrotado sempre".*
>
> Sun Tzu

Convido você a observar e identificar quantas vezes Craso comete o erro estratégico de omitir ou não conseguir aplicar a 1SE. Também será útil observar e refletir sobre as causas que levaram Craso a superestimar seus recursos e subestimar a dificuldade do objetivo que ele havia estabelecido.

Tenha em mente os seguintes conceitos já mencionados:

- Primeira Sabedoria Estratégica (1SE) - Ajuste seu objetivo aos seus recursos.
- Princípio Estratégico Essencial (PEE): Concentração em sua fortaleza, aplicada sobre uma dispersão.
- Grande Estratégia

Em novembro de 55 a.C., Craso partiu para sua nova província, onde prepararia uma grandiosa expedição militar contra o Império Parto, para obter a reputação militar que tanto desejava.

---

[14] *No século I a.C., um homem era considerado velho nessa idade.*

Sun Tzu advertia que precisamos conhecer e compreender nosso desafio, e expressava que é fundamental "conhecer o outro". Por quê? Porque somente assim você poderá evitar suas fortalezas e buscar sua "dispersão", conforme nos indica o Princípio Estratégico Essencial.

III. Quem eram esses partos que Craso desejava derrotar?

Os partos ocupavam uma grande parte do território do antigo Império Persa Aquemênida, após ter sido reconquistado das mãos dos macedônios, herdeiros de Alexandre o Grande (ou seja, os diádocos). A força desses povos, desde a época do Império Persa, estava em sua cavalaria pesada e em seus arqueiros que podiam disparar de qualquer posição montados a cavalo.

Seus exércitos estavam acostumados à guerra e haviam conquistado grandes territórios, incluindo a cidade da Babilônia. Seus generais eram experientes e bons estrategistas.

No entanto, Craso não estava ciente disso. Ele considerava que as legiões de Roma não tinham rivais à sua altura, especialmente se estivessem sob seu comando. De alguma forma, ele se convenceu de que a fama dos exércitos da Pártia estava exagerada e que eles eram apenas "bárbaros vestindo calças". Alexandre os havia conquistado aparentemente sem muitas dificuldades, e para Craso, ser o novo Alexandre estava ao seu alcance.

Craso chegou à Síria em abril ou maio de 54 a.C. e imediatamente usou suas riquezas para reunir um grande exército. Sua campanha começou um ano depois, em 53 a.C. Ele rapidamente tomou várias cidades no norte da Mesopotâmia. Isso preocupou os partos, mas em vez de continuar seu avanço, Craso levou mais um ano para aumentar sua riqueza.

O homem mais rico do mundo não conseguiu resistir à ganância. Ele desviou sua atenção do objetivo principal para se concentrar na cobrança de impostos em sua nova província. Saqueou tudo o que tinha valor, demorando muito mais do que o necessário. Desde a Antiguidade, esse atraso foi considerado um erro estratégico, pois deu tempo aos partos para preparar sua defesa.

Distraído de seu objetivo principal e concentrado em acumular mais riquezas, o procônsul não reexaminou o número de tropas que poderia precisar nem treinou suas legiões adequadamente, o que levou à relaxação da disciplina. Segundo seu biógrafo Plutarco, Craso passava os dias curvado sobre as balanças pesando e calculando suas novas posses monetárias. Além disso, ele ganhou o ódio dos sírios por saquear seus templos. Os hebreus também não escaparam de sua ganância, já que ele roubou dez mil talentos do templo de Jerusalém.[15]

Depois de dedicar tempo para saciar sua ganância, Crasso finalmente se dirigiu aos territórios da Pártia. Com seus abundantes recursos econômicos, ele recrutou um exército verdadeiramente grande. A força comandada por Crasso era composta por sete legiões, uma cavalaria de quatro mil cavaleiros liderada por seu filho Publio e muitos auxiliares. Embora as sete legiões dificilmente pudessem ser igualadas pelos Partos, a cavalaria romana era modesta em comparação com a principal força da Pártia, a cavalaria pesada.

Portanto, o total da força do procônsul Crasso era de aproximadamente trinta e cinco mil homens, mais a cavalaria liderada por seu filho Publio. Pouco tempo depois, enquanto o procônsul e seu exército estavam acampados, mensageiros de Orodes II, rei dos partos, chegaram. Os mensageiros disseram que se a guerra fosse por vontade do povo romano, a resposta de Orodes II seria impiedosa, mas se a guerra fosse apenas ideia de Crasso (como os partos já haviam descoberto), eles teriam piedade dele devido à sua velhice. Crasso zombou e desprezou os embaixadores que insistiram em um acordo de paz. Eles ainda lembraram a Crasso dos tratados de paz que haviam sido assinados anteriormente com Cneu Pompeu quando ele estava na Ásia Menor para enfrentar Mitridates.

Crasso não aceitou os argumentos dos embaixadores da Pártia, pois seu objetivo era conquistar uma grande reputação militar e para isso precisava de uma guerra. No entanto, essa não foi a única oportunidade que Crasso teve para repensar seus objetivos. O procônsul também recebeu uma oferta do rei da Armênia, Artavasdes II. O rei armênio se apresentou a Crasso com uma guarda de seis mil cavaleiros, prometendo outros dez mil catafratos[16] e trinta mil infantaria. Artavasdes II explicou que conhecia e temia o poder dos partos e ofereceu se aliar a Crasso.

A Armênia forneceria aos romanos suprimentos e passagem através de suas montanhas. Dessa forma, os romanos poderiam evitar enfrentar a temível cavalaria parta. A ideia apresentada pelo rei da Armênia consistia em conduzir um ataque indireto às planícies centrais partas e capturar a cidade de

---

[15] *Para se ter uma ideia do valor de um talento, estima-se que a construção de um navio de guerra (um trirreme) equivalia a um talento por volta do século V a.C. Dez mil talentos representavam uma fortuna imensa e foram considerados um dos maiores saques na história de Israel.*

[16] *O catafrato (do latim cataphractus, e este do grego κατάφρακτος, katáphraktos, de κατά "totalmente" e φρακτός "coberto, protegido") era uma unidade de cavalaria pesada na qual tanto o cavaleiro quanto o cavalo usavam armadura. Essa era a principal força dos partos, e o rei da Armênia estava oferecendo dez mil unidades capazes de enfrentar os partos.*

Ecbatana, onde talvez capturassem o rei Orodes e sua família. Dessa forma, eles tentariam encerrar o conflito o mais rápido possível, evitando enfrentar a cavalaria parta e vencer com menor derramamento de sangue. Artavasdes II argumentou que se conseguissem eliminar Orodes II, isso causaria uma guerra civil entre os pretendentes ao trono da Pártia e tudo acabaria beneficiando Crasso e a Armênia.

Crasso se sentiu ofendido e rejeitou a ajuda de Artavasdes II. Ele não precisava do apoio de ninguém e não queria dividir a glória nem o saque que esperava conquistar. A rejeição de Crasso demonstrou ao rei da Armênia que o romano estava subestimando os partos e, ao mesmo tempo, superestimando seus próprios recursos. Ignorando o conselho de todos, indo contra a opinião dos próprios romanos[17] e rejeitando ofertas de paz e alianças, o homem mais rico de Roma foi em busca de seu grande objetivo e cruzou o rio Eufrates em Zeugma, entrando em território inimigo e seguindo a rota de Alexandre o Grande.

O exército romano avançou ao longo do Eufrates, e seus exploradores relataram que não encontraram inimigos nas proximidades, mas viram milhares de pegadas de cavalos indicando que eles haviam fugido do local. Durante sua marcha pela Mesopotâmia, Crasso continuou exigindo tesouros e soldados de todos os povos. Em certo momento, um líder árabe chamado Ariamnes apareceu no acampamento romano. Ele havia servido nas legiões romanas durante a campanha de Cneu Pompeu e se considerava amigo de Roma. Os legionários o reconheceram, e Ariamnes se apresentou a Crasso, mas ele era, na realidade, um agente dos partos cuja missão era convencer Crasso a se afastar do rio Eufrates e marchar para a planície, onde o terreno favoreceria a cavalaria parta e os romanos poderiam ser cercados.

Ariamnes ganhou a confiança de Crasso através de elogios à genialidade do romano e à constante lembrança de sua antiga lealdade a Roma. Ele o encorajou a não perder tempo e desviar do rio Eufrates adentrando o território. Ele assegurou que com seu exército derrotaria o Império Parto e voltaria vitorioso para Roma. Ele se igualaria ao Grande Alexandre e certamente receberia uma grande entrada triunfal em Roma.

O líder árabe assegurou a Crasso que o poder do romano era tão grande que o rei Orodes o temia muito e permanecia em Babilônia, enviando em seu lugar um nobre inexperiente em assuntos de guerra chamado Surena. Ariamnes convenceu Crasso de que ele não deveria desperdiçar essa oportunidade dada pela fraqueza e desorganização do inimigo.

---

[17] *Crasso invadiu a Pártia contra a vontade do povo romano. Alguns senadores e tribunos se reuniram nas ruas de Roma para amaldiçoar Crasso com maldições tão poderosas que, dizia-se, até mesmo aqueles que as proferiam também morriam como efeito colateral.*

No entanto, a única verdade na história de Ariamnes era o fato de que Orodes não esperava enfrentar Crasso. Orodes, o rei da Pártia, já estava na Armênia em uma campanha de punição contra Artavasdes II, aquele que havia oferecido sua ajuda a Crasso. Além disso, o general Surena não era inexperiente, mas sim o melhor dos estrategistas partos, e estava à frente de um exército relativamente pequeno (em comparação com as sete legiões de Crasso), porém altamente especializado, composto por cavalaria pesada e arqueiros montados.

Com suas lisonjas, Ariamnes convenceu facilmente Crasso a abandonar o curso do rio e segui-lo para as planícies. Guiados pelo árabe, os romanos entraram nas planícies por um caminho inicialmente fácil e tranquilo, que gradualmente se tornou difícil e árido. O terreno era desprovido de árvores e água. Os legionários começaram a se cansar e sentir sede enquanto atravessavam a região desértica. Em um momento da travessia, os enviados do rei da Armênia, Artavasdes II, chegaram para informar Crasso de que Orodes estava atacando os armênios. Os enviados armênios imploraram a Crasso que abandonasse as planícies e se dirigisse às montanhas, onde poderiam anular a vantagem da temível cavalaria parta e unir-se aos armênios para derrotar Orodes II, o rei da Pártia. Crasso ficou irritado mais uma vez, rejeitou o pedido e decidiu continuar com o plano de Ariamnes.

Pouco depois disso, Ariamnes pediu permissão para buscar ajuda e Crasso permitiu que ele se afastasse ao mesmo tempo em que enviava seus exploradores para encontrar o exército parto liderado pelo general Surena.

Algumas horas depois, os poucos exploradores que conseguiram retornar anunciaram que mal conseguiram escapar do inimigo e que eles vinham em grande número ao seu encontro.

A partir desse momento, os erros estratégicos de Crasso se tornaram evidentes e o próprio procônsul percebeu que algo estava muito errado. Crasso ficou assustado e ordenou que suas legiões se formassem em um quadrado oco, com doze coortes de cada lado. Ele colocou em uma das alas seu segundo no comando, Caio Cássio Longino, e em outra seu filho Publio, e ele se posicionou no centro. Essa formação era comum quando os romanos enfrentavam forças numericamente superiores.

Eles marcharam em formação até encontrarem os partos, que pareciam muito menos numerosos à distância do que o informado: Crasso não sabia que, na verdade, Surena ainda ocultava a maior parte de suas forças. As tropas partas visíveis estavam vestidas com túnicas e peles esfarrapadas e pareciam menos preparadas e equipadas do que os romanos.

Isso animou novamente os romanos, mas com um sinal de Surena e para surpresa dos romanos, as tropas partas produziram um rugido aterrorizante.

Os tambores soaram e, ao removerem suas vestimentas esfarrapadas, mostraram as brilhantes armaduras e elmos que reluziam sob o sol do deserto. Os romanos ficaram surpresos.

Surena não esperou e ordenou que a cavalaria cercasse o inimigo sedento. Crasso ordenou que seus auxiliares avançassem, mas assim que iniciaram o avanço, uma chuva de flechas os fez recuar. Isso causou pânico, pois os projéteis perfuravam as armaduras dos legionários. Todos os partos disparavam suas flechas ao mesmo tempo, e a densa formação romana impedia que errassem. Sempre que os legionários tentavam atacar, os inimigos fugiam, realizando o famoso "disparo parto", que consistia em lançar suas flechas montados de costas.

Os romanos não sabiam o que fazer devido a essa situação surpreendente. Era a primeira vez que as legiões de Roma enfrentavam arqueiros montados e as táticas partas de atirar de longe e evitar o contato direto não lhes permitiam usar sua força, o combate corpo a corpo. A única saída que o procônsul Crasso teve foi esperar que as flechas inimigas se esgotassem e começar um combate corpo a corpo, no qual os romanos teriam vantagem. Mas logo ele percebeu que as flechas pareciam não ter fim. Informaram-lhe que os partos tinham camelos carregados com flechas que abasteciam os arqueiros montados, enquanto eles continuavam cercando e disparando contra os romanos a uma distância segura para eles, algo não previsto por Crasso.

Foi então que o procônsul ordenou que seu filho Publio atacasse com sua cavalaria. O jovem e corajoso romano reuniu trezentos cavaleiros leves, mil celtas montados, quinhentos arqueiros e oito coortes para o ataque. Eram cerca de quatro mil legionários que atacaram com bravura e determinação. Os partos recuaram e Publio partiu em perseguição com a cavalaria romana, enquanto os legionários da infantaria os seguiam de perto. Logo Publio percebeu que era uma emboscada, pois os partos pararam de fugir e enfrentaram-nos, enquanto as tropas ocultas por Surena surgiam de todos os lados para cercá-los. Os romanos ficaram tão amontoados que as flechas os atingiram um por um sem falhar, causando-lhes uma morte agonizante.

A maioria dos partos havia seguido o filho de Crasso, então a situação do procônsul melhorou, mas pouco tempo depois o homem mais rico de Roma viu a cabeça de seu filho pendurada em uma lança parta. O guerreiro parto que segurava a cabeça de Publio chegou suficientemente perto dos romanos para que os legionários identificassem o decapitado enquanto ele zombava perguntando pelo pai do valente cavaleiro romano. Isso desmoralizou completamente as legiões.

Logo em seguida, Surena ordenou que os arqueiros montados cercassem os romanos enquanto os catafractos investiam contra os desesperados que tentavam deixar a formação defensiva romana. Esses ataques da cavalaria pesada tinham a intenção de amontoar os romanos e tornar ainda mais certeiros os disparos de seus arqueiros.

Os partos concentraram-se em sua fortaleza, em suas unidades de cavalaria pesada, nas quais tanto o cavaleiro quanto o cavalo usavam armaduras. Juntamente com os arqueiros montados, formavam uma força móvel e letal impossível de conter ou alcançar pelos romanos.

Para completar o pandemônio no qual as legiões romanas haviam caído naquele momento, o traidor Ariamnes atacou as tropas desatentas que formavam a retaguarda do quadrado romano. Assim, as legiões foram atacadas por todos os lados e tiveram que se virar constantemente para enfrentar ambos os atacantes, chegando a matar seus próprios companheiros em meio à confusão. Finalmente, esses legionários foram completamente cercados e encurralados em um perímetro tão estreito que ficaram imóveis. Muitos morreram devido ao calor, à sede ou à poeira levantada pelos cavalos dos exércitos de Surena, que eram em menor número, mas altamente especializados nesse tipo de manobra e combate.

Os partos se retiraram, justificando que dariam a Crasso uma noite para lamentar a morte de seu filho, mas permaneceram nas proximidades. Os romanos não enterraram seus mortos nem cuidaram dos feridos, pois estavam perdidos e não sabiam o que fazer. Todos culpavam o *imperator*[18] Crasso pela situação em que se encontravam, mas precisavam de suas ordens. Naquele momento, segundo Plutarco, o homem mais rico de Roma estava sentado no chão, sozinho, compreendendo que sua ambição e desejo de superar César e Pompeu haviam lhe custado o mais importante: seu filho Publio.

Pela manhã, o general Surena subiu a uma colina e ordenou o fim dos ataques, enviando convites a Crasso para negociar. Os legionários romanos desesperados ficaram felizes e o encorajaram a ir negociar. Crasso tentou convencê-los a resistir até a noite seguinte para poderem se retirar para as montanhas, mas eles o ameaçaram e Crasso se rendeu ao general parto.

Os partos enviaram um cavalo com uma rédea cravejada de ouro para oferecer ao romano, mas quando ele montou no animal, ele se empinou e, apesar de tentarem controlá-lo, a montaria simplesmente começou a arrastar o romano. Então, uma briga começou e Crasso foi morto por um tal de Pomaxatres, e depois cortaram sua cabeça e mão direita.

Segundo algumas versões, os partos decidiram derramar ouro fundido na boca de Crasso enquanto ele ainda estava vivo, como punição por sua cobiça e ganância.

---

[18] *Apelido assumido por Crasso após a vitória contra a rebelião de Espártaco.*

IV. Breve análise da 1SE e Crasso

O erro estratégico de Crasso não se resume apenas à Primeira Sabedoria Estratégica (1SE), mas seu caso é um bom exemplo de como tudo começa com a incapacidade de estimar adequadamente os meios[19] e ajustar os objetivos de acordo com eles.

A derrota de Crasso acabou sendo uma das mais esmagadoras da história romana, mas em sua cegueira ele havia rejeitado ajuda e conselhos durante toda a jornada que o levou à catástrofe final.

Por outro lado, o general parto Surena concentrou-se na fortaleza tradicional parta: na agilidade de seus cavaleiros e arqueiros montados. Ele não se envolveu em combate corpo a corpo com os romanos, evitando assim a força dos exércitos de Crasso, e soube manter a distância para deixar os legionários impotentes.

Era a primeira vez que os romanos enfrentavam um exército inimigo composto apenas por cavalaria de arqueiros montados e catafractários, cuja característica principal era a sua mobilidade.

Ao observar esse exemplo e colocar-se no lugar de Surena, o general parto, podemos refletir sobre a afirmação do mestre Sun que diz: "Se você conhece a si mesmo e conhece o outro, não deve temer nem cem batalhas". E agora é provável que você se lembre para sempre de onde vem a expressão "cometeu um erro crasso".

O rei Orodes II da Pártia e o rei da Armênia Artavasdes II acabaram assinando a paz. Orodes soube considerar a 1SE e reconheceu que o exército parto seria invencível em terreno aberto, mas seriam medíocres ao sitiar as cidades armênias e perderiam tempo tentando rendê-las pela fome. Ele entendeu que, logo após a enorme vitória contra Roma, era mais conveniente negociar com os relativamente mais fracos armênios. Uma filha do rei da Armênia foi entregue como esposa ao primogênito do rei da Pártia, e assim Orodes II e Artavasdes II celebraram banquetes e assistiram a peças de teatro gregas juntos. Quando assistiam a uma obra de Eurípides[20], a cabeça de Crasso foi trazida e acabou sendo usada como parte do cenário da peça. Nêmesis havia cobrado sua vingança, os atos de hubris de Crasso haviam tido sua consequência natural.

Mais de vinte mil soldados romanos perderam a vida e cerca de dez mil foram feitos prisioneiros. Esses foram posteriormente conhecidos como a Legião Perdida.

Uma vez que você conheça as Cinco Sabedorias Estratégicas, poderá identificar mais erros estratégicos por parte de Crasso, mas um dos principais fatores que contribuíram para essa catástrofe foi sua incapacidade de seguir a Primeira Sabedoria Estratégica (1SE) devido ao seu ego insaciável.

---

[19] *Físicos, psicológicos, espirituais.*
[20] *Eurípides, um dos grandes trágicos gregos, A peça era "As Bacantes".*

V. Conclusão

Como vimos nos casos de Rambo, o Maratonista e Crasso, a 1SE não tem seu respaldo no pensamento subjetivo do indivíduo, mas sim na própria realidade. Um axioma é respaldado pela lógica que vemos na Natureza. A Natureza ajusta seus objetivos aos seus meios, e todas as coisas que fazem parte do universo seguem esse mesmo caminho. Você não verá na Natureza algo que se exceda e que permaneça e prospere por muito tempo. Todo excesso se torna "um erro estratégico", porque todo excesso é uma violação do equilíbrio, da harmonia e da ordem a que todas as coisas eventualmente chegam. E assim como o universo tende ao equilíbrio e à ordem, aquele que evita excessos e extremos naturalmente será favorecido.

Ajustar seus objetivos aos seus meios é uma afirmação lógica do ponto de vista estratégico, mas contracultural em nossa sociedade e em nossa forma de pensar no século XXI. É raro encontrar indivíduos que apliquem a 1SE conscientemente, pois quando os meios são vistos como obstáculos e limitações (em vez de serem vistos como recursos), toda a lógica estratégica é invertida. O indivíduo que inverte o processo estratégico começa definindo seus objetivos e depois tenta encontrar os recursos necessários para alcançá-los. Aquele que ignora ou omite a 1SE frequentemente se vê no meio do caminho percebendo que sua estimativa de recursos foi inadequada. Isso aconteceu na montanha com o Rambo e na Pártia com o Crasso. E isso também acontece conosco como civilização no século XXI.

É compreensível que muitos acreditem que o primeiro passo na Estratégia seja a definição dos objetivos, pois somos frequentemente bombardeados com mensagens e exemplos que nos incentivam a quebrar a Primeira Sabedoria Estratégica (1SE). No entanto, não somos advertidos sobre as consequências desse erro estratégico. Assim, o mito do pensamento mágico como base para pensar no futuro continua perpetuado. São muitos aqueles que se vangloriam de suas visões e objetivos, mas depois você os procura e eles não estão mais lá. Eles não estão mais lá porque não seguiram a 1SE e, consequentemente, não puderam aplicar o Princípio Estratégico Essencial (PEE).

No entanto, essa mesma 1SE é considerada contraintuitiva apenas em um mundo onde o mito do crescimento eterno nos leva a uma corrida interminável para obter além do prudente[21] e ao desejo desmedido de glória pessoal que nos incita a ultrapassar nossos objetivos. Mas através do trabalho de autoconhecimento e prudência, nossa Estratégia não será resultado da manipulação externa, mas do conhecimento e ponderação corretos de nossos meios e talentos.

---

[21] *Lembre-se de que a prudência era representada por Metis, a mãe de Atena. A deusa da Estratégia é filha da prudência.*

Conhecer nossos meios de maneira realista, sem cair na superestimação ou subestimação, é algo difícil de alcançar, pois requer independência de pensamento, autoconhecimento e experiência. Mas vale a pena tentar, pois é o curso de ação que nos garante as melhores oportunidades para viver bem, fazer bom uso do nosso tempo e alcançar nossa Grande Estratégia.

Qual é a justa estimativa dos meios e qual é o justo objetivo? A tarefa não é fácil, mas o fato de ser consciente de como você deve pensar já é o primeiro passo.

Lembre-se de que Estratégia não se trata apenas de "pensar grande". Estratégia trata-se de saber pensar. Saber pensar ajudará você a compreender onde está o meio, onde está o centro. Porque a excelência não está no grau máximo, que por definição é um extremo, mas sim no equilíbrio.

Se você rejeita os extremos, estará seguindo o caminho da Natureza. Quando você adquire o conhecimento preciso e equilibrado de seus meios, é provável que algumas pessoas digam que você "pensa grande", mas também haverá aqueles que dirão que você "pensa pequeno". No entanto, você estará pensando estrategicamente e de acordo com o seu nível de autoconhecimento. Esse é o caminho mais racional e autêntico porque é o seu e somente você pode discerni-lo corretamente.

Conheça a si mesmo, conheça sua força, conheça seus meios e ajuste seus objetivos. Se você conseguir fazer isso, poderá ter certeza de que estará pensando estrategicamente e aumentando suas chances de sucesso a curto e longo prazo.

Busto de Marcus Licinius Crassus, Museu do Louvre, Paris.

VI. Perguntas para meditar sobre a 1SE e trabalhar o autoconhecimento

Ao ajustar nossos objetivos aos nossos meios, garantimos a capacidade de nos concentrarmos em nossas forças e evitamos nos sobrecarregar. Seguindo a 1SE, não nos dispersamos tentando viver ou agir além de nossos meios.

Se observarmos a primeira parte do Princípio Estratégico Essencial, concentração em suas forças, entenderemos que para poder nos concentrar em nossa força, devemos ajustar nossos objetivos aos nossos meios.

Esteja ciente de que se sobrecarregar é, por definição, dispersão e, portanto, um erro estratégico.[22]

Observe a história e verá que em nenhum outro momento da humanidade fomos expostos a uma cultura que insistentemente nos incentiva a "pensar grande" e a "buscar o máximo", sem ter uma base sólida sobre a qual apoiar tal busca. Isso leva o indivíduo à constante insatisfação (um dos sinônimos de infelicidade) e à nossa civilização a uma de suas maiores contradições, a sobreutilização dos recursos planetários.

O único crescimento contínuo e sustentável é o de nossa consciência e compreensão da vida. O crescimento ilimitado no material é uma loucura que decorre da falta de lógica e da falta de capacidade de nossa civilização para aplicar a Primeira Sabedoria Estratégica (1SE).

Estratégia trata-se de saber como pensar corretamente, e o homem racional é o único ser capaz de estar satisfeito e sereno em seu caminho quando a cultura ao seu redor o incentiva a cometer erros estratégicos.

Em outros tempos, "ajuste seus objetivos aos seus meios" soava racional e óbvio aos ouvidos do indivíduo comum. Mas assim como o indivíduo médio da Antiguidade se esforçava para "ser melhor", hoje o homem médio do século XXI se esforça para ser "mais rico, mais poderoso e mais conhecido", assim como Marco Licínio Crasso.

Ajuste seus objetivos aos seus meios e você viverá em paz e de forma sustentável. Mas lembre-se de que omitir a Primeira Sabedoria Estratégica não significa apenas se sobrecarregar, significa também subestimar a si mesmo.

> *"A maior das sabedorias é obedecer ao plano*
> *infinito das coisas,*
> *às leis do universo."*
>
> - Manly P. Hall

---

[22] *A menos que a sobreextensão faça parte da Estratégia e de um esquema maior para buscar cumprir o PEE (Princípio Estratégico Essencial), por meio da "variação competitiva do Princípio Estratégico Essencial" mencionada em um quadro no final do Capítulo 12.*

> *"Conhecer os outros é inteligência; conhecer a si mesmo é verdadeira sabedoria. Controlar os outros é força; controlar a si mesmo é verdadeiro poder."*
>
> – Lao Tse

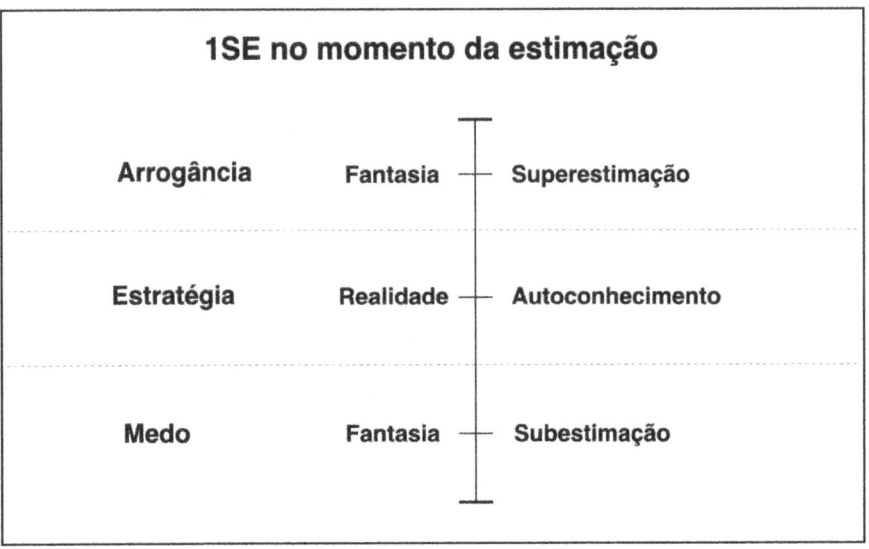

18 - A Segunda Sabedoria Estratégica

> *"Nenhum plano sobrevive ao contato com o inimigo."*
>
> - Helmuth von Moltke

I. Não esqueça o objetivo, mas adapte-se às circunstâncias

Agora que já conhecemos o Princípio Estratégico Essencial (PEE), a Grande Estratégia e a Primeira Sabedoria Estratégica (1SE), vamos nos aprofundar ainda mais no nosso iceberg metafórico e conhecer a Segunda Sabedoria Estratégica (2SE).

O aspecto de caráter dos Grandes Comandantes que se destaca com a Segunda Sabedoria Estratégica é a resiliência. Resiliência é a capacidade que um indivíduo (ou um grupo) possui de passar por circunstâncias difíceis e sair fortalecido. Onde muitos desistem, o indivíduo resiliente se adapta e continua em direção ao seu objetivo.

O axioma estratégico que diz "não esqueça o objetivo, mas adapte-se às circunstâncias" é uma maneira de descrever a resiliência e a flexibilidade que caracterizavam todos os homens escolhidos por Napoleão para fazer parte da Mesa dos Grandes Comandantes e todos os bons líderes e estrategistas.

A resiliência é fundamental na Estratégia, e é por isso que agora nos concentraremos em obter ferramentas que ajudarão a aumentar sua resiliência. Somente sendo resiliente uma pessoa pode seguir sua Grande Estratégia, independentemente das circunstâncias que surgirem em seu caminho. Para aumentar sua capacidade de rápida adaptação, será muito útil o conjunto de ferramentas mentais que veremos nos próximos capítulos.

II. O iceberg

Na ponta do nosso iceberg, exploramos o Princípio Estratégico Essencial (PEE), a essência de toda boa e verdadeira estratégia. Vimos que a essência está em "focar na força" e aplicar o resultado desse foco "sobre uma dispersão". Vimos que, portanto, o autoconhecimento é uma condição *sine qua non* do pensamento estratégico, assim como a capacidade de estar presente e observar onde surgirá uma dispersão (ou seja, uma oportunidade).

Já exploramos o primeiro nível subaquático do iceberg que usamos para representar o Segredo da Estratégia. Lá descobrimos a Primeira Sabedoria Estratégica (1SE) e observamos a importância da racionalidade que deve caracterizar o strategos para evitar se sobrecarregar ou se subestimar. Com os exemplos dos alpinistas Rambo e o Maratonista no Aconcágua, vimos que a mesma falta de autoconhecimento que causa uma sobrecarga e derrota também pode provocar uma subestimação e perda de oportunidades, resultando em frustração.

Agora, estamos entrando no segundo nível subaquático do nosso iceberg para observar a Segunda Sabedoria Estratégica (2SE), que diz "Não esqueça o objetivo, mas adapte-se às circunstâncias".

Este segundo axioma nos lembra que o strategos deve estar ciente de que a realidade não se submeterá aos seus planos e que na vida real sempre haverá a necessidade de fazer ajustes. Quanto mais clara e presente essa verdade estiver na mente do strategos, mais rapidamente ele poderá se recuperar diante de uma surpresa e reagir sem esquecer seu objetivo.

III. A realidade e a resiliência

Aquilo que torna difícil passar pelo processo de resiliência é a própria realidade. A inescapável realidade geralmente gera frustração, dor, preocupação e desesperança, principalmente naqueles indivíduos que precisam da ilusão de ter tudo sob controle para se sentirem seguros. Eles vão ao extremo de acreditar que podem prever o futuro e evitar desilusões através da análise de dados quase infinitos e da imaginação de inúmeros cenários. Essas práticas podem ajudar a compreender tendências, mas não são infalíveis nem preveem o futuro.

Se estivéssemos falando de aplicar Estratégia em um tabuleiro de xadrez talvez isso funcionasse[23], mas na vida real as variáveis são muito mais numerosas do que aquelas que podemos controlar, e a realidade nos mostra que muitas vezes o strategos não terá todas as informações necessárias e não terá todo o tempo necessário.

A realidade, com suas circunstâncias mutáveis e imprevisíveis, deixará muitos para trás. Essas mesmas circunstâncias farão com que outros se adaptem, mas no processo de adaptação eles esquecerão seu objetivo e acabarão se desviando do caminho.

Isso não deve acontecer com o strategos, pois a arte da Estratégia deve ser praticada na realidade, com suas circunstâncias em constante mudança. O strategos, portanto, não se limita a documentos, mapas, tabuleiros

---

[23] *Foi assim que o computador Deep Blue conseguiu derrotar o campeão humano Gary Kasparov.*

e cálculos. Embora esses sejam úteis, ser resiliente e flexível depende do caráter que o strategos tenha desenvolvido e da maneira como ele observa e interpreta a vida.

Observe: não estamos dizendo que o planejamento e as projeções de cenários não são importantes e que não devem ser feitos. Dizer que o planejamento não é importante seria tolice, uma afirmação totalmente contrária ao conhecimento de Estratégia. Sun Tzu diz que o strategos vencedor faz muitos cálculos antes de enfrentar o desafio, primeiro vence e depois luta. Por outro lado, o improvisado enfrenta o desafio sem fazer cálculos e, uma vez lá, tenta encontrar uma maneira de vencer. Os cálculos e análises são obviamente muito importantes na Estratégia, mas com a Segunda Sabedoria Estratégica devemos perceber que a ilusão de poder controlar o futuro causa uma "miopia estratégica" e isso pode enfraquecer a resiliência e a criatividade que o indivíduo precisará para enfrentar a realidade como ela é. Em outras palavras, na Estratégia, a resiliência, a flexibilidade e a criatividade são traços fundamentais do caráter do strategos, pois sem eles a pessoa acabará frustrada ou presa em seu plano original, sem se adaptar às circunstâncias e sem alcançar o objetivo no longo prazo.

A história nos prova que a arte de prever o futuro e tentar controlar as variáveis não fazem parte das fortalezas humanas, enquanto a resiliência é uma característica humana e uma fortaleza. Portanto, o strategos sempre se concentrará na força.

Como mencionamos antes, a Estratégia trata de saber manejar as velas do navio de acordo com as circunstâncias naturais que o mar, as correntes e o vento apresentam; não se trata de acreditar que podemos manipular o oceano para que ele se adeque à nossa posição inicial.[24] Planeje, mas esteja preparado para se adaptar às circunstâncias.[25] A realidade na qual a Estratégia deve funcionar é aquela que foi resumida pelo campeão peso-pesado Mike Tyson quando perguntado sobre os planos que seu adversário dizia ter para derrotá-lo. Sua resposta foi: "Todos têm um plano até receberem o primeiro soco no rosto".

---

[24] *Nesse sentido, o strategos deve observar e estudar também seus instintos e emoções (autoconhecimento), pois esses afetam sua mente e suas decisões, assim como o vento afeta as ondas.*

[25] *Embora o exercício de cenários, projeções e soluções seja parte da Estratégia, o strategos não deve esquecer que a essência de tudo está em buscar cumprir o Princípio Estratégico Essencial (PEE) e, para isso, deixar-se guiar no processo pelas Cinco Sabedorias Estratégicas (CSE).*

Essa mesma realidade foi explicada pelo Marechal-de-Campo Helmuth von Moltke, um dos grandes estrategistas militares do século XIX, quando ele dizia que "nenhum plano sobrevive ao contato com o inimigo". Embora Helmuth von Moltke enfatizasse a importância de considerar diferentes cenários, ele estava muito ciente das limitações intrínsecas de qualquer plano e da importância da resiliência, flexibilidade e criatividade na Estratégia, uma vez que os trabalhos de análise e planejamento tenham sido realizados.

Uma anedota conta que pouco antes da guerra contra a Áustria, em junho de 1866, Von Moltke desenvolveu uma atividade febril planejando e supervisionando todos os detalhes e diferentes cenários. No dia do início da operação, seu ajudante o encontrou lendo um romance tranquilamente; ao ver sua surpresa, Von Moltke o olhou e disse: "Tudo o que podia ser feito já foi feito. Agora só resta esperar".

Como os cálculos têm suas limitações intrínsecas, no caminho haverá circunstâncias que nos surpreenderão, mesmo que tenhamos considerado diversos cenários e elaborado planos A, B e C. Se o strategos acredita que seu plano original ou seus cenários são infalíveis, então seu ego o comprometerá e terá menos flexibilidade para ser criativo e resiliente quando a realidade lhe der o proverbial "soco no rosto" mencionado por Mike Tyson.

Portanto, os grandes estrategistas planejam cuidadosamente suas ações, pois o foco está sempre em encontrar a maneira de cumprir o Princípio Estratégico Essencial. No entanto, eles não cometem o erro de nunca parar de analisar números, informações e cenários. Porque, se não houver clareza estratégica, mesmo muitos cálculos acabarão gerando insegurança.

A proverbial resiliência de Alexandre o Grande, não apenas abria as portas das cidades que preferiam se render sem lutar, mas também gerava várias lendas e fascinação ao longo dos milênios. Sua capacidade de "não esquecer o objetivo" e se adaptar às circunstâncias chegava ao ponto de desesperar seus inimigos e até mesmo, no final de sua expedição, seus próprios exércitos.

IV. Alexandre e a Segunda Sabedoria Estratégica

Encontramos um verdadeiro manifesto de resiliência e capacidade de "não esquecer o objetivo" em dois discursos famosos de Alexandre a seus exércitos. O primeiro ocorreu quando seus soldados se recusaram a ir além dos limites do mundo conhecido, após dez anos ininterruptos de conquistas, e o segundo quando já estavam de volta a Babilônia.

Transcrevo abaixo trechos de ambos os discursos, sem pretender colocar Alexandre como um exemplo prático, pois todos aqueles que tentaram imitá-

-lo foram justamente acusados de megalomania.[26] No entanto, é útil observar em suas palavras a resiliência que caracteriza um grande estrategista e notar como ter um objetivo transcendental, uma Grande Estratégia, pode levar qualquer indivíduo a ser naturalmente mais resiliente do que aqueles que têm apenas objetivos insignificantes e transitórios.

Macedônios e aliados gregos: ao ver que já não me seguem em empreendimentos arriscados com a mesma determinação que antes os animava, reuni todos vocês em um mesmo lugar para ver se posso persuadi-los a continuar comigo ou se vocês me persuadem a retornar. Se de fato as dificuldades pelas quais vocês passaram até chegar à nossa posição atual lhes parecem repreensíveis e se vocês não aprovam minha liderança, não faz sentido algum eu continuar falando. Mas considerem que como resultado dessas dificuldades vocês são donos da Jônia, do Helesponto, das duas Frígias, Capadócia, Paflagônia, Lídia, Cária, Lícia, Panfília, Fenícia, Egito junto com a Líbia helênica, bem como parte da Arábia, da Cilícia, da Síria entre os rios, da Babilônia, da nação dos susianos, da Pérsia, da Média, além de todas as nações que os persas e medos governavam e muitas outras que não governavam. A terra além das Portas Caspianas, o país além do Cáucaso, o rio Tanais, bem como a terra além desse rio, Báctria, Hircânia e o mar Hircano. E também subjugamos os citas, inclusive os das terras desertas; e, além disso, o rio Indo atravessa um território que nos pertence, assim como os rios Hidaspes, Acesines e Hidroates.

Então, o que reservei para mim depois de todo esse trabalho, além desta capa púrpura e desta diadema? Não me apropriei de nada para mim mesmo, nem alguém pode apontar quais tesouros possuo, exceto suas posses ou as coisas que guardo em seu nome. Mas, pessoalmente, não tenho motivo para guardá-los para mim, pois me alimento da mesma comida que vocês consomem e durmo a mesma quantidade de horas que vocês. Não, não acredito que minha comida seja tão boa quanto a daqueles de vocês que vivem luxuosamente, e, além disso, frequentemente passo as noites velando por vocês para que possam dormir em paz.

---

[26] *Este mesmo discurso também poderia ser uma evidência da hipótese de que Alexandre estava finalmente caindo no erro estratégico de superestimar a si mesmo e subestimar o desafio que tinha pela frente (1SE). No entanto, isso nunca será sabido, pois suas tropas se recusaram a continuar mesmo após o discurso apaixonado de seu comandante.*

Quem entre vocês pode se orgulhar de ter feito um esforço maior por mim do que eu por ele? Que se adiante! Aqueles de vocês que têm feridas, mostrem-nas, e eu mostrarei as minhas, pois não há parte do meu corpo, pelo menos da parte da frente, que não esteja marcada por feridas, nem há tipo de arma usada para combate corpo a corpo ou para lançar contra o inimigo cujas marcas eu não carregue em minha pessoa. Pois fui ferido por espadas em combate homem a homem, fui alvejado por flechas e atingido por projéteis lançados por máquinas de guerra. E, embora muitas vezes tenha sido atingido por pedras e pedaços de madeira por sua vida, sua glória e sua riqueza, ainda assim estou liderando vocês como conquistadores por toda a terra e mar, por todos os rios, montanhas e planícies.

Eu, por minha vez, acredito que para um homem corajoso, os trabalhos e esforços não têm limites; não há outro fim para ele além do próprio trabalho, desde que conduza a resultados gloriosos... Ó macedônios e aliados gregos, mantenham-se firmes! São gloriosos os feitos daqueles que realizam uma grande tarefa e correm um grande risco, e é muito agradável viver uma vida corajosa e morrer deixando para trás a glória imperecível. Ou vocês não sabem que nosso ancestral[27] alcançou altas cotas de glória, passando de um simples mortal para tornar-se um deus, como parece ser, porque não permaneceu em Tirinto ou Argos, ou mesmo no Peloponeso ou Tebas?... Vocês, no entanto, penetraram nas regiões além de Nisa, e aquela Rocha de Aornos que Héracles não conseguiu capturar está em seu poder. Que feitos memoráveis e gloriosos poderíamos ter realizado se tivéssemos ficado sentados em Macedônia, desfrutando de conforto?[28]

Uma Grande Estratégia gera maior resiliência. Parte da Grande Estratégia de Alexandre, a julgar por suas próprias palavras, era aquela do herói homérico. O objetivo mais fundamental do herói homérico era tornar-se digno de entrar na eternidade por meio de uma vida conduzida com tanta bravura e excelência que, no momento em que o pano caía e sua vida terminava, era considerado pelos deuses digno de habitar o Olimpo. Isso pode soar estranho aos nossos ouvidos modernos, assim como já havia soado estranho aos romanos, que eram mais práticos e menos místicos do que os gregos, mas para entender a resiliência de Alexandre é necessário pensar como ele pensava.

A Grande Estratégia de Alexandre não era conquistar o mundo como se isso fosse um fim valioso em si mesmo. Sua Grande Estratégia era tornar-se

---

27 *Heracles (Hércules).*
28 *Arriano, Anábasis de Alexandre o Grande, capítulo XXV.*

maior do que Hércules e Aquiles. Transcender como o maior dos heróis gregos era o objetivo lógico de um homem que dormia com a Ilíada de Homero debaixo do travesseiro, era descendente desses dois heróis gregos, tinha sido educado pela mente mais brilhante do mundo antigo, tinha ouvido os oráculos e acreditado que era invencível.[29] Esse objetivo de transcender como herói é reconhecido direta ou indiretamente por seus biógrafos antigos e modernos, especialmente após sua visita ao Oráculo de Siwa, no Egito.

Uma das explicações para a enorme resiliência de Alexandre é encontrada no fato de que ele havia estabelecido um objetivo transcendental e na coragem de buscá-lo até os últimos dias de sua vida. Ao observar outros personagens históricos que também conquistaram grandes extensões de terra, mas não foram objeto de tanta fascinação, percebemos que o que diferenciou Alexandre e levou alguns de seus contemporâneos a duvidarem sinceramente de que ele poderia ser realmente um "filho de Deus", foi esse espírito resiliente e o entusiasmo que o possuía.[30]

Os Grandes Comandantes reunidos na Mesa de Napoleão eram, antes de tudo, resilientes. Júlio César era resiliente. Aníbal Barca era resiliente, a ponto de atravessar os Alpes em situações impensáveis e, depois de superar o frio, as montanhas, os elementos e a morte de um terço de seus exércitos, descer dos Alpes e ainda cruzar os pântanos do rio Arno, onde ficou cego de um olho. Assim como Alexandre e Júlio César, Aníbal resistia a todos os tipos de clima, todas as circunstâncias e desconfortos, conforme admitiam seus próprios inimigos romanos.[31]

V. "Ser como a água" uma analogia para a Segunda Sabedoria Estratégica

Enquanto o strategos estiver consciente da Segunda Sabedoria Estratégica (Não esqueça seu objetivo, mas adapte-se às circunstâncias), será mais fácil para ele aceitar a realidade rapidamente quando esta contrariar seus planos iniciais. Em contraste, a certeza que surge da arrogância colocará o indivíduo em posição de ser surpreendido duplamente e a adaptação levará mais tempo.[32] Quando surpreendido, o strategos deve reconhecer a situação, aceitá-la e recuperar o foco rapidamente.

O strategos deve internalizar a verdade de que a atitude que adota diante das circunstâncias e dos obstáculos depende dele mesmo e não

---

[29] *Acabou sendo verdade, pois Alexandre foi o único grande comandante na história que nunca foi derrotado.*
[30] *Arriano, Op.cit.*
[31] *Tácito.*
[32] *Um bom strategos sabe que imprevistos podem ocorrer. O strategos arrogante fica surpreso ao ser pego de surpresa.*

do externo. Uma metáfora muito eloquente para entender como aplicar a Segunda Sabedoria Estratégica está contida no conselho de um dos maiores mestres das artes marciais, Bruce Lee, quando nos aconselha a "ser como a água".[33]

Ser como a água significa cumprir a Segunda Sabedoria Estratégica, pois a água flui pelo terreno na forma de rio, adaptando-se a cada situação, a cada obstáculo, sem esquecer que seu objetivo é eventualmente chegar ao mar. Cada molécula de água acabará no mar mais cedo ou mais tarde, mas durante toda a jornada, a água se adaptará às circunstâncias do terreno a cada momento e sem demora. Se o terreno exigir que ela faça uma grande curva ou uma pequena desvio, a água fará ambos sem demora. Nas palavras de Bruce Lee, "se você colocar a água em um copo, ela se torna o copo. Se você colocá-la em uma chaleira, ela se torna a chaleira; se você a colocar em uma garrafa, ela se torna a garrafa". Além de se adaptar às circunstâncias, a água nunca "esquece seu objetivo" e não perde sua essência. Mesmo que a coloquem em um lago, ela se adaptará e depois buscará seu objetivo final através da evaporação. Ela se adapta sempre, mas nunca perde sua essência de ser H2O. O strategos deve ser flexível, mas nunca perder sua essência, nunca perder seus princípios.

Aqueles que não possuem naturalmente uma predisposição para se adaptar e perceber que a realidade não pode ser subjugada aos seus planos e que, obstinadamente, seguem suas projeções iniciais, apesar das novas e imprevistas circunstâncias, acabam sendo derrotados e paralisados.

A adaptabilidade e a pureza da água são uma analogia muito apropriada, pois nos lembra que o strategos estará pensando corretamente quando, e somente quando, conseguir pensar de acordo com a Natureza.

> *"O homem, sendo servo e intérprete da Natureza, só pode fazer e entender até o ponto em que conseguiu observar, na prática ou no pensamento, o curso da Natureza; além disso, ele não pode saber nada nem fazer nada... A Natureza, para ser comandada, deve ser primeiramente obedecida."*
>
> *- Francis Bacon*

---

[33] *Esse conceito da água como metáfora de adaptação foi expresso primeiramente pelo próprio Sun Tzu (Capítulo VI).*

VI. O caso de James B. Stockdale

> *"Nunca perdi a fé no desfecho da história, nunca duvidei apenas que sairia, mas também que no final prevaleceria e transformaria a experiência no evento definidor da minha vida, e que, olhando para trás, não a trocaria por nada."*
>
> - JAMES B. STOCKDALE

> *"Você precisa acreditar em si mesmo."*
>
> - SUN TZU

> *"Pobre é o homem que esqueceu das dificuldades, pois não terá a oportunidade de se provar."*
>
> -SÊNECA

O strategos deve adaptar-se às circunstâncias sem esquecer seu objetivo, mas como fazê-lo? Como devemos pensar para ser flexíveis e resilientes?

O exemplo de um homem chamado James Stockdale, que veremos agora, nos ajudará a extrair as ferramentas mentais que nos darão o caminho para aplicar a Segunda Sabedoria Estratégica a todo momento e com fluidez. Essas ferramentas imediatamente aumentarão sua capacidade de resiliência.

James Stockdale foi o prisioneiro de guerra americano de maior patente na história das guerras de seu país. Devido às situações extremas às quais teve que se adaptar e considerando sua explicação de como conseguiu superar circunstâncias tão difíceis, esse piloto é uma fonte de inspiração que pode nos ajudar a enfrentar qualquer circunstância enquanto caminhamos em direção ao nosso objetivo final ou Grande Estratégia.

Além de ter sido o prisioneiro de guerra de maior patente capturado, James Stockdale foi o homem que, de fato, disparou os primeiros tiros, ou mais precisamente lançou as primeiras bombas, na guerra do Vietnã.

A guerra entre os Estados Unidos e as forças do Frente Nacional de Libertação do Vietnã, também conhecido como Viet Cong, começou em

1964, após dois incidentes no Golfo de Tonkin. O primeiro foi real, o segundo foi fabricado para criar o *casus belli* desejado pelo governo americano.

O primeiro incidente ocorreu em 2 de agosto, quando o destróier USS Maddox patrulhava a área do Golfo de Tonkin e foi confrontado por três pequenos torpedeiros da Marinha do Norte do Vietnã. Nessa ocasião, os americanos dispararam mais de duzentos e oitenta projéteis, enquanto os vietnamitas lançaram seis torpedos, todos falhando. O evento terminou sem grandes danos, e os navios asiáticos se retiraram e desapareceram. No entanto, o presidente dos Estados Unidos, Lyndon Johnson, estava convencido de que uma guerra era necessária para impedir que a influência comunista crescesse na Ásia[34] e, portanto, procurou uma causa bélica para iniciar a guerra contra os comunistas de Ho Chi Minh. Duas noites depois, em 4 de agosto de 1964, os americanos relataram falsamente um novo ataque no Golfo de Tonkin, e em 5 de agosto, o presidente Johnson ordenou o início de bombardeios em alvos militares do Norte do Vietnã como retaliação pelo suposto segundo incidente.

Naquela mesma madrugada, o piloto da Marinha Americana James B. Stockdale foi acordado e recebeu a missão de liderar o primeiro ataque que lançou as primeiras bombas sobre os territórios do Viet Cong, iniciando assim a guerra do Vietnã. Talvez tenha sido o karma de ter iniciado a guerra, ou talvez não, mas um ano depois, em 9 de setembro de 1965, Stockdale foi convocado para liderar uma nova missão. Dessa vez, ele decolou do USS Oriskany em um avião A-4 Skyhawk e não tinha ideia de que suas circunstâncias mudariam drasticamente e sua vida nunca mais seria a mesma.

Naquele dia, enquanto sobrevoava território inimigo, seu avião foi atingido por um projétil e ficou inoperante. Enquanto a cabine pegava fogo e com o barulho ensurdecedor do avião em queda, Stockdale ejetou o assento de seu A-4 Skyhawk. Ao ser violentamente expulso da cabine, tudo ao seu redor girou até que seu paraquedas se abriu e Stockdale pôde focar sua visão. Ele viu que cairia no centro de uma aldeia e que dezenas de pessoas corriam excitadas para recebê-lo. Lá embaixo, homens gritavam, pulavam e atiravam, tentando alcançar Stockdale. Certamente, não faziam parte de um comitê de boas-vindas. Eram os inimigos que lhe dariam um castigo severo, quebrariam seus ossos e o teriam como prisioneiro sob torturas nos próximos anos.

Enquanto ainda estava em seu paraquedas, Stockdale, ao ver esses homens agitados, tornou-se consciente de que estava vivendo seus últimos momentos de liberdade. Ele estava prestes a deixar seu mundo, sobre o qual acreditava ter certo controle, para entrar de forma surpreendente e involuntária em outro mundo onde seria testado como nunca antes. Em poucos

---

[34] *Teoria do Efeito Dominó*

segundos, ele estaria entrando em uma realidade onde não controlava nada. Nada, exceto seus pensamentos e sua atitude.

Antes de tocar o solo, Stockdale disse a si mesmo que deveria se preparar para passar cinco anos como prisioneiro. Mas não foram cinco, foram sete longos e terríveis anos, nos quais ele teve que enfrentar torturas, prisão solitária e condições que teriam destruído qualquer outro homem que não possuísse essas ferramentas mentais muito específicas que veremos a seguir e que ajudarão você a enfrentar qualquer circunstância que surja em sua vida.

Vale ressaltar que Stockdale não passou todos os sete anos de seu pesadelo com os outros cativos que foram chegando à medida que a guerra avançava. Poucos anos após sua captura, ele foi identificado como o líder dos prisioneiros e foi colocado em confinamento solitário. Durante quatro anos, ele ficou preso em uma instalação apelidada de Alcatraz, nos fundos do Ministério da Defesa Nacional do Vietnã do Norte. Ele foi acorrentado em uma cela individual de concreto, sem janelas, com 1 metro por 2,7 metros, iluminada por uma lâmpada elétrica 24 horas por dia. Imagine ficar acorrentado, torturado, sem contato com outros seres humanos[35] e sem saber se era dia ou noite, por quatro anos!

Não é minha intenção descrever aqui as sessões de tortura que Stockdale sofreu (mais de uma dúzia) e nem seus detalhes cruéis. Acredito que seja suficiente mencionar que a maioria dos prisioneiros morreu devido aos maus-tratos e à depressão.

Mas Stockdale conseguiu superar tudo isso, primeiramente porque tinha um objetivo transcendental, um propósito, uma Grande Estratégia, e recorreu às ferramentas que compartilharei com você nas próximas páginas. O conjunto de ferramentas mentais que salvou Stockdale servirá para você se adaptar a qualquer circunstância sem esquecer seu objetivo.[36]

VII. Primeiro Passo: Ter um objetivo transcendental - Summum Bonum

Como vimos brevemente no caso de Alexandre, um objetivo transcendental gera maior capacidade de resiliência no indivíduo. No caso de Alexandre, seu objetivo pessoal final era viver e morrer como um herói homérico; no caso de Stockdale, seu objetivo transcendental se tornou mais claro em sua mente a partir de 1959, quando ele estava estudando filosofia na Universidade de Stanford. Seu professor

---

[35] *Além de seus torturadores.*
[36] *Para poder expandir seu conhecimento sobre "como se pensa" a Estratégia, lembre-se de que a Segunda Sabedoria Estratégica (2SE) está intimamente ligada à Primeira Sabedoria Estratégica (1SE), uma vez que o primeiro passo da Segunda Sabedoria Estratégica é não esquecer o objetivo estabelecido anteriormente com a Primeira Sabedoria Estratégica.*

havia lhe presenteado um livro cujo ensinamento o ajudaria a compreender o objetivo transcendental do ser humano e forneceria as ferramentas mentais que acabariam salvando sua vida durante sua longa e angustiante estadia nas prisões inimigas. Esse livro chamava-se "Enquiridión"[37] ou simplesmente "Manual", e continha os ensinamentos de um escravo grego que havia vivido mais de dois mil anos atrás. A esse escravo chamavam de Epicteto.

Os ensinamentos de Epicteto e um trecho do livro do Gênesis inspiraram James Stockdale a ter um objetivo transcendental. Ele reconheceu e aceitou o papel de ser o "guardião de seus irmãos". O piloto americano encontrou esse objetivo transcendental de ser o "guardião de seus irmãos" quando anos antes havia lido um trecho do livro do Gênesis. Stockdale ficou impactado com a resposta que Caim, filho de Adão, deu quando questionado sobre seu irmão Abel, a quem havia matado.[38] Quando o fratricida Caim é interrogado sobre o paradeiro de seu irmão, ele nega tê-lo visto, pois, em última análise, ele, Caim, segundo suas próprias palavras, não era o "guardião de seu irmão".[39] Isso tocou James Stockdale, e naquele momento ele decidiu que tomaria o caminho oposto. Ele sempre seria o "guardião de seus irmãos". Assim, quando os prisioneiros de guerra foram chegando à prisão, Stockdale naturalmente assumiu o papel de servir e ajudar a todos os seus companheiros. Essa convicção de que o objetivo de sua vida era ser o "guardião de seus irmãos" o ajudou a deixar de lado todo o egocentrismo, todo sentimento de vitimização, toda perda de tempo com perguntas sem respostas e permitiu que ele se concentrasse em sua função de ser o "guardião de seus irmãos" para transcender por meio de suas terríveis circunstâncias. Com isso em mente, Stockdale entendeu que, em vez de ser vítima, tinha a opção de reinterpretar a situação como sendo a grande oportunidade que definiria sua identidade e seu legado.

Posteriormente, graças aos ensinamentos do Manual de Epicteto, ele entendeu que o indivíduo que consegue integrar e assumir com convicção a responsabilidade de sempre buscar seu objetivo transcendental[40] estabelece para

---

[37]   *Um texto clássico do Estoicismo.*

[38]   *Gênesis 4.*

[39]   *Quando, na história do livro de Gênesis, Caim mata seu irmão Abel e posteriormente Deus lhe pergunta sobre o paradeiro de Abel: "Caim, onde está teu irmão?". O "assassino de seu irmão" se desculpa de toda responsabilidade e responde: "Acaso sou eu o cuidador de meu irmão?". Quando James Stockdale responde às suas circunstâncias "eu sou o cuidador de meu irmão", ele assume um papel filosófico oposto ao de Caim, o que o ajudará a evitar qualquer tipo de vitimização.*

[40]   *O "Bem Supremo" ou "Summum Bonum" na linguagem estoica refere-se ao objetivo último e mais elevado que os estoicos consideravam que deveríamos buscar em nossas vidas. De acordo com a filosofia estoica, o Bem Supremo não está nas coisas externas ou materiais, mas sim no cultivo da virtude e no desenvolvimento de nosso caráter moral.*

si um objetivo tão aspiracional e tão desprovido de ego que naturalmente se torna mais resiliente aos golpes que a vida lhe impõe. Epicteto ensinava o estoicismo, e o filósofo alemão Friedrich Nietzsche, em sua própria modalidade de estoicismo, afirmava que "quem tem um porquê para viver, encontrará quase sempre o como".

Observe que a importância de encontrar o sentido e a função transcendental de nossa vida e estabelecer como objetivo cumpri-la é a base de toda Grande Estratégia. A importância dessa convicção não pode ser subestimada quando se trata de superar circunstâncias muito difíceis e adaptar-se às circunstâncias sem esquecer nosso objetivo.

Em 1993, duas décadas após sua libertação, o almirante da marinha dos Estados Unidos, James B. Stockdale, compartilhou sua história, seu objetivo transcendental e as ferramentas estoicas que o salvaram de enlouquecer e morrer com a plateia do King's College, em Londres.

Nos próximos dois capítulos, compartilharei com você as principais ferramentas estoicas que Stockdale utilizou para não perder de vista seu objetivo transcendental e superar todas as circunstâncias. Mas antes, perguntemo-nos a nós mesmos: Tenho um objetivo transcendental na vida? Qual é?

Fotografia do Capitão James Stockdale após ser libertado como prisioneiro de guerra, em fevereiro de 1973. Arquivos Nacionais e Administração de Registros dos Estados Unidos.

19 - *Ferramentas estoicas para cumprir a Segunda Sabedoria Estratégica*

Estas ferramentas mentais ajudarão você a se adaptar a qualquer circunstância da vida, a desenvolver sua resiliência e a não esquecer seu objetivo. Em outras palavras, elas ajudarão você a cumprir a Segunda Sabedoria Estratégica (2SE).

Lembre-se de que todas as Sabedorias Estratégicas, os axiomas que regiam o pensamento de Alexandre e dos Grandes Comandantes, podem ser aplicados tanto em nível tático (ações imediatas) quanto em nível estratégico (longo prazo) e no nível de Grande Estratégia (a própria vida).

Essas ferramentas que veremos tiveram sua origem na antiga Grécia e foram aprimoradas por meio dos ensinamentos de Zenão de Cítio, embora com elementos de filósofos anteriores, como Sócrates, Platão e o próprio Aristóteles, que ensinou a Alexandre na Escola Real de Pajens da Macedônia.[41]

Para incorporá-las à sua tomada de decisões e à sua forma de pensar, você deverá meditar sobre elas e entender a racionalidade por trás de cada uma. No entanto, lembre-se de que a sabedoria não está em conhecê-las, mas em aplicá-las.

I. Ferramenta nº 1: Concentre-se apenas no que você pode controlar

> *"O general vitorioso é aquele que sabe quando lutar e quando não lutar."*
>
> - Sun Tzu

Nos últimos segundos antes de cair nas mãos de seus inimigos, Stockdale disse a si mesmo que estava saindo de seu mundo e literalmente entrando no "mundo de Epicteto". No mundo de Epicteto, ele teria a oportunidade de se testar, e a ferramenta mais básica era saber discernir entre as coisas que ele podia controlar e as que não podia.

Ao usar a razão, veremos que as coisas que não podemos controlar são aquelas que estão além de nossas mentes. A única coisa sobre a qual real-

---

[41] Levando em consideração as evidências históricas e o caráter de Alexandre, é evidente que alguma versão dessas ferramentas foi ensinada na Escola Real de Pajes. Não é coincidência que praticamente todos os companheiros e sucessores de Alexandre, assim como os Grandes Comandantes que o emulavam, praticavam essa forma de pensar.

mente temos controle são nossos pensamentos e a maneira como decidimos interpretar as circunstâncias em que nos encontramos. Portanto, as únicas coisas que realmente controlamos incluem nossas opiniões, nossos julgamentos, nossos desejos, nossa atitude, nossos atos internos e externos. Essas coisas dependem de nós e é nelas que devemos focar.

As coisas que não dependem de nós são muito mais extensas e englobam praticamente todas as circunstâncias da vida. Não é racional perder tempo pensando nessas coisas que não controlamos.

Portanto, quando a Segunda Sabedoria Estratégica diz "adapte-se às circunstâncias", ela está simplesmente nos dizendo para parar de fantasiar e sermos racionais. Consequentemente, o foco do strategos está em se adaptar rapidamente e não em tentar negar a realidade.

O primeiro passo para se adaptar rapidamente é aceitar que não devemos perder tempo tentando controlar o incontrolável. Isso é muito difícil para muitas pessoas, pois elas não se conformam quando surgem imprevistos, tentam corrigir as circunstâncias para que elas se ajustem aos seus planos em vez de ajustar seus planos às circunstâncias e continuar em direção ao seu objetivo.

No entanto, o strategos não perde tempo com o que não pode controlar e se adapta sem demora. Esse processo de adaptação rápida exigirá desvios, mas as idas e vindas das circunstâncias não impedirão o strategos de manter em mente seu objetivo transcendental.

Ao enfrentar as circunstâncias, a primeira batalha ocorre sempre na mente. Portanto, para ser vitorioso, você deve primeiro ser invencível em seus pensamentos e, para isso, deve evitar pensar no que não pode controlar.

Agora, para entender isso, concentre-se primeiramente em seus próprios pensamentos e reconheça que existem coisas que você pode pensar porque são racionais e coisas que você não deve pensar porque são simplesmente irracionais. O strategos deve ser pragmático, racional e não perder tempo procurando respostas que não virão.

Se James Stockdale tivesse pensado em poder controlar algo além de sua mente, ele teria encontrado apenas obstáculos; ele teria se sentido tão perturbado e desesperado que não restaria nada além de um colapso. Em vez disso, ele havia compreendido que a única coisa racional era focar em sua atitude, em sua interpretação da situação e lembrar que seu objetivo transcendental era simplesmente ser o "cuidador de seus irmãos".

Aquele que não consegue discernir entre as coisas que pode controlar e aquelas que não pode ficará preso nas circunstâncias. Ele se desgastará tentando controlar o que não está sob seu controle e acabará ansioso, estressado, frustrado e derrotado.

Portanto, a primeira ferramenta é discernir e dividir todas as coisas em dois: aquelas que você pode controlar e aquelas que não pode. Então, você pode se concentrar apenas naquelas que pode controlar, ou seja, apenas em seus pensamentos.

> *"Senhor, concede-me serenidade para aceitar*
> *tudo o que não posso mudar,*
> *coragem para mudar o que sou capaz de*
> *mudar*
> *e sabedoria para entender a diferença."*
>
> Oração da Serenidade, atribuída a Reinhold Niebuhr

II. Ferramenta nº 2: O Teatro da Vida

O Teatro da Vida é a segunda ferramenta e complementa a primeira.

Epicteto nos diz que devemos ver a vida como uma grande peça teatral. O trabalho do ator não é escolher seu roteiro ou o papel que terá na peça. Essas não são coisas sob o controle do ator. Também não cabe ao ator escolher quando entrará e sairá do palco. No entanto, devemos reconhecer que existe um "Diretor" encarregado de nos atribuir nossos papéis na grande peça e que a função do ser humano, neste Teatro da Vida, é assumir seu papel de artista. A única coisa sob o controle do artista é seu desempenho na peça, seja qual for o roteiro ou papel atribuído.

Se você tem dificuldade em acreditar nisso, considere que não foi você quem decidiu onde e quando nascer. Também não foi você quem escolheu em qual família nascer ou que tipo de experiências teria. E se formos humildes, veremos que praticamente tudo o que somos e tudo o que realizamos é resultado de uma série de eventos sobre os quais não temos controle. Gostamos de pensar que é mérito ou esforço próprio que nos trouxe o que possuímos, porque isso aumenta nossa ilusão de controle, mas se observarmos atentamente, veremos que não foi assim.

O trabalho do ser, ou seja, do ator por trás da máscara, consiste em se desempenhar como um grande ator, independentemente do papel que a vida nos atribui. Epicteto afirma que o trabalho é fazer o melhor possível, esforçar-se em nosso papel e desempenhá-lo com boa atitude, tendo em mente que a vida é apenas uma grande peça teatral.

Se na peça você foi designado para ser presidente, seja um bom presidente. Se você foi designado para ser músico, seja um bom músico. Se você é um atleta, seja um bom atleta. Se você é um líder de prisioneiros na guerra do

Vietnã, seja um bom líder de prisioneiros. Não importa se você foi designado para ser escravo ou prisioneiro de guerra, ou se você tem o cargo mais humilde em uma organização ou se é o CEO. Tudo isso é irrelevante, porque o que realmente importa é que você se desempenhe da melhor maneira possível, pois estará fazendo isso como o grande artista que é, para satisfazer o Diretor do Teatro da Vida.

Uma das linhas do Enchiridion que Stockdale deve ter lembrado centenas de vezes na prisão diz: "Lembre-se de que você não é aqui senão o ator de um drama, que será curto ou longo segundo a vontade do poeta".

O Teatro da Vida é uma poderosa maneira de se ver a si mesmo e ao mundo ao seu redor. Se você o incorporar em sua vida, poderá alcançar a tranquilidade e a paz que caracterizam aqueles que se concentram em seus valores internos, e não nas circunstâncias externas. Você alcançará a liberdade daqueles que se concentram em sua atitude para desempenhar bem o seu trabalho, e não no papel atribuído pelo destino.

> Não se esqueça de que você é um ator em uma peça, curta ou longa, cujo autor lhe confiou um papel específico. E seja este papel o de mendigo, príncipe, coxo ou simples particular, procure realizá-lo da melhor maneira possível. Porque, certamente, não depende de você escolher o papel que irá representar, mas sim representá-lo devidamente...

Mas se a pessoa se rebela contra o papel que lhe foi atribuído pelo destino e ambiciona cada vez mais, em vez de se interessar por seu desempenho, então Epicteto tem a resposta para essa pessoa, e ela vem com nuances da Primeira Sabedoria Estratégica:

> "Se você tentar desempenhar um papel além de suas forças, não só o desempenhará mal, mas deixará de representar aquele que teria desempenhado bem".

A ferramenta do Teatro da Vida leva você a responder a perguntas como estas:
- Quais são os seus valores?
- Você está vivendo de acordo com seus valores ou comprometendo sua alma por causa das circunstâncias externas?
- Você está atuando para o Diretor da peça e de acordo com o plano dele?
- Para quem você está atuando?

III. A glória não tem preço

Buscar a excelência em seu papel, seja qual for, é um traço de caráter necessário para superar as circunstâncias difíceis da vida e manter os olhos no objetivo final que você estabeleceu para si mesmo.

Uma antiga anedota ilustrará essa ferramenta mental chamada Teatro da Vida e a importância de desempenhar seu papel, sua função, de maneira excelente e sem nunca perder sua essência ou se distrair com coisas que não fazem parte do seu objetivo transcendental.

A antiga luta grega, chamada pugilato pelos romanos, é um esporte que remonta pelo menos ao século VIII a.C. (época homérica) e foi uma parte significativa da antiga cultura atlética grega durante o primeiro período clássico. Ser campeão de boxe nos Jogos Olímpicos concedia enorme prestígio aos atletas e, como ocorre até hoje, também atraía apostadores.

Entre os antigos gregos, os espartanos eram considerados os mais nobres e íntegros em relação aos seus princípios de vida, e isso ficou evidente em uma final de boxe em uma das edições dos antigos Jogos Olímpicos. Naquele ano em particular, a cidade de Corinto tinha um grande campeão que chegou à final contra o representante de Esparta. Como frequentemente acontecia, o representante de Esparta era o favorito.[42] Essa preferência era resultado da *Rhetra*,[43] ou seja, o modo de vida espartano, que além da resiliência física enfatizava o sacrifício pelo próximo, a vida simples e modesta. Um estilo de vida muito diferente dos vizinhos materialistas de Corinto.

Aconteceu que dois apostadores coríntios que estavam presentes nesses Jogos Olímpicos desejavam enriquecer com a luta final entre o espartano e o campeão de sua cidade, que não era o favorito apesar de ser um grande campeão. Os apostadores coríntios se aproximaram do pugilista espartano e ofereceram uma quantia em dinheiro para que ele permitisse que o coríntio vencesse a luta. O espartano recusou. Os apostadores duplicaram a oferta pensando que o espartano consideraria e lembraram a ele que não precisava se esforçar ao máximo. Os apostadores lembraram que se ele aceitasse a oferta, ao final da luta ele também poderia ser um homem rico. O espartano recusou mais uma vez e assumiu sua posição para enfrentar o boxeador coríntio.

Depois de muito esforço e grande sofrimento em uma luta árdua e equilibrada, a vitória e as coroas de louros foram entregues ao espartano.

---

[42] *Esparta enviava atletas para competir nos Jogos Olímpicos apenas se tivessem reais oportunidades de serem campeões. Eles enviavam apenas aqueles que eram "favoritos" para vencer.*

[43] *A Grande Rhetra (Μεγάλη Ῥήτρα), literalmente "Grande Proclamação", era a Constituição de Esparta que havia sido formulada por seu grande legislador Licurgo.*

Ao término da luta, o espartano estava sangrando e muito machucado. Os apostadores de Corinto se aproximaram do pugilista espartano e disseram:

— Como você é tolo! O que você alcançou além de dentes quebrados e coroas na cabeça? Se você não fosse tão tolo e não tivesse se esforçado tanto, não teria sofrido esses ferimentos e neste momento seria um homem rico!

O espartano olhou para os apostadores e respondeu:

— Sou espartano. Não estou aqui por tesouros. Em Esparta, aos campeões olímpicos é concedida a honra de lutar e morrer nas batalhas ao lado do rei. Meu objetivo não é obter riquezas, meu objetivo era conquistar o direito e a honra de morrer ao lado do meu rei, e isso eu conquistei!

Com essa anedota, lembramos que uma vez que o indivíduo encontra seu objetivo transcendental, não importa qual seja o papel que lhe foi atribuído pela vida e nem quão grandes sejam as ofertas que outros lhe façam para desviar do seu melhor desempenho possível no Teatro da Vida.

Lembre-se de que essas são ferramentas para cumprir a Segunda Sabedoria Estratégica (Adapte-se às circunstâncias, mas não esqueça do seu objetivo). Nesse processo, existe essa paradoxalidade de ser flexível, mas não se perder. De se adaptar, mas nunca vender sua consciência. De ir a qualquer lugar, mas não esquecer de onde você vem e para onde deseja ir. Lembre-se sempre de ter sua Grande Estratégia clara em mente e se adaptar às circunstâncias, sem esquecer do objetivo.

Stockdale havia decidido que seu papel, em qualquer circunstância, era ser o "cuidador de seus irmãos" e que as circunstâncias não dependiam dele, mas sim do Diretor do Teatro da Vida.

IV. Ferramenta #3: A Andreia - Coragem

Se você deseja saber como os Grandes Comandantes pensavam e agiam, e qual é a primeira virtude a ser cultivada, considere a coragem.

A terceira ferramenta que extraímos do caso de Stockdale e que é fundamental para a Estratégia é a coragem. O que é coragem? Como ela é desenvolvida?

A coragem é necessária acima de tudo, pois sem essa virtude, o indivíduo ficará paralisado, estagnado e confuso. Somente com coragem você poderá usar essas ferramentas que estamos vendo, se adaptar, mudar, inovar, continuar avançando e viver uma vida plena e completa. Sem coragem, você não será capaz de cumprir seu papel no Teatro da Vida.

Os gregos tinham um nome para a coragem que não era temeridade. Era a coragem verdadeira que levava o homem a agir apesar de seus medos e a cumprir seu papel de maneira excelente. Eles a chamavam de Andreia[44].

---

[44] *Pensemos em andreia não como "hombridade", mas como aquilo que caracteriza tanto um homem quanto uma mulher corajosos.*

Andreia pode ser interpretada como "virilidade", mas aqui a generalizaremos como "coragem", pois é uma virtude que não depende de gênero. Como toda virtude, a coragem está situada no centro, entre dois extremos. A coragem está entre o medo e a temeridade, e cabe ao strategos encontrar esse ponto intermediário.

O processo gradual de construção da coragem é exatamente isso: um processo. É simples, mas você deve segui-lo para se tornar corajoso. O primeiro passo ocorre imediatamente antes de aplicar a coragem. Quando as circunstâncias inesperadas surgem, você deve evitar que sua mente esteja concentrada em variáveis que não controla. O medo do futuro próximo ou distante não é racional, pois você não pode controlá-lo. A coragem não é a ausência de medo, mas o primeiro passo para aplicar a coragem está em diminuir o poder do medo.

O segundo passo consiste em compreender que todos os medos têm diferentes tamanhos e que eles impactarão você de acordo com seu próprio crescimento pessoal. Existem medos que só de lembrá-los causam grande ansiedade. Esses medos podem até mesmo afetar negativamente seu bem-estar físico. Esses medos, no momento atual, ainda são grandes demais para você e você não deve tentar enfrentá-los imediatamente. Você deve ignorá-los usando a ferramenta anterior e não pensar naquilo que não controla e que, por não estar presente, ainda não precisa enfrentar. Aqui também se aplica o que foi dito por Sun Tzu: "O comandante vitorioso é aquele que sabe quando lutar e quando não lutar".

No entanto, existem outros medos que você deve enfrentar. Mas esses estão ao seu alcance porque fazem parte do roteiro que lhe foi dado no Teatro da Vida. Entre esses medos, também existem aqueles que você sabe que pode enfrentar aplicando um pouco ou muito de coragem. Isso exigirá esforço, mas é possível. Esses medos são "medianos" e são a chave para desenvolver uma maior coragem.

Agora, imagine que você deve "comer" os medos. Esses medos que você deve "comer" ou, em outras palavras, enfrentar, são aqueles que o assustam, mas não são grandes o suficiente para paralisá-lo. Quanto mais medos pequenos e medianos você "comer", mais sua coragem crescerá. À medida que seu autoconhecimento aumenta, aqueles medos que você nem conseguia pensar em enfrentar parecerão menos assustadores. Seguindo o processo, passo a passo, e enfrentando os desafios que surgem, naturalmente chegará o dia em que aquele medo que parecia insuperável não será tão grande e você poderá "comê-lo" e se tornar ainda mais corajoso.

A coragem e a fé são primas-irmãs e ambas crescem à medida que você se encoraja a avançar. Foi isso que Jesus quis dizer quando falou que a fé é como uma semente de mostarda. [45]Ela pode ser a menor das sementes, mas se você a cultivar, ela se transformará em uma grande árvore. Sua coragem também nasce pequena, mas se torna grande com o tempo se você a cultivar intencionalmente.

Você precisa de coragem para seguir seu próprio caminho, independentemente dos outros, do grupo, da pressão, das circunstâncias. Na Estratégia, você também precisa de coragem para ser flexível, para não esquecer seu objetivo e manter sua essência intacta. Esse tipo de coragem gera liberdade. Por fim, a coragem serve para lhe dar a liberdade que você precisa para viver de acordo com seu propósito, de acordo com o papel que lhe foi dado no grande Teatro da Vida. O segredo da felicidade é a liberdade. O segredo da liberdade é a coragem.[46]

No caso de Stockdale, a liberdade externa não era possível, mas a coragem lhe permitia manter a liberdade interna, a liberdade de escolher seus pensamentos e atitudes diante das circunstâncias que não podia controlar.[47]

A andreia, a coragem, é uma ferramenta, um traço de caráter, que você deve desenvolver conscientemente. Se o seu objetivo final, mais especificamente sua Grande Estratégia, for suficientemente nobre, isso o ajudará a desenvolver mais coragem. Se a sua Grande Estratégia estiver bem definida, ela o impulsionará a superar seus medos gradualmente, começando pelos menores, até "comer" todos eles no final do processo.

No próximo capítulo, veremos a quarta ferramenta. É a ferramenta que engloba todas as anteriores e merece um capítulo inteiro, pois acredito que possa ajudá-lo a sair de lugares profundos e obscuros e levá-lo de volta à luz e à paz que todos anseiam. Por enquanto, deixaremos James Stockdale em segundo plano. Estudaremos Hércules e Alexandre, respectivamente o herói grego mais importante e o homem que estava no centro da Mesa dos Grandes Comandantes de Napoleão Bonaparte.

> *"O conhecimento é uma riqueza que não pode ser roubada."*
>
> \- SOREN KIERKEGAARD

---

[45] *Mateus 13.*
[46] *Tucídides, Op. cit.*
[47] *Se você busca desenvolver sua coragem para enfrentar momentos difíceis, pode ser útil conhecer Viktor Frankl e seu trabalho "O homem em busca de sentido".*

20 - Amar o destino (amor fati)

> *Minha fórmula para expressar a grandeza no homem é o amor fati ["amor ao destino"]: não querer que nada seja diferente, nem no passado, nem no futuro, nem por toda a eternidade. Não apenas suportar o necessário, e ainda menos dissimulá-lo, mas amá-lo.*
>
> -Friedrich Nietzsche

> Você deve aproveitar tudo o que acontecer. Nunca diga: "O que acontecerá?". O que importa o que possa acontecer desde que você possa fazer bom uso disso e se beneficiar, e até mesmo uma contrariedade pode se tornar uma fonte de felicidade para você? Acaso Hércules já disse: "Deuses, não permitam que um leão ou um javali enorme cruzem meu caminho, nem que eu tenha que lutar contra homens monstruosos e ferozes"? Portanto, não se preocupe. Se um javali terrível se colocar à sua frente, a batalha será maior e a vitória mais gloriosa; se homens gigantes e ferozes o surpreenderem, seu mérito será maior se você conseguir libertar o universo deles. "Mas e se eu morrer na refrega?" E daí? Você não morrerá como um herói? E pode haver sorte melhor?
>
> - Epicteto

Este não é um livro de filosofia, mas no momento em que definimos a Estratégia em seu sentido mais fundamental como sendo o que o strategos pensa e faz, somos obrigados a considerar também o aspecto filosófico do strategos. Isso porque o pensamento do strategos será consequência de suas crenças e de como ele interpreta sua experiência neste mundo.

I. Ferramenta #4: Amor Fati

Amor fati é uma frase latina que significa "amor ao destino". É usada para descrever a atitude daquele que vê tudo o que lhe acontece na vida, incluindo o sofrimento e a perda, como necessário. Ou seja, o indivíduo considera que tudo o que acontece faz parte do processo que leva ao cumprimento de seu destino pessoal e, portanto, deve ser considerado bom.[48] Mas quem é o indivíduo que acredita que quanto mais difícil as coisas são, melhor é a vida? A resposta para os gregos era simples: um herói.

Quem era o herói?

O herói era o homem ou a mulher que conseguia superar sua natureza egocêntrica e, por meio do sacrifício pessoal em favor da comunidade ou de seu próximo, tornava-se mais parecido com um deus. O herói era um ser humano como você e eu, que passando por várias provas difíceis e as superando, tornava-se como os deuses. Assim, ao morrer, ele obtinha acesso à morada celestial para compartilhar a eternidade com seus colegas, mesmo que fosse como um semideus. Esse processo de passar de humano a semideus era o objetivo de Alexandre, expresso em várias ocasiões e que vimos refletido em seu discurso. A palavra herói (ἥρως) é grega e o maior dos heróis gregos havia sido Hércules, ancestral dos reis da dinastia argéada da Macedônia. Alexandre se inspirava em seu heroico antepassado e usava o mítico "Elmo de Hércules", que você conhecerá agora. O mito de Hércules nos revelará o segredo para ser resiliente e corajoso.

Para entender melhor a mente de Alexandre - que era o caminho proposto por Napoleão para aqueles que queriam compreender o Segredo da Estratégia - precisamos ir além do aspecto "técnico" e aprofundar algumas de suas crenças espirituais. Os aspectos "técnicos" ou "mentais" estão diretamente ligados à implementação do Princípio Estratégico Essencial (PEE) e de todos os axiomas estratégicos que serão explicados nas Cinco Sabedorias Estratégicas (CSE). São esses aspectos "técnicos" de Alexandre que tradicionalmente são identificados como exemplos de Estratégia e também são os aspectos observados por Basil Liddell Hart ao extrair a essência da Estratégia da mente dos grandes comandantes e estrategistas da história.

No entanto, considere que existem outros aspectos que vão além do "técnico" e estão diretamente ligados ao caráter e à "forma de pensar" de Alexandre. Entre eles estão sua imensa coragem, sua magnanimidade, sua resiliência, sua liderança pelo exemplo, sua universalidade na atribuição de valor ao ser humano.[49] Uma das principais crenças que guiavam e inspiravam Alexandre e que faziam

---

[48] *Ao indivíduo que compreende a verdade por trás dessa ferramenta chamada Amor Fati, fica claro que existem duas possíveis atitudes diante das circunstâncias. Uma é viver como se a existência fosse um fardo, enquanto a outra é aceitar as circunstâncias e considerar a vida como um "Grande Teatro" no qual o ser humano é um grande ator.*

[49] *Alexandre valorizava igualmente seus súditos, amigos e generais, fossem eles gregos ou bárbaros. Ele foi o primeiro rei a considerar a espécie humana como um todo. Embora Alexandre possuísse outras características que eram fraquezas, neste exemplo estamos nos concentrando nos aspectos positivos de Alexandre.*

parte de sua forma de pensar era o "culto ao herói". A vida heroica transparece claramente em seu discurso às suas tropas quando elas não desejavam mais seguir além do rio Indo. Para Alexandre, o único caminho para o Olimpo, a única maneira de ter acesso ao céu grego, era através da vida heroica. Assim, o objetivo transcendental de Alexandre não era conquistar o mundo, mas se tornar imortal como Hércules ao enfrentar os maiores desafios e as circunstâncias mais complicadas e, ao morrer, ser admitido entre os deuses graças à sua vida heroica. Conquistar o mundo era o meio, não o fim.

Assim como estudamos o mito da disputa entre Atena e Poseidon para entender o conceito de Grande Estratégia, agora veremos o mito de Hércules para compreender como podemos amar nossas circunstâncias, por mais difíceis que sejam. Com o mito de Hércules, beberemos da mesma fonte mitológica que alimentou a mente de Alexandre e o levou a enfrentar as maiores dificuldades com grande coragem, a ponto de amá-las. Essas crenças permitiram que ele praticasse o que Nietzsche chamou de Amor fati, o amor pelo destino. Alexandre o fez com total convicção e sem querer diminuir ou modificar nenhuma das circunstâncias mais complicadas ou difíceis de sua vida, pois eram essas que permitiriam que ele alcançasse seu objetivo transcendental. Assim como James Stockdale também conseguiria fazer mais de dois mil e trezentos anos depois, graças aos ensinamentos estoicos de Epicteto.

Muitos já ouviram falar de Héracles, principalmente pelo seu nome romano, Hércules, mas poucos conhecem sua história e ainda menos são aqueles que conhecem a mensagem oculta por trás de seu mito.[50] Você pode estar se perguntando o que isso tem a ver com o axioma estratégico que diz "não esqueça seu objetivo, mas adapte-se às circunstâncias".

Na mente de Alexandre, modelo dos Grandes Comandantes e estrategistas, o mito de Hércules tinha tudo a ver com a aplicação da Segunda Sabedoria Estratégica. As circunstâncias difíceis, centrais na narrativa dos doze trabalhos de Hércules, ofereciam a oportunidade de diferenciar os heróis dos homens medíocres. Portanto, adaptar-se às circunstâncias era um privilégio, a oportunidade de ser um herói era um presente da vida que deveria ser aproveitado, mesmo com esforço. Se conseguirmos entender como Alexandre pensava ao enfrentar e adaptar-se às circunstâncias, então também poderemos tentar adotar alguns elementos específicos de seu pensamento quando enfrentarmos as circunstâncias mais difíceis de nossas vidas.

II. Hércules

Hércules é o arquétipo do ser humano que se torna herói ao enfrentar as circunstâncias mais difíceis da vida. Possuindo uma grande força física, mas

---

[50] *Aqui está a diferença entre o conhecimento comum, exotérico e esotérico.*

sujeito a uma mente por vezes caótica, Hércules foi alimentado com o leite de Hera, a deusa que desejava matá-lo, de acordo com a narrativa mitológica. Mas também com o leite de Atena, a deusa da estratégia e da sabedoria, que desejava ajudá-lo. Essa dicotomia representa a dupla natureza do ser humano que devemos enfrentar e resolver. Caberia a Hércules decidir qual dos dois modos prevaleceria e se, no final de sua história, ele seria um homem medíocre e violento ou um herói digno de ser amigo dos deuses.

No início de sua história, Hércules era um homem iracundo. Sua tremenda força física era sua principal característica, mas devido à sua mente instável, seu poder era perigoso para si mesmo e para seu entorno. Em uma ocasião, Hera o enlouqueceu e Hércules acabou matando sua esposa e filhos. Quando sua cólera cessou e ele recuperou o uso da razão, Hércules se deparou com as consequências de seus terríveis atos e caiu em uma profunda depressão. Em um exílio[51] autoimposto, ele se afastou da presença dos homens, pois não conseguia perdoar a si mesmo pelo que havia acontecido.

Nesse momento, um amigo seu foi ao Oráculo de Delfos pedir ajuda, e o oráculo disse que, para se redimir de sua culpa, Hércules deveria completar doze trabalhos. Ao completar o primeiro desses trabalhos, ele receberia uma poderosa ferramenta para cumprir os outros onze. Apenas ao cumprir essas tarefas, Hércules se redimiria e se transformaria de um homem escravo de suas paixões em um herói digno de habitar o Olimpo.

O primeiro trabalho consistia em eliminar um leão enorme e feroz que estava devastando os campos de Nemeia e aterrorizando os habitantes da região. O leão estava destruindo os campos, devorando outras bestas e empobrecendo os cidadãos, que não podiam mais sair para trabalhar. O campo estava arruinado e ninguém podia entrar ou sair da pequena Nemeia. Como resultado, os cidadãos passavam fome e o território estava cada vez mais desolado.

Compreendendo que sua esperança de voltar a ser um homem aceito pela comunidade (e por si mesmo) seria livrar Nemeia do leão, Hércules agradece a oportunidade de enfrentar a fera.

Após adentrar os bosques que cercavam a cidade, Hércules se encontra frente a frente com o leão. De fato, era uma besta gigantesca e furiosa. Suas garras eram tão poderosas a ponto de destruir árvores, animais e até mesmo rochas. Tentando matar o leão, Hércules usa suas armas e arremessa flechas e lanças. No entanto, elas parecem não ter efeito, pois simplesmente ricocheteiam ao tocar a pele do leão. Então Hércules usa sua enorme maça, mas esta também parece não afetar o terrível leão. Nesse momento, Hércules percebe que a pele do animal é tão dura que

---

[51] O exílio era uma das condições mais terríveis no mundo antigo.

é totalmente impenetrável. Não existia arma feita pelo homem capaz de ferir ou matar o leão.

Hércules não desiste e, com a ajuda de Atena, compreende que a única maneira de lidar com a fera seria em um combate corpo a corpo, matando-a com as próprias mãos. Então Hércules penetra na escura caverna onde o leão se escondia. Após surpreendê-lo e travar uma terrível e feroz luta "corpo a corpo", Hércules consegue sufocar o leão com uma chave de braço.[52]

Hércules completa o primeiro trabalho e assim salva a comunidade de Nemeia, que volta à paz e prosperidade.

Antes de se retirar e partir para seu segundo trabalho, Hércules obtém de sua primeira prova um grande tesouro[53], mas não sem resolver um enigma. Como a pele do leão era impenetrável, Hércules decide tomá-la para si. Ele tenta esfolar o leão, mas novamente nenhuma de suas armas, nem a faca, nem a espada, a lança ou a pedra conseguem penetrar a pele do leão morto. Quando estava prestes a desistir, Atena surge novamente e explica que a única maneira de esfolar o leão seria usando as poderosas garras do felino. Assim, Hércules despoja o leão de sua pele e crânio para usá-los como uma couraça e um elmo, respectivamente.

A partir desse momento, nenhuma arma feita pelo homem, seja flechas, lanças ou espadas, era capaz de atravessar ou afetar Hércules, pois ele havia tornado seu corpo e mente impenetráveis ao vestir a pele do leão de Nemeia derrotado.

Talvez você já tenha identificado alguns dos símbolos no mito, como o fato de o herói ter que enfrentar a fera com as próprias mãos. Ou que o objetivo externo do trabalho era ajudar uma comunidade, não a si mesmo, embora paradoxalmente, ajudando os outros, ele também se ajudava. Na verdade, poderíamos encontrar vários significados simbólicos, mas neste momento estamos procurando como cumprir a Segunda Sabedoria Estratégica (ou seja, adaptar-se às circunstâncias, mas não esquecer o objetivo) e o ponto mais interessante poderia estar na simbologia da pele do Leão de Nemeia.

Uma vez que Hércules decidiu iniciar o primeiro trabalho e passou pelo primeiro teste, ele obteve a ferramenta que lhe permitiria enfrentar todas as futuras provas sem sofrer danos. Essa ferramenta é o elmo feito com o crânio do Leão de Nemeia.

Esse elmo é simbólico para nós e nos lembra que o ser humano precisa proteger sua mente e tornar-se "mentalmente impenetrável". Quando Hércules cobre sua cabeça com o elmo, ele está simbolicamente representando a mente

---

[52]   *Esta chave é conhecida até hoje em português como "mata leão».*
[53]   *Como a história de Sansão, que depois de matar um leão, encontrou mel no cadáver: "Do devorador saiu comida, e do forte saiu doçura".*

impenetrável, o homem que não se deixa mais levar por suas emoções ou pelos pensamentos que o enfraquecem.

A mente, sendo o centro dos pensamentos racionais e irracionais, deve ser protegida da irracionalidade com o elmo do Leão de Nemeia. Quando o herói consegue evitar que pensamentos enfraquecedores como o medo, a raiva, a inveja e o ódio penetrem em sua mente, ele pode se adaptar a qualquer circunstância. Esse símbolo era compreendido por Alexandre, que usava o Elmo de Hércules em todas as suas grandes batalhas. Essa imagem de Alexandre usando o Elmo de Hércules pode ser vista nas moedas cunhadas durante grande parte do período helenístico, assim como em muitas estátuas e bustos que o representam.

Para entender a relevância do mito de Hércules na prodigiosa resiliência de Alexandre, é importante lembrar que os relatos mitológicos não são "contos de crianças". Os mitos, essencialmente, são tentativas de comunicação daquilo que o Dr. Carl G. Jung chamou de "Inconsciente Coletivo". Segundo Jung, o mito é uma tentativa do Inconsciente de nos tornar conscientes de verdades fundamentais que governam nossas vidas e que, embora estejam prontas para serem ativadas, não as compreendemos e, portanto, não podemos vivenciá-las conscientemente. Mas se conseguirmos compreender a mensagem que vem do Inconsciente, poderemos torná-la consciente e isso nos levará a um maior empoderamento e a um aumento natural da consciência. Essas mensagens ocultas eram ensinadas nas escolas místicas gregas. É importante levar isso em consideração, pois a mensagem oculta por trás do primeiro trabalho de Hércules é a mesma para você como foi para Alexandre. Quando a mensagem oculta no mito for decodificada, ela fará seu trabalho em nós. Esse processo de nos tornarmos conscientes de algo que anteriormente éramos inconscientes é frequentemente chamado de "iluminação".

Portanto, nos símbolos do mito de Hércules, você encontrará a chave interpretativa para compreender a mensagem mais profunda. Como vimos antes no mito de Atena contra Poseidon, a mensagem vem diretamente do âmago do nosso ser. Hércules havia conquistado o leão, que era seu próprio ego. Pois foi seu ego descontrolado que havia matado sua família e arruinado sua própria vida. Agora, depois de superar o primeiro desafio e com o elmo colocado, Hércules não estaria mais sujeito aos ataques de seu ego. O elmo feito do crânio do leão impenetrável simboliza uma mente dominada, uma mudança de pensamento e a consequente invulnerabilidade. Hércules mudava sua maneira de pensar, passando de vítima para iniciar seu caminho como herói.

Dessa forma, Hércules completa seus próximos onze trabalhos servindo várias comunidades. Ele faz a transição de ser um homem dominado por seu lado sombrio para um herói que se redimiu enfrentando esforçadamente e com inteligência enormes provações em serviço dos outros. Hércules nunca teria conseguido completar sua metamorfose de medíocre para herói sem a ajuda das circunstâncias tão difíceis que teve que enfrentar. E ele não teria sido vitorioso em cada uma delas se no seu primeiro trabalho não tivesse obtido a ferramenta que posteriormente protegeria sua mente das flechas metafóricas incendiárias que representam os pensamentos de medo e vitimização que o assolavam, assim como o próprio leão havia assolado os habitantes de Nemeia.

Aqui está a fonte do amor pelas circunstâncias difíceis, o Amor Fati. Se você compreende que as circunstâncias que enfrenta são aquelas que o redimirão e o levarão ao seu destino mais excelente, a obter a vida heróica que lhe dará acesso a um estado superior, aos "deuses", à realização de sua obra, então você poderá amar todas as circunstâncias de sua vida. Pois se elas forem terríveis e difíceis, é porque estão lhe dando a oportunidade de ser um herói, de transcender. O próprio apóstolo Paulo, que tinha grande influência estoica, afirmou seu Amor Fati ao lembrar aos romanos que eles devem ter certeza de que "todas as coisas cooperam para o bem daqueles que amam a Deus e são chamados de acordo com o seu propósito."

Amor Fati é uma ferramenta filosófica que nos obriga a mudar nossa perspectiva, nos dá a oportunidade de ver as circunstâncias de outro ângulo, não mais como vítimas, mas como heróis. James Stockdale não poderia amar suas circunstâncias no Vietnã, a menos que as observasse a partir de um contexto maior, onde essas mesmas circunstâncias eram aquelas que o levariam a se definir como herói e não como vítima. Somente compreendendo essa mensagem oculta no mito de Hércules alguém como Stockdale poderia amar a história completa de sua vida, sem remover ou acrescentar nada. Mas o mito é uma verdade comunicada pelo Inconsciente Coletivo a todos, e este em particular nos assegura que, se conseguirmos vencer com nossas próprias mãos nosso enorme e feroz ego, nosso Leão de Nemeia, então poderemos posteriormente receber e vestir o Elmo de Hércules. Dessa forma, em vez de ver as circunstâncias que complicam nossos planos como inimigas, as veremos com entusiasmo, assim como Alexandre fazia.[54] A palavra "entusiasmo" vem do grego ἐνθουσιασμός e é composta por três partes: en, theou e asthma, que juntas significam "sopro interior de Deus". Quando seus biógrafos diziam que Alexandre era caracterizado principalmente pelo "entusiasmo", eles se referiam a uma força interior que o possuía e que era independente das circunstâncias. O entusiasmo grego era um tipo de clareza ou percepção espiritual e não uma mera excitação emocional momentânea como entendemos hoje.

---

[54] *Explicitamente, os biógrafos de Alexandre mencionam o fato de que ele enfrentava as circunstâncias mais difíceis com "entusiasmo" (Arriano, Anábasis, capítulo IX).*

Essa percepção, esse entusiasmo, permitia a Alexandre ver a realidade além das circunstâncias e, assim, ele podia genuinamente praticar o Amor Fati. Alexandre conseguia imaginar as circunstâncias mais difíceis, até mesmo a possibilidade de morrer, e manter o entusiasmo.

> Eu, por minha parte, acredito que para um homem corajoso, o trabalho e o esforço não têm limites; não há outro fim para ele além da própria tarefa, desde que conduza a resultados gloriosos...
>
> Ó macedônios e aliados gregos, mantenham-se firmes! Gloriosas são as façanhas daqueles que empreendem uma grande tarefa e correm um grande risco, e é muito agradável viver uma existência corajosa e morrer deixando para trás a glória imperecível. Não sabem vocês que nosso ancestral [Hércules] alcançou altas alturas de glória, passando de um simples mortal a tornar-se um deus, como parece ser, porque ele não permaneceu em Tirinto ou Argos, ou mesmo no Peloponeso ou em Tebas?... Vocês, no entanto, adentraram as regiões além de Nisa, e aquela Rocha de Aornos que Hércules não conseguiu capturar está em seu poder. Que proezas memoráveis e gloriosas poderíamos ter realizado se tivéssemos permanecido ociosos em Macedônia?
>
> ALEXANDRE O GRANDE

Tetradracma de prata com a representação de Alexandre o Grande, vestindo a pele do Leão de Nemeia (ou seja, o Elmo de Héracles) (c. 310 a.C.)

III. O Paradoxo Stockdale

Muitos anos depois de compartilhar sua história no King's College, James Stockdale foi entrevistado pelo consultor de negócios e escritor americano Jim Collins. Durante a entrevista, Collins perguntou ao então almirante Stockdale:

— Como você conseguiu suportar tanto tempo? O que permitiu que você resistisse por tanto tempo?

Stockdale respondeu:

— Posso dizer com certeza que o que me permitiu suportar e enfrentar essa situação tão difícil foi o fato de nunca perder a fé no final da história, nunca duvidar apenas de que eu sairia, mas também de que no final prevaleceria e transformaria a experiência no evento definidor da minha vida, e que, em retrospecto, não mudaria por nada.

Então o autor Jim Collins continuou perguntando ao veterano Stockdale:

— Quem foram os primeiros a sucumbir? Quem foram aqueles que não aguentaram e morreram primeiro?

— Isso é fácil de responder - disse Stockdale. - Os primeiros a sucumbir foram os otimistas!

— Otimistas?! - surpreendeu-se Collins. - Mas você acabou de me dizer que foi o seu otimismo que o manteve... - continuou o consultor até ser interrompido por Stockdale.

— Não! Eu nunca disse que fui um otimista! Eu disse que nunca perdi a fé! São coisas diferentes. Os otimistas eram aqueles que diziam "seremos libertados pelo Natal". O Natal chegava e continuávamos presos. Depois diziam "seremos libertados pela Páscoa". A Páscoa chegava e continuávamos presos. Então os otimistas diziam "então seremos libertados no Dia de Ação de Graças". Passavam Natal, Páscoa e Dia de Ação de Graças, e esses otimistas morriam com o coração partido. Você precisa entender que o líder (ou strategos) não é um simples otimista. Resiliência não é otimismo. O líder faz três coisas - continuou Stockdale. - Primeiro, o líder define a realidade como ela é. Em seguida, o líder é aquele que consegue olhar para o futuro e ver um futuro melhor. E, finalmente, o líder é aquele que, após definir a realidade como ela é e vislumbrar um futuro melhor, dá os passos em direção a esse futuro.

Resiliência não é otimismo. Resiliência é a capacidade de uma pessoa ou de um grupo superar circunstâncias e períodos difíceis, se recuperar e continuar olhando para um futuro melhor. Lembre-se e reflita sobre a Segunda Sabedoria Estratégica: Não esqueça seu objetivo, mas se adapte às circunstâncias.

> *"Certifique-se de que tanto o plano quanto as disposições sejam flexíveis, adaptáveis às circunstâncias. Seu plano deve prever e fornecer o próximo passo em caso de sucesso ou fracasso."*
>
> - BASIL LIDDELL HART

*Na vida é como no jogo de dados.
Se um lançamento não cai como você precisa,
a arte deve corrigir o que o acaso oferece.*

- PLAUTO

*Na vida, acontece como no xadrez. Em
ambos fazemos um plano, mas este fica
completamente condicionado pelo que o
oponente fará no xadrez e pelo que o destino
fará na vida. As modificações que ocorrem
geralmente são tão importantes que nosso
plano é mal reconhecível em alguns aspectos
básicos quando o realizamos.*

- PUBLIUS TERENTIUS

*Estatueta de Héracles vestindo a pele do Leão de Nemeia.
Escultura de pedra cipriota (c. 500 a.C.). Museu Metropolitano de
Arte, Coleção Cesnola.*

21 - A Terceira Sabedoria Estratégica

> *O inesperado não pode garantir o sucesso, mas garante as melhores chances de sucesso.*
>
> BASIL LIDDELL HART

I. Escolha o caminho menos esperado

Até agora, vimos que a essência de toda Estratégia, de acordo com a forma de pensar dos Grandes Comandantes e de acordo com a síntese feita por Basil Liddell Hart após milênios de história, está na fórmula de Concentração na Fortaleza aplicada à dispersão identificada. Chamamos isso de Princípio Estratégico Essencial, e para colocá-lo em prática, o strategos precisa de autoconhecimento. O autoconhecimento necessário para ajustar os objetivos aos meios disponíveis sem superestimar ou subestimar, e se adaptar às circunstâncias em constante mudança sem esquecer qual é o objetivo.

Agora veremos a Terceira Sabedoria Estratégica (3SE), que nos dirá como encontrar a dispersão.

A Terceira Sabedoria Estratégica (3SE) é provavelmente o axioma estratégico mais facilmente identificável com a segunda parte do Princípio Estratégico Essencial (PEE), pois nos lembra indiretamente da necessidade de buscar uma dispersão sobre a qual aplicaremos o resultado de nossa fortaleza concentrada.

A Terceira Sabedoria Estratégica diz: Escolha o caminho menos esperado, e é o axioma da criatividade e da inovação. Por meio da inovação, o strategos poderá encontrar os "caminhos menos esperados", que o levarão a identificar as dispersões ou, em outras palavras, as oportunidades.

No mundo militar, esse axioma está relacionado ao fator surpresa e ao que é conhecido como "abordagem indireta".[1] Neste capítulo, veremos que escolher o caminho menos esperado, pensar de forma diferente e inovar são elementos necessários para cumprir o Princípio Estratégico Essencial.

O strategos deve escolher o caminho menos esperado, pois se escolher o caminho óbvio, aquele que todos esperam, encontrará resistência. Encontrará

---

[1] *The Indirect Approach* ou a Abordagem Indireta - B. Liddell Hart. Lembremos mais uma vez que Estratégia não se trata de fazer guerra, mas de saber pensar.

a fortaleza do oponente e, consequentemente, obter a vitória pode ser quase impossível. O strategos que não escolhe o caminho menos esperado não estará cumprindo a segunda parte do PEE e, mesmo que vença no final, o custo será muito alto.²

> *Porque se simplesmente seguirmos o que obviamente parece ser a linha de menor resistência, sua obviedade também atrairá o oponente; e essa linha pode deixar de ser a de menor resistência.*
>
> BASIL LIDDELL HART

Lembre-se de que, depois de ter salvado a Apple da falência, Steve Jobs foi entrevistado pelo consultor Richard Rumelt. Ele perguntou ao novo CEO o que ele faria agora, e a resposta de Jobs foi:

— "Eu vou esperar. Esperarei a próxima grande oportunidade."

Doze anos após a entrevista dada a Richard Rumelt, ficou claro que Steve Jobs havia escolhido o caminho menos esperado, um que apenas ele tinha visto. Ele não competiu diretamente com as máquinas da IBM ou com o sistema operacional Windows da Microsoft.

Quando o strategos compreende que a essência de toda estratégia está em se concentrar em sua fortaleza e buscar a dispersão, torna-se óbvio que é necessário pensar diferente e seguir o caminho menos esperado. O exemplo da Apple é simples e claro para observar a Terceira Sabedoria Estratégica. A clareza de Steve Jobs em relação a esse axioma estratégico era tanta que ele acrescentou ao slogan da marca Apple "Think Different" ("Pense Diferente").

Este axioma se aplica em todos os cenários, seja em uma empresa, em uma equipe de futebol, em uma campanha militar ou até mesmo para alcançar a felicidade.

Convido você a observar um dos exemplos históricos mais conhecidos da aplicação da Terceira Sabedoria Estratégica.

---

² *Uma vitória pírrica é aquela que é alcançada a um custo tão alto que acaba sendo mais prejudicial do que benéfica para o vencedor. É uma vitória que resulta em perdas significativas, enfraquecimento da posição do vencedor e dificuldades futuras. O termo "vitória pírrica" tem origem na vitória obtida pelo rei Pirro de Épiro sobre os romanos, na qual as perdas sofridas pelo seu exército foram tão grandes que enfraqueceram sua capacidade de continuar lutando.*

II. Aníbal Barca - O caminho menos esperado

Entre todos os comandantes escolhidos por Napoleão para fazer parte da Mesa em homenagem a Alexandre, Aníbal Barca, o comandante cartaginês conquistador de Roma, foi provavelmente aquele que mais se igualou ao gênio estratégico de Alexandre. O cartaginês o emulou em todos os aspectos, e sua vida teve várias coincidências com a do macedônio. Aníbal emulou Alexandre em estratégia, tática, mentalidade, enfrentamento das circunstâncias e em sua grande resiliência e criatividade. Ele até compartilhou com Alexandre o fato de ter um pai que o havia ensinado a arte da Estratégia e lhe proporcionado professores gregos para que Aníbal aprendesse a pensar como um strategos. A educação de Aníbal foi excepcional, e embora os únicos documentos que temos sobre ele tenham sido escritos por seus inimigos, eles o reconhecem como um homem de amplo conhecimento e de um caráter de enorme resiliência.

> Ele era extremamente audaz para enfrentar perigos e extremamente prudente em meio ao perigo. Não havia tarefa que pudesse fatigar seu corpo ou abalar sua moral. Ele suportava o calor e o frio da mesma maneira; sua forma de comer e beber era regulada pelas necessidades da natureza, não pelo prazer; o tempo livre que tinha de sua atividade era dedicado ao descanso, para o qual não buscava uma cama confortável ou silêncio: muitas vezes o viam deitado no chão, coberto com sua capa militar, no meio dos postos de guarda ou vigília militar. Ele não se distinguia de forma alguma dos outros de sua idade em termos de vestimenta, embora suas armas e seus cavalos chamassem a atenção. Ele era de longe o melhor soldado de cavalaria e infantaria ao mesmo tempo; o primeiro a entrar em combate, o último a se retirar uma vez que a batalha começava.
>
> TITO LÍVIO, XXI

Os professores gregos de Aníbal ensinaram tudo o que sabiam sobre o pensamento e ação de Alexandre. A fascinação que o cartaginês tinha por Alexandre superava a de Napoleão, ao ponto de desejar imitá-lo até mesmo com seu cavalo. Aníbal trouxe da região grega da Tessália, o local de origem de Bucéfalo, seu principal cavalo de batalha, um corcel negro chamado Strategos. A semelhança física com o cavalo lendário de Alexandre era evidente, segundo diziam.

Aníbal Barca, filho de Amílcar, strategos autocrático de Cartago, foi um dos maiores estrategistas da história, na opinião de alguns, até mesmo maior que Alexandre, pois a sorte não lhe favorecia tanto quanto ao jovem macedônio. Aníbal derrotou todos os generais romanos que vieram ao seu encontro e colocou a invencível Roma à beira da destruição. Esse personagem histórico é um excelente exemplo para observar o cumprimento de todos esses princípios e axiomas que estamos vendo. Mas, assim como todos nós, Aníbal também tinha uma grande fraqueza, que era a notável ausência de uma Grande Estratégia.

Para apreciar a complexidade que existe na Arte da Estratégia, em como o strategos pensa e age, permita-me compartilhar brevemente o contexto histórico, pois será útil para entender a aplicação da Terceira Sabedoria Estratégica pelos cartagineses.

III. Contexto histórico - Cartago e Roma

Duas gerações após a morte de Alexandre, o mundo mediterrâneo era dominado por Roma em terra e por Cartago no mar. A cidade de Cartago, localizada no norte da África, era a colônia mais importante surgida da poderosa e antiga cidade fenícia de Tiro. Os cartagineses eram um povo de navegadores e comerciantes que haviam herdado o espírito empreendedor, a audácia e a coragem (além da religião violenta) que haviam tornado Tiro praticamente inatacável.[3]

Cartago foi fundada em 814 a.C. por uma princesa fenícia e ao longo do tempo tornou-se maior e mais poderosa do que Tiro. No século III a.C., Cartago passou a controlar e dominar as rotas marítimas do Mediterrâneo com uma superioridade e autoridade não vistas desde a época do império ateniense de Temístocles e Péricles, dois séculos antes.

Quando Roma concluiu sua conquista da península Itálica, Cartago já era uma potência comercial e militar que dominava os mares do Levante às Colunas de Hércules (ou seja, Gibraltar). O poder de Roma limitava-se à terra firme, mas os romanos nunca toleraram rivais e foram forçados a iniciar uma guerra contra Cartago. Apesar de ter oportunidades limitadas, Roma conseguiu alcançar a vitória na Primeira Guerra Púnica.[4]

Após a Primeira Guerra, os vitoriosos romanos impuseram condições injustas e humilhantes aos cartagineses. Além de confiscar e destruir todas

---

[3] *Heródoto esteve em Tiro no ano 450 a.C., e nessa época a cidade já teria dois mil e quatrocentos anos. Tiro não havia sido subjugada por nenhum império até cair pela primeira vez em sua história diante da perseverança e criatividade de Alexandre no ano 332 a.C.*

[4] *A palavra "punicus" era usada pelos romanos para se referir aos cartagineses e aos seus ancestrais fenícios (das formas mais antigas lat. arc. Poenicī < gr. Phoinicoi). Os cartagineses chamavam esses conflitos de "Guerras Romanas".*

as embarcações cartaginesas, os romanos assumiram o controle das rotas comerciais. Eles obrigaram os derrotados a pagar uma enorme soma como compensação pela guerra e a abandonar os territórios previamente conquistados. Além disso, desmantelaram sua força naval e proibiram a reconstrução de navios.

As condições impostas por Roma foram tão humilhantes que mais de dois mil anos depois, quando os alemães se encontraram em uma situação semelhante no final da Primeira Guerra Mundial (1918), protestaram contra o Tratado de Versalhes, referindo-se a ele como um "tratado púnico". A história se repete, pois assim como a dureza do Tratado de Versalhes foi uma das causas da ascensão de Hitler, o Tratado Púnico foi a causa do enorme ressentimento que surgiu entre os generais cartagineses contra Roma e uma das causas da Segunda Guerra Púnica.

Esse ressentimento e ódio eram ainda maiores no general Amílcar Barca, pai de Aníbal e patriarca dos Barcas, uma das famílias mais nobres e importantes de Cartago. Amílcar havia sido o único strategos que os romanos não haviam conseguido derrotar na Primeira Guerra, e seu ódio por Roma era exacerbado pela convicção de que Cartago havia se rendido precipitadamente na Primeira Guerra Púnica.[5] Amílcar jurou continuar lutando contra Roma até destruí-la.

Assim como Filipe II havia incutido em seu filho Alexandre a ideia de conquistar o Império Persa e o preparou com todo o conhecimento para ser um grande strategos, da mesma forma a conquista e destruição de Roma era um objetivo incutido por Amílcar Barca em seus filhos desde pequenos. Em seus filhos Hanno, Magão, Asdrúbal e Aníbal, o patriarca Amílcar criou quatro "filhotes de leão para a destruição de Roma", nas suas próprias palavras.

Como parte desse plano de vingança e destruição, o jovem Aníbal recebeu a melhor educação cartaginesa e grega desde tenra idade. Amílcar contratou professores gregos para complementar sua educação no "modo de pensar grego", instruindo-o sobre a Arte da Estratégia e sobre a vida de Alexandre (que naquela época já era considerado um semideus). Além disso, Amílcar contratou um professor espartano e outro macedônio que instruíram a criança para que ele se tornasse o "novo Alexandre" cartaginês; o strategos que conquistaria Roma. Aníbal assumiu conscientemente esse papel de "conquistador de Roma" e, para se identificar ainda mais com Alexandre, associou-se ao deus principal de Tiro, Melkart. Melkart era a versão cartaginesa de Hércules, cujo mito vimos no capítulo anterior, e que Alexandre havia adotado como

---

[5] *Os paralelos entre as Primeira e Segunda Guerras Mundiais do século XX são conhecidos. A história se repete porque os seres humanos são iguais.*

modelo por superá-lo. Aníbal associou-se ao Hércules fenício e aprendeu a considerar as circunstâncias mais difíceis como oportunidades.

Convido você a observar a importância que o strategos dá à forma como define as circunstâncias mais difíceis. Como vimos anteriormente, para Hércules, os trabalhos árduos que surgiram em seu caminho foram considerados oportunidades de redenção e não como um castigo ou fardo. Da mesma forma, Aníbal pensava, e os historiadores nos contam que ele carregava consigo uma estatueta de Hércules que havia pertencido a Alexandre.[6]

Sobre a educação e habilidade de Aníbal Barca, o historiador romano Dion Cássio observa que "[Aníbal] devia essas vantagens não apenas à natureza, que o havia dotado de seus dons, mas também a uma ampla instrução. Iniciado [...] no conhecimento dos cartagineses, acrescentou a isso a luz dos gregos"[7]. Aníbal havia sido criado com todos os ingredientes que o faziam pensar como o maior dos strategos da história. Embora tudo o que temos sobre Aníbal sejam relatos escritos por seus inimigos, seu perfil é o de um homem excepcional, como diz o historiador Theodore Ayrault Dodge: "a soma de tudo o que os antigos autores nos dizem descreve um homem e um capitão em quem o culto ao herói não é desperdiçado".

Essa convicção e a educação que Aníbal possuía não devem passar despercebidas, pois, embora estejamos falando da Terceira Sabedoria Estratégica, devemos ter em mente que a Estratégia é a arte completa que abrange as cinco dimensões que a compõem: Liderança, Princípios Estratégicos, Sistemas Estratégicos, Inovação e Propósito.

Foi justamente esse último, o Propósito, onde Aníbal falharia, pois apesar de sua genialidade no manejo dos Princípios Estratégicos, sua resiliência, capacidade de inovação e liderança lendária, Aníbal não tinha uma Grande Estratégia. O propósito de Aníbal não era a "paz e prosperidade" que vimos antes com Atena enfrentando Poseidon. Aníbal, assim como seu pai Amílcar e toda a família Barca, fez do ódio a Roma seu propósito de vida. Poucas histórias são mais eloquentes para lembrar esse fato do que o juramento feito por Aníbal quando tinha apenas 9 anos de idade.

Tito Lívio e Plutarco nos contam que depois da Primeira Guerra Púnica, Roma desmantelou a marinha de Cartago e proibiu o livre trânsito pelas águas do Mediterrâneo. Devido a essa restrição, Amílcar decidiu atravessar o deserto do norte da África, chegar às colunas de Hércules (Gibraltar) e cruzar com seus exércitos até a Hispânia (Espanha). O objetivo era estabelecer colônias para revitalizar Cartago e fazer da Hispânia uma base a partir da qual preparar seu plano de vingança contra Roma. Tito Lívio relata que

---

[6] *O Herakles Epitrapezios, que atualmente se encontra no Museu de Pompéia.*
[7] *Dion casio, Op. cit.*

quando Amílcar estava prestes a partir, seu filho Aníbal, que na época tinha apenas nove anos, pediu para acompanhá-lo. Amílcar considerava Aníbal ainda muito jovem para a vida militar e disse que ele poderia esperar alguns anos para se juntar ao projeto. Mas o menino insistiu. Então Amílcar pegou o menino Aníbal e o levou ao templo do deus Baal Hammon. O deus Baal Hammon era a versão cartaginesa do deus fenício Moloch, no qual os cartagineses sacrificavam as crianças das famílias nobres, dentro de uma estrutura metálica aquecida pelo fogo. O sacrifício de queimar crianças era a maneira cartaginesa de invocar o favor de Baal/Moloch. Amílcar levou Aníbal ao fogo de Moloch e pediu a ele que jurasse ser inimigo de Roma eternamente. O menino Aníbal jurou perante o deus Baal odiar Roma por toda a sua vida.[8] Assim, pai e filho partiram para a Hispânia para executar um plano de longo prazo. As circunstâncias mudariam várias vezes, mas Aníbal nunca esqueceria seu objetivo de destruir Roma.[9]

Embora o personagem de Aníbal seja útil para estudar todos os princípios da Estratégia, neste capítulo o observaremos apenas como exemplo da Terceira Sabedoria Estratégica, que diz "Escolha o caminho menos esperado".

IV. Amílcar escolhe o caminho menos esperado

A cidade de Cartago propriamente dita estava a apenas um dia de navegação da ilha da Sicília (então território romano) e a poucos dias de viagem da cidade de Roma. Quando, em vez de tentar atacar Roma pelo mar, Amílcar Barca e seu filho Aníbal escolheram a longa rota através do deserto do norte da África, eles estavam seguindo a Terceira Sabedoria Estratégica. O primeiro passo de sua estratégia era focar na conquista de territórios muito distantes de Roma. A Hispânia era praticamente "o fim do mundo" do ponto de vista romano.[10]

A estratégia de Amílcar era de longo prazo e baseava-se em buscar o caminho menos esperado. Primeiro, ele se concentraria em conquistar um território distante, depois atravessaria os Pirenéus e os Alpes, surpreenderia Roma, venceria as batalhas iniciais e assim provocaria uma revolta dos povos

---

[8] *O significado do nome Aníbal em fenício, Hanni-baal, significa "aquele que desfruta do favor de Baal".*

[9] *Lembre-se disto, pois acabará sendo a principal razão pela qual Aníbal não conseguiu vencer e terminou sua vida sem ser um vitorioso.*

[10] *No século II a.C., as distâncias e os obstáculos naturais que separavam a Espanha da Itália eram muito mais desafiadores e impensáveis do que aqueles que podemos entender ou conceber nos dias de hoje. Quando Cartago conquistou os territórios do sul da Espanha, os romanos jamais imaginaram que isso fazia parte de um plano para invadir Roma.*

da península Itálica que haviam sido conquistados por Roma. Dessa forma, Cartago e os povos conquistados por Roma lutariam contra os romanos e acabariam com seu poder para sempre.

Alguns anos depois, depois de conquistar grandes partes da Hispânia, Amílcar morreu. Seu genro Asdrúbal assumiu o comando dos exércitos cartagineses e dos aliados da Hispânia, mas dois anos depois, ele também faleceu. Nesse ponto, o menino que havia jurado ódio eterno a Roma já era um jovem de 28 anos e foi escolhido pelo exército como o novo strategos autokrator. No ano de 218 a.C., começa a Segunda Guerra Púnica e, embora Amílcar não estivesse mais presente, agora seus quatro leões, incluindo o maior strategos desde Alexandre, enfrentariam e derrotariam a invencível Roma. Aníbal seria o executor da estratégia de Amílcar e venceria os romanos uma e outra vez, sempre da maneira menos esperada e pelo caminho menos esperado.

O comandante cartaginês seria, de fato, não apenas o conquistador de Roma, mas também seu grande professor de Estratégia.[11]

Há dois eventos históricos que gostaria de destacar para lembrarmos que, para cumprir o Princípio Estratégico Essencial, é necessário encontrar a dispersão e, para tanto, você deve necessariamente "escolher o caminho menos esperado". Esses eventos são a travessia dos Pirenéus e dos Alpes e, posteriormente, a travessia dos Apeninos e dos pântanos do Arno.

Quando a Segunda Guerra Púnica começou, os romanos consideraram que o mais lógico seria enviar parte de suas legiões para a Sicília, a fim de se defenderem de uma óbvia invasão cartaginesa pelo mar, e enviar Publio Cornélio Cipião para a Espanha, onde enfrentaria Aníbal em sua própria base.

A ideia de que Aníbal poderia tentar atravessar os Pirenéus, passar por território hostil, lutar contra as tribos gaulesas e, em seguida, cruzar os Alpes nunca ocorreu aos romanos. A rota pelos Pirenéus era praticamente impossível, mas a travessia dos Alpes era tão desconhecida para os seres humanos naquela época quanto o oceano Atlântico seria para Cristóvão Colombo muitos séculos depois. Essas travessias eram simplesmente inconcebíveis, e os romanos jamais consideraram como uma possibilidade real que Aníbal escolhesse essas rotas para atravessar com seu exército.

Mas Aníbal escolheu o caminho menos esperado e marchou com um exército composto por um grupo heterogêneo de quase cem mil homens. Hispânicos, gauleses aliados, numídios, cartagineses, todos falando línguas

---

[11] *Os romanos, especialmente Publio Cornélio Cipião, reconhecem Aníbal como o inimigo que os ensinou a pensar de maneira diferente, a adquirir a arte dos gregos, a Estratégia.*

diferentes e com costumes diversos. Os diferentes povos que compunham seu exército não tinham nada em comum, exceto a admiração e lealdade a Aníbal. Também levavam consigo trinta e oito elefantes (animais que os legionários romanos jamais haviam visto) e cavalos, pois, assim como no caso de Alexandre, a cavalaria era a grande força do exército do strategos cartaginês.

No final da primavera de 218 a.C., vinte e três anos após o humilhante Tratado Púnico da Primeira Guerra, Aníbal partiu da cidade de Cartago Nova[12] (atual Cartagena, Espanha) e escolheu o caminho que ninguém esperava, a rota que os romanos consideravam impossível.

Aníbal atravessou território hostil, subiu pelos perigosos passos dos Pirenéus, enfrentou várias emboscadas e derrotou os gauleses hostis. Enquanto isso, o cônsul romano Cipião, considerando que Aníbal já havia sofrido muitas baixas e agora tentaria ir pelo mar (a rota mais segura), levou suas legiões para o outro lado dos Pirenéus para enfrentá-lo e bloquear qualquer tentativa de passagem marítima. Mas quando Cipião tentou alcançar Aníbal, este já havia partido em direção aos Alpes, seguindo o caminho inimaginável, o menos esperado. Agora, trinta e cinco mil homens da infantaria composta por hispânicos, gauleses e cartagineses, quatro mil cavaleiros numídios e trinta e oito elefantes o acompanhavam.

Aníbal iniciou a travessia mais dramática e espetacular da história dos Grandes Comandantes. Seu objetivo era evitar as legiões romanas atravessando os Alpes e depois descer para o vale do Pó, ao norte da Itália, onde habitavam as tribos gaulesas hostis a Roma. Essa região era uma das mais instáveis e representava uma potencial fraqueza romana. Seguindo o plano de seu pai Amílcar, Aníbal apostava que esses gauleses se aliariam ao exército cartaginês para iniciar a libertação de todos os povos da Itália anteriormente conquistados por Roma.

Até hoje, o itinerário exato empreendido por Aníbal em outubro de 218 a.C. é desconhecido, mas, sem dúvida, eles enfrentaram grandes provações, e Aníbal encorajou seus soldados famintos e desesperançosos com a certeza de que em breve estariam no Vale do Pó, onde seriam recebidos por tribos amigas.

> Os soldados, consternados com a lembrança da dor que haviam sofrido e sem saber com o que teriam que enfrentar ao continuar avançando, pareceram perder a coragem. Aníbal os reuniu e, do topo

---

[12] *Cartago Nova foi fundada por volta do ano 227 a.C. com o nome de Qart Hadasht (Cidade Nova) pelo general cartaginês Asdrúbal, o Belo, genro e sucessor do general Amílcar Barca, pai de Aníbal.*

dos Alpes, que pareciam ser a entrada para a fortaleza da Itália, ele mostrou-lhes as vastas planícies regadas pelo rio Pó, proporcionando uma bela visão, o único recurso que lhe restava, para dissipar o medo dos soldados. Ao mesmo tempo, ele apontou com o dedo o ponto onde Roma estava localizada e lembrou-lhes que desfrutavam da boa vontade dos povos que habitavam o país diante de seus olhos.[13]

Embora os custos em sofrimento e perda de vidas durante a travessia das montanhas fossem enormes[14], esse caminho extremamente difícil era o único que permitiria a Aníbal cumprir a Terceira Sabedoria Estratégica. Ele buscava a dispersão escolhendo o caminho menos esperado e avançava onde poderia atacar a fraqueza de Roma.[15]

Apesar de sua genialidade e audácia logística, Aníbal também precisava demonstrar sua habilidade como strategos por meio de vitórias em batalhas. Durante todos os anos em que enfrentou as legiões romanas na península Itálica, Aníbal recorreu a estratagemas, marchas rápidas e secretas, tomou caminhos inesperados e usou emboscadas para aplicar o Princípio Estratégico Essencial. Os romanos, desconhecendo a Estratégia, sempre atacavam de maneira previsível, de frente, e tentavam vencer por meio da grande eficiência operacional de suas legiões, até então invencíveis.[16]

O historiador Políbio[17] dizia que Aníbal parecia ser "um grande comandante em todas as circunstâncias. Mas o que o torna especialmente superior é que, durante vários anos em que guerreou contra os romanos e enfrentou todos os caprichos do destino, sempre teve inteligência para confundir os comandantes inimigos, sem que eles jamais conseguissem confundi-lo".

Como veremos adiante, cruzar os Pirenéus e os Alpes não foram as únicas ocasiões em que Aníbal escolheu o caminho menos esperado, e é importante notar que "escolher o caminho menos esperado" não se refere apenas a um

---

[13] Tito Lívio, *"Ab Urbe Condita"* - *A História de Roma.*.

[14] Aníbal perdeu quase metade de seu exército em emboscadas de tribos alpinas, devido ao tremendo frio, aos precipícios escuros e ao imprevisível. Durante os quinze dias da travessia, dezesseis mil homens morreram.

[15] Esta era a única maneira de surpreender os romanos, que naquela época eram excelentes táticos, mas ainda ignoravam a arte grega da Estratégia.

[16] Podemos estabelecer um paralelo entre os generais romanos e os empresários modernos que, desconhecendo a Arte da Estratégia, se empenham em competir tentando ser "o melhor", quando na realidade a Estratégia de Empresas trata-se de ser diferente, de ser único, para um grupo ou segmento específico do mercado.

[17] Políbio era um escravo grego que trabalhava como historiador para a família patrícia dos Escipioes. Ele foi testemunha ocular das guerras com Aníbal e, portanto, uma das fontes mais confiáveis, embora simpatizante de Roma.

movimento geográfico, mas sim a como se pensa e como se age. Pensar "fora da caixa", inovar, "pensar diferente" são outras maneiras de representar a ideia e o princípio por trás do axioma "escolha o caminho menos esperado".

Ao descer dos Alpes, Aníbal foi recebido pelos gauleses cisalpinos, que lhe forneceram descanso, comida, provisões e novos guerreiros. Quando o cônsul Tibério Semprônio Longo chegou com suas legiões da Sicília para enfrentar Aníbal, o strategos cartaginês infligiu uma terrível e surpreendente derrota na batalha de Trebia. Naquele momento, as tribos gaulesas, que ainda estavam aguardando para definir seu apoio, se convenceram completamente e se uniram em massa às fileiras de Aníbal, exatamente como Amílcar havia planejado.

Os romanos estavam surpresos e horrorizados com o ocorrido. Prepararam-se para enviar mais legiões para bloquear todas as duas possíveis rotas em direção a Roma.

O enorme esforço e o preço muito alto que Aníbal estava disposto a pagar para sempre seguir a Terceira Sabedoria Estratégica são um testemunho eloquente sobre a importância de seguir esse axioma se você realmente deseja cumprir o Princípio Estratégico Essencial.

Exemplos militares sobre a necessidade de "escolher o caminho menos esperado" são abundantes, e poderíamos citar a maioria das batalhas dos Grandes Comandantes, como a genialidade estratégica de Alexandre em Gaugamela e Hidaspes, Aníbal em Trasimeno e Canas, Napoleão em Austerlitz. A Terceira Sabedoria Estratégica se aplica tanto no nível estratégico quanto no tático. A aplicação da Terceira Sabedoria Estratégica (3SE) é necessária em todas as áreas e vai muito além de ser um axioma da estratégia militar.

Lembre-se de que escolher o caminho menos esperado não se limita ao aspecto geográfico. Como vimos no caso de Steve Jobs e da Apple, também envolve a maneira de ser, de pensar e de agir. Sem inovação, você não pode ser diferente, e se não for diferente, será igual, e se for igual, então a única coisa que pode esperar é competir por meio de "confrontos diretos" (fortaleza contra fortaleza) com o concorrente. A razão pela qual você deve escolher o caminho menos esperado está no fato de que você sempre deve buscar cumprir o Princípio Estratégico Essencial (PEE), ou seja, buscar encontrar a dispersão.

V. Grande Estratégia e a Terceira Sabedoria Estratégica

Mas como seria aplicada a 3SE ao conceito de Grande Estratégia?

Grande Estratégia é a própria vida e se você deseja aplicar o pensamento estratégico à arte de viver, que é a maior de todas as artes, então você deve considerar que todos desejam vidas felizes, mas a maioria busca a felicidade de forma direta, seguindo o caminho mais percorrido, e assim não obtém o resultado desejado. O caminho mais percorrido é aquele que você já conhece e muitos o seguem pensando que se conseguirem obter riquezas materiais suficientes, fama, posições e poder, poderão ser felizes. A realidade comprova que isso não é verdade, porque as leis universais não recompensam o egocentrismo.

Se você deseja paz, prosperidade e tranquilidade da alma, então siga a 3SE e escolha o caminho menos esperado, o menos percorrido, e a paz, prosperidade e tranquilidade virão para sua vida de maneiras indiretas. O caminho menos esperado está em buscar a felicidade, primeiramente, buscando a felicidade dos outros.

> *Estreita é a porta, e apertado o caminho que leva à vida,*
> *e poucos são os que o encontram.*
>
> Jesus Cristo

> *Certamente, direi isso suspirando em algum momento*
> *dentro de anos e anos,*
> *dois caminhos se abriram em uma floresta,*
> *eu escolhi... escolhi o menos percorrido entre os dois,*
> *e isso fez toda a diferença.*
>
> Robert Frost

Moeda em que aparece Aníbal Barca

22 - A Quarta Sabedoria Estratégica

I. Ataques frontais não devem ser tentados

Basil Liddell Hart tinha uma prova contundente e, por isso, decidiu criticar abertamente os líderes ingleses após a Primeira Guerra Mundial, afirmando que eles não haviam demonstrado compreensão da Arte da Estratégia. Após estudar todos os Grandes Comandantes e analisar as batalhas mais conhecidas e determinantes da história, Liddell Hart podia afirmar que não havia maior prova da ausência de Estratégia do que recorrer a ataques frontais. Não respeitar a Quarta Sabedoria Estratégica resultou no dia mais catastrófico da história do exército inglês, na mais sangrenta de todas as guerras e em milhões de vidas perdidas inutilmente.

A Quarta Sabedoria Estratégica (4SE) diz: Ataques frontais não devem ser tentados. Isso é óbvio pelo simples fato de que, se você tentar um ataque frontal, estará indo contra a concentração do oponente e não estará cumprindo o Princípio Estratégico Essencial (PEE). Recusar-se a tentar ataques frontais torna-se lógico quando a essência de toda Estratégia está, primeiramente, em conhecer suas próprias forças, concentrá-las e posteriormente buscar uma dispersão onde aplicá-las.

Se Steve Jobs tivesse atacado frontalmente o sistema operacional Windows da Microsoft, a Apple simplesmente não teria sobrevivido. Teria sido esmagada antes de crescer. Se Davi tivesse se envolvido em uma batalha direta com Golias, usando as mesmas armas do paladino filisteu, Davi teria morrido. Segundo Liddell Hart, os generais ingleses não tinham desculpas, pois tinham milhares de anos de história para se apoiar.[18]

Mas quando, no século II a.C., Aníbal, um dos leões de Amílcar, seguiu a estratégia de seu pai e aplicou as táticas de Alexandre, derrotando todos os generais romanos que se opuseram a ele, os romanos ainda não conheciam a Arte da Estratégia.[19]

---

[18] *Também T.E. Lawrence (ou seja, Lawrence da Arábia) havia alertado o mesmo quando disse: "Com dois mil anos de exemplos às nossas costas, não temos desculpa quando lutamos, se lutamos mal".*

[19] *Até então, os romanos tradicionalmente conservadores não haviam dado valor às ideias e formas de pensar e agir de outros povos. Embora houvesse populações gregas no sul da península itálica, os romanos – um povo orgulhoso e auto-suficiente – não haviam demonstrado interesse em aprender dos gregos. Eles sabiam quem havia sido Alexandre, mas não o estudavam. Antes de conhecer Aníbal, os romanos gostavam de fantasiar que suas legiões teriam vencido as falanges de Alexandre o Grande.*

Apesar da coragem tradicional, da resiliência e da eficiência das legiões romanas, seus generais tiveram que passar por tremendas derrotas nas mãos do comandante cartaginês antes de mudarem sua maneira de pensar. Devemos dar mérito aos romanos porque eles foram capazes de se adaptar depois de observar o modo de pensar de Aníbal, mas a adaptação não foi rápida. Pelo menos não rápida o suficiente para evitar que Roma estivesse à beira da extinção. Embora o romano que finalmente venceria Aníbal ainda fosse apenas um adolescente e não estivesse preparado, foi graças a um líder experiente, convocado às pressas no momento de maior angústia, que Roma conseguiu se salvar. Esse líder se chamava Fábio Máximo, mas os romanos tiveram que ser derrotados três vezes antes de aceitar suas ideias.

Para estudar a Quarta Sabedoria Estratégica (4SE), convido você a continuar com a história da Segunda Guerra Púnica e conheceremos personagens como o cônsul Flamínio, o chefe de cavalaria Marco Minúcio e o ditador Fábio Máximo. Esses homens servirão como exemplos para observarmos tanto o cumprimento quanto a violação da Quarta Sabedoria Estratégica.

Os romanos sempre foram excelentes taticamente, e sua eficácia e caráter os levaram a acreditar que Roma era invencível (Roma aeterna est).[20] A fonte de sua invencibilidade, segundo eles, estava no caráter indomável do romano e no método disciplinado e eficiente das legiões. As engenhosas formações dos hastatii, princeps e triarii eram taticamente excelentes. Os romanos atacavam frontalmente como uma máquina bem coordenada e nunca se rendiam ou desistiam da luta. Várias histórias e mitos romanos perpetuavam a fama e a convicção de serem um povo invencível. Essa eficácia também se baseava nos homens mais estoicos de toda a história clássica.

O ideal do romano clássico era um homem tão obstinado e resiliente a ponto de ser a inspiração e modelo para Epicteto, o escravo grego que escreveu o Manual que ajudou James Stockdale nos campos de prisioneiros do Vietnã. Enquanto a cultura grega era a dos filósofos, sofistas, simpatizantes de ideias, artes, teatro e Estratégia, a cultura romana era a do nobre e rude agricultor e soldado que jurou nunca aceitar o domínio de um rei ou estrangeiros sobre a terra que lhe pertencia, a República. Mas contra um strategos como Aníbal, possuidor daquele conhecimento esotérico ensinado a Alexandre e seus companheiros na Escola Real de Pajens da Macedônia, toda essa coragem e eficácia não eram suficientes. Assim, e para grande surpresa dos romanos, todas as suas legiões sofreram derrotas catastróficas nas mãos do strategos cartaginês. Essas derrotas foram tão dramáticas e completas que marcaram a psique dos romanos para sempre.

---

[20] *"Roma é eterna" era a conclusão do romano.*

Depois de serem surpreendidos por Aníbal várias vezes, o Senado romano ainda não conseguia entender como o cartaginês havia derrotado o cônsul Cipião no rio Ticino, ou como as legiões do cônsul Longo haviam sido derrotadas no rio Trebia. Os romanos simplesmente não compreendiam como essas derrotas poderiam ter ocorrido e, portanto, inicialmente consideraram-nas "acidentes", "coisas do destino". O povo estava convencido de que era hora de um general mostrar a Aníbal que Roma nunca era derrotada e que as legiões eram verdadeiramente invencíveis.

II. Caio Flamínio, o campeão do povo

No inverno de 218 a.C., as derrotas consecutivas deixaram os romanos surpresos e assustados. Os gauleses do vale do Pó se uniram aos exércitos de Aníbal, que agora comandava quarenta mil homens e dez mil unidades de cavalaria. Embora não fosse um número significativo quando comparado às forças romanas, que no final do século III a.C. somavam cerca de setecentos mil legionários. Apesar dessa superioridade numérica, Roma já havia perdido o controle de toda a Gália Cisalpina, várias de suas legiões haviam sido derrotadas, e seus cônsules mortos ou feridos.

Tudo isso era inaceitável, e no início de 217 a.C., o Senado e o povo romano estavam determinados a destruir Aníbal e restaurar a ordem. Dois novos cônsules foram eleitos, Caio Servílio Gêmino e Caio Flamínio, este último sendo o Campeão do Povo.

Caio Flamínio era um homem explosivo, corajoso, audacioso e decidido. Nada o intimidava, e recentemente havia conquistado sua reputação ao derrotar de forma surpreendente os ferozes gauleses do norte, que agora se aliaram a Aníbal. Flamínio era amado pelo povo por ser franco, agressivo, por dizer as coisas como são, por representar o caráter romano, orgulhoso por natureza e história. No entanto, ele não era querido pelos senadores, pois havia decidido atacar os gauleses contra a vontade do Senado, que concluiu que um ataque seria muito arriscado e não deveria ser tentado.[21] Apesar dessa recomendação, Flamínio atacou e venceu, contrariando as expectativas negativas dos senadores. Posteriormente, ele propôs dar terras aos colonos romanos, indo contra os interesses econômicos e políticos das famílias tradicionais.

Portanto, quando Flamínio foi confirmado como cônsul, convocou imediatamente as legiões sob seu comando e partiu para encontrar Aníbal e derrotá-lo. O povo o aclamou, finalmente um verdadeiro general romano vingaria as legiões derrotadas.

---

[21] *O fato de ser um homo novis (um homem cujos descendentes não foram cônsules e não são patrícios) talvez gerasse em Flaminio ressentimento e desprezo pelos aristocráticos senadores.*

O único que se opôs abertamente foi o senador Fábio Máximo, que estava ciente do número relativamente pequeno das tropas de Aníbal e de suas limitações. Fábio Máximo «exortava os romanos a aguentarem e não entrarem em combate com um homem que comandava tropas experientes e cujo objetivo era precisamente travar batalhas". Fábio Máximo recomendou que, em vez de atacar, Roma deveria enviar ajuda a seus aliados, fortificar as cidades e depois "deixar que as forças de Aníbal se desintegrassem por si mesmas, como uma chama que se extingue por falta de recursos".[22] Esses conselhos eram totalmente novos aos ouvidos dos romanos. Quando antes os romanos adotaram uma postura defensiva e temerosa? Nunca. Os conselhos de Fábio Máximo eram praticamente heréticos para a cultura romana.

Flamínio partiu com suas legiões. Assim como já havia acontecido com os gauleses, Flamínio mais uma vez ignoraria qualquer conselho, mostraria quem eram os romanos e poria fim à invasão cartaginesa.

O cônsul partiu em direção ao norte, sabendo que, após as derrotas sofridas em Trebia, havia apenas duas rotas possíveis para Aníbal. O cartaginês teria que marchar para o sul e atravessar o centro da península Itálica por Areminium ou por Arretium. Dessa forma, o cônsul Gêmino, escolhido pelo Senado, e suas legiões marcharam para a costa do mar Adriático para bloquear o caminho em Areminium, enquanto o cônsul Flamínio, escolhido pelo Povo, e suas legiões marcharam para Arretium, ao sul dos Apeninos. Se Aníbal tomasse uma dessas duas únicas rotas possíveis, teria que enfrentar os romanos de frente, e nesse momento ambos os cônsules uniriam suas forças.

No entanto, sendo um grande strategos, o comandante cartaginês mais uma vez escolheu o caminho inesperado. Em vez de seguir o caminho previsto por Flamínio, Aníbal marchou com seus exércitos pelos desfiladeiros montanhosos dos Apeninos e desceu diretamente para os pântanos do rio Arno. O caminho era impensável, pois era primavera e o rio, transbordando após o degelo, não deixava nenhuma terra seca à vista. Assim, todo o exército de Aníbal, cartagineses, hispânicos, gauleses, os numídios com seus cavalos, as mulas e um elefante[23], marcharam por quatro dias atravessando os pântanos do rio Arno.

Mais uma vez, Aníbal surpreendeu os generais romanos tomando um caminho que era simplesmente impensável. A travessia pelos pântanos exigiu que seus exércitos marchassem em terreno insalubre e com água até a cintura por vários dias. Muitos homens e animais morreram afogados, outros adoeceram. Vários se afogaram por não encontrarem um lugar para dormir após dias marchando em terreno alagado. Alguns se salvaram dormindo sobre os

---

22 *Plutarco, Op. Cit.*
23 *O único que estava vivo depois da batalha de Trebia, provavelmente, era Sirus, o elefante símbolo de Aníbal.*

corpos dos animais mortos. A travessia foi tão difícil que Aníbal literalmente perdeu um olho.[24]

Dessa forma, Aníbal conseguiu flanquear Flamínio e penetrou no centro da Itália.

Graças a seus informantes, Aníbal sabia que Flamínio era um homem orgulhoso e audacioso, e, portanto, cairia em sua armadilha se provocado. Aníbal ordenou, então, queimar os campos que estavam sob a proteção do cônsul.

Ao se ver flanqueado e ludibriado, Flamínio ficou furioso. Embora seus conselheiros pedissem que ele esperasse o cônsul Gêmino para unir as legiões e concentrar as forças, Flamínio não esperou. Seguindo sua natureza impetuosa, foi atrás de Aníbal para encontrá-lo e destruí-lo.

Com um dia de vantagem, o strategos cartaginês seguiu o caminho que contornava a parte norte do lago Trasimeno. Ele observou que as colinas desciam praticamente até o lago e que, em alguns trechos, o caminho não era suficiente para que mais de dois ou três homens marchassem lado a lado. Aníbal então atravessou com seu exército de oeste a leste, estabeleceu seu acampamento, acendeu fogueiras e esperou. Desde muito cedo, seu pai Amílcar o havia ensinado a estar ciente da atitude proativa dos romanos e do caráter irredutível do qual eles se orgulhavam. Aníbal analisava como usar essas características contra os romanos. Aquilo que os romanos consideravam ser sua grande força, Aníbal considerava uma fraqueza, já que o comandante cartaginês compreendia os princípios da Estratégia. No lago Trasimeno, Aníbal usaria a falta de autoconhecimento e a ignorância estratégica dos romanos para derrotá-los mais uma vez, e novamente de forma calamitosa.

No dia seguinte, 24 de junho de 217 a.C., Flamínio, excitado e ávido de combate, descobre a localização de Aníbal e ordena suas legiões a marcharem pelo caminho do lago, atravessá-lo e enfrentar o cartaginês no lado leste, à maneira romana: um choque frontal de forças.

O cônsul Flamínio coloca os legionários sobreviventes da última batalha à frente. Esses veteranos estão ansiosos para vingar a derrota passada e as mortes de seus companheiros. Ávidos de combate, os romanos aceleram o passo ao entrar no estreito caminho. É cedo e uma névoa cobre toda a região. Com as montanhas à esquerda e o lago à direita, as legiões que vêm atrás com Flamínio tentam acelerar o passo para se unirem aos veteranos que estão à frente. Os demais, que estão mais atrás, mal estão entrando no caminho quando os veteranos à frente chegam ao outro lado do lago, onde se encontram com a infantaria pesada de Aníbal.

Mal terminam de sair do estreito caminho que contorna o lago, os veteranos se formam para o combate. Estão prontos para enfrentar os cartagineses

---

[24]   *Aníbal sofreu uma infecção ocular ao atravessar os pântanos, o que o deixou com um olho cego.*

e aguardam o restante das legiões. Flamínio e os legionários a meio caminho percebem que é uma armadilha quando ouvem trombetas e rugidos ao longo de todo o caminho do lago. O aterrorizante barulho vem dos dezessete mil gauleses que Aníbal havia escondido na noite anterior nas florestas montanhosas ao longo do caminho. Agora, os gauleses teriam a oportunidade de se vingar de Flamínio, a quem odiavam visceralmente. Com gritos de fúria, eles descem das colinas como uma avalanche sobre os romanos que estão dispersos pelo caminho do lago. Enquanto os ferozes guerreiros gauleses descem das colinas, a infantaria pesada cartaginesa enfrenta os veteranos no lado leste. A cavalaria númida, que se escondeu no oeste, ataca a retaguarda romana que acabou de entrar no caminho do lago. Os guerreiros gauleses, enlouquecidos pela adrenalina, ódio e sede de vingança, destroem as frágeis linhas romanas ao longo de toda a margem norte do lago Trasimeno.

O historiador Políbio conta que muitos romanos morreram afogados ao tentar escapar dos gauleses que degolavam os legionários desprotegidos, desorganizados e dispersos. A derrota romana foi uma catástrofe ainda mais surpreendente e dolorosa do que a ocorrida anteriormente em Trebia. Em menos de três horas, o exército consular completo de Flamínio havia sido aniquilado. Quinze mil legionários foram mortos e outros quinze mil feitos prisioneiros. O cônsul demonstrou grande coragem e honra ao liderar seus legionários sem desistir e lutou como um leão. Mas, no meio da batalha, os gauleses o reconheceram rapidamente. Apesar das ordens expressas de Aníbal para recuperar o corpo do cônsul, os restos de Flamínio nunca foram encontrados ou reconhecidos.

Em Roma, todos esperavam ansiosamente por notícias. Quando o primeiro mensageiro chegou galopando a Roma, todos os membros do Senado se reuniram para ouvir o resultado da empreitada de Flamínio. O mensageiro disse laconicamente: "Romanos, grande batalha. Fomos derrotados. O cônsul Flamínio morreu."

A Quarta Sabedoria Estratégica (4SE) diz que ataques frontais não devem ser tentados, e é o axioma da razão e do equilíbrio emocional. Se o strategos puder manter a calma, ser prudente e pensar bem em qualquer circunstância, então poderá aplicar esse axioma. Porque se o strategos já estiver consciente desse axioma, seu equilíbrio emocional será a chave para não cair no erro. Se o estrategista estiver ciente da 4SE, então somente se perder o equilíbrio emocional atacará de frente. Flamínio era intempestivo e seu caráter o levava a aplicar o modo tradicional dos romanos: ir de frente e atacar com o sistema tradicional da legião. No entanto, nunca antes os romanos frontais haviam encontrado um inimigo que soubesse pensar de forma estratégica.

Lembre-se de que a Quarta Sabedoria Estratégica é um axioma estratégico e você deve considerar sua aplicação em todos os aspectos. A interpretação prática que você dá ao axioma "Ataques frontais não devem ser tentados" dependerá de você mesmo. Apenas lembre-se de que, assim como todas as outras Sabedorias Estratégicas, esta também deve ser interpretada e aplicada de acordo com o seu autoconhecimento. Estratégia não é a arte da guerra, é a arte de saber pensar.

Embora os romanos fossem orgulhosos e autossuficientes, o impacto dessa nova derrota no Lago Trasimeno foi tão grande que o Senado concluiu que deveriam tomar uma decisão extrema e escolher um ditador. Roma estava em grande perigo e apenas em momentos de extrema necessidade como este os romanos abandonavam seu sistema bicônsular e elegiam um indivíduo para guiá-los no cargo de ditador por seis meses.

O senador Quinto Fábio Máximo, aquele que havia tido a força de caráter para ir contra a opinião da maioria dos romanos e recomendar não enfrentar Aníbal, era agora o único que conseguia manter a cabeça fria em meio a tanta angústia. Era o único que havia recomendado pensar de forma diferente e, portanto, era o único que, por experiência (63 anos), poderia dizer aos romanos como e o que fazer com Aníbal.

Ducarius decapita Flamínio na batalha do Lago Trasimeno, por Joseph-Noël Sylvestre. Béziers (Languedoc-Roussillon), Museu de Belas Artes, 1822.

23 - Estratégia Fabiana e a Quarta Sabedoria Estratégica

I. Fábio Máximo

Nas próximas páginas, observe Fábio Máximo como exemplo da Quarta Sabedoria Estratégica e lembre-se de que conduzir ataques frontais não faz parte da mente dos Grandes Comandantes.

Quinto Fábio Máximo vinha da família patrícia dos Fábios, que se diziam descendentes de uma mulher que havia dado um filho a Hércules nas margens do rio Tibre. Esse homem foi o *pater familias* da grande e ilustre linhagem dos Fábios. Desde pequeno, Fábio era reconhecido como uma criança muito pensativa e prudente, chegando a ser categorizado como muito dócil e até mesmo tolo. Quando criança, ele era chamado de "ovícula", "a ovelha". Na cultura romana, esse modo de ser pensativo e prudente não era bem visto, mas Fábio cresceu e se tornou um homem de grande equilíbrio emocional e racionalidade.

A primeira ação de Fábio como ditador de Roma foi explicar aos romanos que eles haviam errado ao desprezar a prudência. O novo líder de Roma buscou o favor dos deuses com o objetivo de restaurar a confiança abalada do povo romano. Uma vez concluídos os trâmites legais e cumpridas as tradições religiosas, Fábio liderou suas legiões e partiu em busca de Aníbal. Não para atacá-lo, mas com a determinação de enfraquecer e aniquilar seu poder com o tempo.

Fábio interpretou que a força dos romanos em relação a Aníbal não estava no método das legiões (isto é, *hastatii, princeps* e *triarii*) ou no caráter tradicionalmente agressivo dos romanos, mas sim na superioridade numérica e no fato de estarem lutando na Itália. Os cartagineses não tinham os recursos necessários para permanecer indefinidamente na Itália, e se Roma aproveitasse essa fraqueza de Aníbal e negasse a ele a batalha e a possibilidade de usar a cavalaria (a força dos cartagineses), Roma eventualmente sairia vitoriosa.

Dessa forma, e tendo essa estratégia em mente, Fábio ordenou que suas legiões sempre acampassem em lugares altos onde a cavalaria inimiga não pudesse ser utilizada. Se Aníbal não movesse suas tropas, Fábio permaneceria inativo, e se ele se movesse, então Fábio o seguiria de longe, sempre ameaçando atacar, mas nunca atacando e também não dando oportunidade para que Aníbal o fizesse.

Fábio havia compreendido que Aníbal precisava das batalhas para manter seu exército heterogêneo unido. Ele também compreendeu que a cavalaria era a grande força dos exércitos cartagineses e o "martelo" com o qual Aníbal sempre golpeava pelos flancos ou retaguarda. Nas derrotas anteriores, os cônsules Cipião, Longo e Flaminio haviam atacado Aníbal de frente, oferecendo-lhe a oportunidade de surpreendê-los e provocar uma dispersão onde Aníbal concentrava o ataque de sua cavalaria. Em outras palavras, a estratégia de Fábio consistia em atacar a estratégia de Aníbal e não dar mais oportunidades para que o strategos cartaginês cumprisse o Princípio Estratégico Essencial.[25] Sem poder aplicar o Princípio Estratégico Essencial, Aníbal se veria obrigado a vagar pela Itália e, mais cedo ou mais tarde, seus suprimentos se esgotariam, seus aliados se cansariam e seu exército entraria em desespero.

De fato, Fábio Máximo foi o primeiro romano a compreender como pensar Estratégia e teve a coragem, a autoridade e o equilíbrio emocional para mudar completamente a forma de agir dos romanos. Isso não foi fácil, pois essas ideias eram totalmente contrárias à tradição romana e praticamente todos, senadores e povo, eram contra as ideias do ditador. Mas Fábio estava ciente da superioridade de Aníbal e soube usar a autoridade de seu cargo para dar um passo muito doloroso para o orgulho romano. Aceitou que nenhum general romano poderia derrotá-lo em um campo de batalha e que Roma deveria ajustar seus objetivos aos seus meios. Não aos seus meios físicos, que eram abundantes, mas aos seus meios intelectuais, que naquele momento eram inferiores.[26] Assim, Fábio ajustou o objetivo e evitou tentar vencer Aníbal em uma batalha; concentrou-se em derrotá-lo sem lutar.

Sun Tzu havia escrito em suas tabuletas: "A invencibilidade está na defesa", e pela primeira vez desde o início da Segunda Guerra Púnica, Aníbal ficou surpreso. Ele conhecia os inimigos e sabia que a maneira de pensar de Fábio Máximo não era a típica dos romanos. Ele tentou provocá-lo de todas as maneiras. Queimou os campos, assim como havia feito com Flamínio, mas deixando intactos os campos pertencentes a Fábio Máximo. Isso levantou suspeitas e acusações dos inimigos políticos de Fábio no Senado romano. Mas o ditador era inabalável em sua convicção. Nada do que Aníbal tentava o fazia mudar de estratégia, e nada afetava seu equilíbrio emocional. Fábio não abandonava sua lógica, mesmo com seus inimigos políticos o acusando

---

[25] *Sun Tzu referia-se a isso quando afirmava que "o que é de máxima importância na guerra é atacar a estratégia do inimigo; o segundo melhor é romper suas alianças por meio da diplomacia; somente em terceiro lugar vem atacar seu exército".*

[26] *Isso é a que Sun Tzu se referia quando afirmava que "se você não pode ser forte, mas também não sabe ser fraco, será derrotado".*

de todo tipo de falhas. O povo, impaciente, o chamava desdenhosamente de cuntator, "o retardador", ou "o retardado".

Embora as provocações de Aníbal e dos soldados cartagineses não movessem Fábio Máximo, o mesmo não acontecia com os legionários romanos. As zombarias e provocações de Aníbal tinham um grande efeito sobre o romano comum, inclusive sobre os oficiais das legiões. A impaciência romana chegou ao ponto em que o segundo no comando, o magister equitum Marco Minúcio Rufo, zombava do ditador Fábio, afirmando que ele era um covarde ou um desinteressado. O próprio exército romano começou a zombar e a ficar impaciente com a maneira de pensar e agir de Fábio, com sua "estratégia Fabiana".

Mas Fábio Máximo, a todo momento e sob todos os tipos de pressão inimagináveis, até mesmo com ameaças de morte e contra sua integridade física, mantinha seu equilíbrio emocional, sem esquecer do objetivo. Quando seus amigos mais próximos tentaram convencê-lo a atacar, argumentando que, se ele não o fizesse, continuariam chamando-o de pusilânime, sua resposta foi a seguinte:

> Então eu seria mais pusilânime do que agora se, por medo das críticas e do escárnio, eu me afastasse das minhas decisões. Ser prudente e temeroso pela segurança de nossa pátria não é vergonhoso, enquanto perder o equilíbrio por causa das opiniões dos outros, por causa de suas calúnias e paródias, não é digno de um homem de tanta autoridade como eu [ditador]. Se eu cedesse, me tornaria escravo daqueles a quem devo comandar e até dominar quando pensam de forma equivocada.

Apesar das críticas, Fábio manteve sua compostura e frieza emocional. Ele se apegou à sua estratégia porque ela era lógica e racional. Aníbal foi o único que percebeu que finalmente estava enfrentando um romano que pensava como um strategos, e logo cometeu seu primeiro erro, dando a oportunidade a Fábio. Esse erro ocorreu devido a um mal-entendido com os guias locais que ajudavam Aníbal, e resultou em ele ser encurralado com seu exército em um dos vales altos entre Cales e Volturno. No entanto, mais uma vez, o cartaginês usou a criatividade e a inovação para compensar seu erro e escapar da posição desfavorável.

Quando os romanos souberam disso, perderam a paciência que tinham com Fábio Máximo. Seus detratores disseram que o ocorrido demonstrava que, além de covarde, o ditador era inferior no "pensamento", aquilo que se supunha ser a fonte de sua vitória contra Aníbal. Mas a verdade era que os romanos julgavam erroneamente o caráter de Fábio e, ao mesmo tempo, continuavam subestimando a excelência do conhecimento estratégico que Aníbal possuía.

No entanto, depois que Fábio perdeu a oportunidade de forçar Aníbal a uma batalha em posição desfavorável[27], o Senado romano decidiu conceder ao *magister equitum*[28] Marco Minúcio Rufo, tenente do ditador, poderes iguais aos de Fábio. Isso significava que Minúcio agora também tomaria decisões e já havia prometido ao exército que, sob seu comando, os romanos voltariam a atacar.

Assim como havia sido o caso com Flamínio, o tenente agora empoderado Minúcio estava ansioso para atacar e, por meio de discursos inflamados, levou seus soldados a serem possuídos por um espírito temerário e a acreditar que derrotariam Aníbal se o atacassem com determinação. As duas legiões sob seu comando se encheram de fervor e só pensavam em enfrentar Aníbal e vingar todas as derrotas e humilhações que Roma vinha sofrendo nos últimos dois anos. Mas Minúcio não era um strategos e não possuía a temperança e o equilíbrio emocional de Fábio Máximo para aplicar a Quarta Sabedoria Estratégica, e, como era de se esperar, caiu em uma armadilha preparada por Aníbal.

Devido ao ardente desejo de atacar que prevalecia nas legiões de Minúcio, Aníbal não teve dificuldade em provocar uma batalha e infligir uma nova derrota a Roma. O comandante cartaginês conseguiu fazer Minúcio acreditar que estava vencendo a batalha quando na verdade estava sendo posicionado para sofrer um ataque de cavalaria (a fortaleza de Aníbal) em sua retaguarda (a dispersão dos romanos). Quando Fábio Máximo, de seu acampamento, observou o que estava acontecendo, suspirou profundamente e disse: "Por Hércules, Minúcio se autodestruirá antes do que eu pensava, mas certamente mais tarde do que ele desejava". A cavalaria de Aníbal já estava destruindo os legionários de Minúcio quando Fabio Máximo interveio com suas legiões.

O ditador havia previsto que seu tenente e marechal da cavalaria atacariam e seriam surpreendidos por Aníbal. Antecipando-se aos fatos, Fábio manteve suas legiões prontas para intervir, e aconteceu que, se não fosse por sua ação oportuna, os romanos teriam sofrido uma nova derrota. Descendo das colinas, Fábio liderou suas legiões contra a cavalaria cartaginesa e, demons-

---

[27] *Sun-Tzu se referia a isso quando afirmava que 'a invencibilidade está na defesa; a possibilidade de vitória está no ataque'*

[28] *O "magister equitum" (traduzido como "chefe de cavalaria" ou "marechal da cavalaria") era um cargo político e militar da antiga Roma. Ele era responsável por comandar e liderar as forças de cavalaria do exército romano.*

trando uma grande coragem pessoal, apesar de sua avançada idade, entrou em combate corpo a corpo contra as forças de Aníbal. Primeiramente, salvou Minúcio e aqueles que estavam sendo massacrados no centro. Em seguida, conseguiu provocar a retirada dos cartagineses que atacavam a retaguarda e estavam prestes a infligir outra enorme derrota a Roma.

Quando Aníbal viu Fábio Máximo descendo das colinas para atacar com grande coragem pessoal e percebeu que sua cavalaria estava sendo atacada pela retaguarda e que as legiões romanas começavam a prevalecer sobre seu exército, ordenou uma retirada imediata. Depois, em meio a brincadeiras, disse aos que estavam ao seu redor: "Eu não disse a vocês que em algum momento essa nuvem que nos segue em todos os lugares cairia sobre nós com uma tempestade?".

Aníbal sabia que o único romano que pensava como um strategos era Fábio Máximo e que, além disso, o velho ditador nunca havia deixado de possuir o melhor do caráter romano: a coragem e a disposição para se sacrificar pelo outro.

Plutarco relata o que aconteceu com Marco Minúcio depois dessa terrível experiência:

> Fabio retirou-se da ação sem fazer mais nada além de saquear os inimigos mortos, sem proferir qualquer palavra arrogante ou ofensiva sobre seu colega Minúcio. No entanto, Minúcio reuniu suas legiões e disse a eles: "Camaradas, evitar erros em grandes empreendimentos está além das forças humanas. Mas aquele que errou deve aprender com seus erros e agir com retidão e razão. Se tenho algo a culpar a sorte, tenho ainda mais a agradecer, pois o que não havia compreendido até agora em tanto tempo, acabei de aprender em menos de um dia, convencendo-me de que não sou apto para liderar outros, mas sim que preciso de um comandante, e não tentar vencer aqueles a quem é melhor ser derrotado. Nas demais questões, será o ditador Fábio Máximo quem irá comandá-los, mas, em gratidão a ele, eu ainda serei o seu general, colocando-me diante dele obediente e disposto a ser o primeiro a obedecer às suas ordens".

> Após admitir seu erro perante suas tropas, Minúcio convocou todos para acompanhá-lo ao acampamento de Fábio Máximo. Ao chegar lá, foi recebido por Fábio, e diante dele Minúcio depôs suas insígnias, chamando-o em voz alta de "pai", e da mesma forma os soldados de Minúcio chamaram os soldados de Fábio de "patrão", que é a palavra usada por aqueles que recebem a liberdade daqueles que a concedem.

Quando o silêncio reinou, Minúcio disse: "Duas vitórias, ó ditador! Alcançaste hoje, vencendo Aníbal com coragem e vencendo teu colega com prudência e generosidade: [...] Chamo-te de pai, pois não encontro nome mais honroso para te dar, devendo-te mais gratidão do que àquele que me deu a vida, pois ele me gerou apenas a mim, enquanto tu me salvaste com todos esses". Ao terminar esse discurso, ele abraçou e beijou Fábio, e seus soldados fizeram o mesmo, abraçando-se e beijando uns aos outros, inundando o acampamento com alegria e lágrimas.

A Quarta Sabedoria Estratégica (Não tentar ataques frontais) apresenta um desafio intrínseco, assim como todos os outros axiomas. É o desafio do autoconhecimento e da autoliderança. Esses são, de fato, os principais desafios do strategos uma vez que ele tenha adquirido o conhecimento da Estratégia. Pois quando estamos cientes de que, na Arte da Estratégia, os ataques frontais não devem ser tentados, então o autoconhecimento e o autocontrole serão as características que permitirão ao strategos não cometer erros.

Pois ao observarmos a história, vemos que foi o caráter de Flamínio que o levou a violar a Quarta Sabedoria Estratégica, sofrendo uma derrota catastrófica e a morte no lago Trasimeno. Sua derrota ocorreu apesar de sua grande coragem. Da mesma forma, como vimos antes, o desejo de grandeza pessoal e a falta de autoconhecimento foram os erros que levaram Crasso a não ser capaz de ajustar seus objetivos aos seus meios e a morrer com seu filho e suas sete legiões no meio do deserto na Pártia.

Como já dissemos antes, Estratégia e Liderança não estão dissociadas, pois a Estratégia é, em sua definição mais original e pura, o que o strategos, o líder, pensa e faz.

Por outro lado, foi o caráter de Fábio Máximo, conhecido desde a juventude como um homem comedido, prudente e racional, que o levou a ser o único capaz de desestabilizar Aníbal e propor uma verdadeira estratégia aos romanos.

Se você observar atentamente a história das batalhas da Segunda Guerra Púnica, verá que Fábio Máximo seguiu os mesmos conceitos, princípios e axiomas que estamos vendo neste livro. Não porque Fábio tivesse acesso ao conhecimento esotérico dos gregos, como era o caso de Aníbal Barca, mas porque os princípios e axiomas da Estratégia são racionais e estão ao alcance de todos que observam as coisas com atenção. Fábio teve a capacidade intelectual de observar e aprender, além de demonstrar ter o caráter necessário para mudar a maneira tradicional de pensar dos romanos e seguir o caminho correto.

Quinto Fábio Máximo incorporava o caráter romano de firmeza, convicção intelectual e capacidade de adaptação. Como dissemos antes, os romanos não conheciam a arte grega da Estratégia e precisaram ser derrotados várias vezes de forma absoluta e completa por Aníbal para aprender com suas próprias experiências. Aos cônsules romanos que tentaram derrotar Aníbal em seu próprio jogo aconteceu o que Bismarck dizia: "Os tolos dizem que aprendem com suas experiências". No entanto, Fábio, um homem sábio e decidido, preferiu observar e aprender com a experiência de seus antecessores. O exemplo de humildade de Marco Minúcio também é notável, pois ele entendeu sua necessidade de aprender e reconhecer Fábio Máximo como seu superior em conhecimento.

Embora os inimigos de Fábio Máximo o considerassem um transgressor da tradição romana, o ditador também podia evocar lições antigas da história romana para respaldar sua estratégia, sua forma de pensar. Assim como Alexandre o Grande, e Aníbal Barca se inspiraram nas histórias de Hércules e outros heróis gregos, Fábio também tinha heróis romanos nos quais se inspirar.

Observe a seguinte história que, com certeza, Fábio Máximo ouviu muitas vezes desde criança e que nos é transmitida pela pena do historiador Tito Lívio. É a história da mítica disputa entre os Horácios e os Curiácios, que nos leva novamente a refletir sobre a importância da Quarta Sabedoria Estratégica.

II. Horácios vs. Curiácios

O historiador Tito Lívio relata essa história de forma lendária no primeiro livro de sua "História de Roma". Em algum momento do século VII a.C. (cinco séculos antes de Aníbal), os romanos entraram em grande conflito com a cidade vizinha de Alba Longa. Como ambas as comunidades eram equivalentes em força, seus reis compreenderam que não poderiam se enfrentar, pois se entrassem em guerra, ambas as cidades ficariam em risco de invasão e conquista pelos etruscos.

Dessa forma, o líder de Alba Longa apelou ao líder dos romanos, Túlio Hostílio, para resolver o conflito por meio da prática comum de selecionar heróis de cada cidade para lutar em nome de seus povos. Assim, em vez de arriscar todos em uma batalha campal, concordou-se que a disputa seria entre os campeões romanos, os trigêmeos Horácios, e seus homólogos albaneses, os trigêmeos Curiácios.

Como em quase todas as guerras antigas, a liberdade de todos estava em jogo. Os dois grupos de trigêmeos antagônicos se prepararam para entrar em um combate de vida ou morte com convicção e grande coragem.

Os trigêmeos romanos, os Horácios, conseguiram ferir os trigêmeos de Alba Longa no início da luta. No entanto, os Curiácios eram terrivelmente ferozes e conseguiram matar dois dos trigêmeos romanos.

Com a morte de seus dois irmãos, a situação do único romano sobrevivente, Públio Horácio, era desesperadora. Agora, o romano estava sozinho contra os três irmãos Curiácios. A única boa notícia para os romanos era que o irmão sobrevivente não estava ferido. Por outro lado, os trigêmeos de Alba Longa estavam feridos, cada um com diferentes graus de gravidade.

Estando claramente em desvantagem, o romano Públio Horácio optou por não tentar atacar frontalmente os três inimigos e decidiu fugir. Públio correu por sua vida e por Roma. Graças ao fato de não estar ferido, ele conseguiu abrir distância entre os três irmãos que o perseguiam. Como os guerreiros de Alba Longa estavam feridos em diferentes graus, eles acabaram se dispersando durante a perseguição. Aquele que estava menos ferido quase alcançou Públio, mas o mais ferido estava muito atrás. No meio do caminho vinha o Curiácio cujo ferimento era de gravidade moderada.

De repente, Públio diminuiu sua velocidade e viu que os três guerreiros inimigos já estavam dispersos devido às suas diferentes feridas. Públio virou-se e lançou um ataque furioso contra o primeiro dos irmãos Curiácios que vinha atrás dele. Como Públio não estava ferido e seu adversário sim, ele conseguiu matá-lo. Os espectadores romanos, que momentos antes estavam certos da derrota, começaram a aplaudir freneticamente, enquanto os cidadãos de Alba Longa começaram a gritar para os dois Curiácios restantes se reagruparem. Mas antes que pudessem se unir e concentrar seu ataque, Públio aproveitou a dispersão dos dois irmãos restantes e alcançou o segundo. Como o guerreiro romano não estava ferido, ele conseguiu matar o segundo dos Curiácios, enquanto o terceiro e último guerreiro de Alba Longa mal se aproximava.

Públio ainda teve tempo de descansar alguns minutos enquanto o último Curiácio chegava exausto devido às suas feridas e à perseguição. O último dos trigêmeos de Alba Longa já estava desanimado ao ver seus dois irmãos morrerem, mas, ferido e exausto, enfrentou o romano com grande bravura. Públio Horácio ainda estava forte e, agora com mais confiança, matou o último dos irmãos Curiácios. Essa vitória surpreendente deu a Roma o domínio sobre Alba Longa.

Reflita sobre esta história, pois com o conhecimento de Estratégia que já possui, poderá facilmente identificar o Princípio Estratégico Essencial e os quatro axiomas que já vimos até este momento. Estratégia não se trata de atacar frontalmente ou de "pensar em grande". Estratégia trata-se de saber pensar e saber agir.

Os romanos precisaram pagar um preço muito alto para aprender as lições de Estratégia de Aníbal. Pois logo após as lições e os conselhos de Fábio Máximo, após as derrotas[29] infligidas a Cipião, Longo e Flamínio, e após a experiência de Minúcio, os romanos escolheram novos cônsules e um deles continuava pensando da maneira tradicional romana. Em agosto de 216 a.C., o cônsul Caio Terêncio Varrão atacou Aníbal de frente com o maior exército romano já visto desde a fundação de Roma, e mais uma vez foram derrotados. Desta vez, na Batalha de Canas[30], onde praticamente dezesseis legiões foram cercadas e aniquiladas. Mas assim como também aconteceu com James Stockdale, os romanos, novamente com a ajuda de Fábio Máximo, convenceram-se de que poderiam ser invencíveis a longo prazo se apenas conseguissem utilizar a razão. Finalmente, souberam transformar suas maiores tragédias em seu maior aprendizado e, posteriormente, possuindo o conhecimento de Estratégia, tornaram-se um império.

> Não pretendamos que as coisas mudem se sempre fizermos o mesmo. A crise é a melhor bênção que pode acontecer às pessoas e aos países, porque a crise traz progresso. A criatividade nasce da angústia, assim como o dia nasce da noite escura. É na crise que nascem a inventividade, as descobertas e as grandes estratégias. Quem supera a crise supera a si mesmo sem ser "superado". Aquele que atribui à crise seus fracassos e dificuldades violenta seu próprio talento e respeita mais os problemas do que as soluções. A verdadeira crise é a crise da incompetência. O problema das pessoas e dos países é a preguiça de encontrar saídas e soluções. Sem crise não há desafios, sem desafios a vida é uma rotina, uma lenta agonia. Sem crise não há méritos. É na crise que aflora o melhor de cada um, porque sem crise todo vento é carícia. Falar de crise é promovê-la, e calar-se na crise é exaltar o conformismo. Em vez disso, trabalhemos duro. Acabemos de uma vez por todas com a única crise ameaçadora, que é a tragédia de não querer lutar para superá-la.
>
> ALBERT EINSTEIN

---

[29] *Fábio Máximo renunciou à posição de ditador após seis meses, conforme estabelecido pelas leis de Roma.*

[30] *A batalha mais brilhante de Aníbal e a maior derrota de toda a história de Roma.*

Conhece-te a ti mesmo, concentra-te nas tuas fortalezas, ajusta os teus objetivos aos teus recursos, adapta-te às circunstâncias, escolhe o caminho menos esperado, busca a dispersão e não tentes ataques frontais. A isso os gregos chamavam Estratégia, e assim pensavam Alexandre, Aníbal, Júlio César e os outros grandes estrategistas escolhidos por Napoleão para fazerem parte da Mesa dos Grandes Comandantes.

A invencibilidade está na defesa;
a possibilidade da vitória, no ataque.

Sun Tzu

III. Das razões pelas quais Alexandre reclamou a Aristóteles

No capítulo 9, vimos a advertência sobre a obtenção e uso do conhecimento de Estratégia. Leia novamente, pois, tendo percorrido grande parte do caminho e conhecido tantos personagens, alguns dos quais se autodestruíram pelo mau uso da Estratégia, poderíamos entender melhor as razões pelas quais Alexandre havia reclamado de Aristóteles a decisão de ensinar abertamente em Atenas o conhecimento que ele e seus companheiros haviam aprendido de forma esotérica na Escola Real de Pajes da Macedônia.

Embora exista mais de uma razão para reclamar de Aristóteles, é provável que as preocupações de Alexandre naquele momento fossem de natureza geopolítica e geoestratégica. Sua reclamação se divide em dois motivos, mas o primeiro está manifesto na pergunta retórica de "como poderemos nos diferenciar dos outros em algum conhecimento se aqueles que recebemos de ti se tornam exotéricos, matéria comum a todos?". Está claro que seria melhor evitar enfrentar muitos adversários que conheçam os princípios que ele conhecia e dominava, porque com tal conhecimento, seus adversários teriam acesso à sua mente e, portanto, à possibilidade de "conhecê-lo".

Quando Memnon de Rodes[31], um strategos grego que servia aos persas e conhecia Filipe II e Alexandre, aconselhou os sátrapas no início da invasão macedônia, eles deveriam ter prestado mais atenção. Mas quando os sátrapas ouviram o conselho de Memnon de que deveriam evitar o confronto direto com Alexandre porque ele não era um "rapaz pretensioso", como eles queriam acreditar, mas sim um strategos jovem genial e corajoso, o orgulho persa o rejeitou e o acusaram de medroso e covarde.

---

[31] *Memnón de Rodes (380 a.C. - 333 a.C.) foi um strategos grego que serviu inicialmente ao sátrapa persa da Frígia Helespôntica, Artabazo II, e depois se tornou um adversário de Alexandre o Grande.*

No texto de Valerio Massimo Manfredi, o strategos Memnon oferece seu conselho aos persas e claramente podemos identificar a mesma racionalidade, inteligência e coragem que observamos em Fábio Máximo. Poderíamos dizer que, neste caso, Memnon seria o precursor de Fábio Máximo, os sátrapas persas dos senadores romanos e Alexandre, obviamente, era o modelo de Aníbal. Nas palavras de Valerio Massimo, Memnon de Rodes diz:

> "Alexandre está tentando nos provocar, mas eu acredito que seria melhor evitar um confronto frontal. Meu plano é o seguinte. Deveríamos [...] desaparecer de sua presença colocando terra queimada entre nós, sem deixar um único grão de trigo ou gole de água potável. Esquadrões de cavalaria leve teriam que realizar incursões contínuas contra as tropas que ele enviasse em busca de mantimentos ou forragem para os animais. Quando o inimigo estiver exausto de fome e cansaço, atacaremos com todas as nossas forças, enquanto um corpo expedicionário naval desembarca em território macedônio."

Os sátrapas rejeitaram a estratégia de Memnon porque envolvia um custo muito alto e o sacrifício de queimar seus campos e suas riquezas materiais. O sátrapa da Frígia decidiu partir e enfrentar Alexandre: "Vamos enfrentá-lo e rejeitá-lo. Esse Alexandre não passa de um rapaz pretensioso que merece ser duramente castigado."[32]

Se Memnon tivesse tido mais influência nas decisões dos sátrapas, Alexandre teria enfrentado muito mais dificuldades para vencer. Portanto, a primeira razão pela qual Alexandre enviou a carta de protesto a Aristóteles era o fato de que seria mais difícil derrotar adversários que conhecessem os princípios da Estratégia.

No entanto, existe outra razão pela qual Alexandre poderia, ou talvez devesse, ter reclamado de Aristóteles pela abertura do conhecimento esotérico.

Este segundo motivo é o mesmo que tem existido desde sempre para explicar por que alguns conhecimentos eram ensinados apenas de forma esotérica. O segundo motivo está ligado ao conceito mencionado por Jesus nas palavras de Mateus: "Não dêem o que é sagrado aos cães, nem joguem suas pérolas aos porcos, para que não as pisoteiem". Não lançar pérolas aos porcos sempre foi motivo para reivindicar a abertura de um conhecimento esotérico.

Este segundo motivo é muito mais relevante para nós, pois assim como este livro chegou às suas mãos e você está adquirindo o Conhecimento Secreto de Alexandre o Grande, e aprendendo a como utilizar esses princípios e axiomas para o seu progresso pessoal, também é verdade que existem outros

---

[32] *Valerio Massimo Manfredi, Alexandros.*

textos que afirmam ensinar estratégia, mas sem considerar as advertências que você viu aqui e nem as lições finais deixadas pelos personagens reais e históricos que observamos. Nesse sentido, o mais determinante não é conhecer "a maneira de agir para vencer", mas compreender os resultados que são gerados a médio e longo prazo quando se deixa guiar pelas fórmulas e ideias egocêntricas propugnadas por esses textos.

Sem a devida consideração pelas leis universais que regem a natureza, o conhecimento de estratégia é parcial, incompleto e antiético. O mais conhecido desses textos obscuros é provavelmente "O Príncipe", de Nicolau Maquiavel. Mas existem muitos textos modernos derivados de "O Príncipe" e que são escritos com o mesmo espírito amoral, ou até mesmo imoral, que levou tantos à autodestruição.[33]

É importante que estejamos cientes de que existe uma interpretação obscura da Estratégia e que essa interpretação é míope porque se baseia no interesse do praticante em obter ganhos egocêntricos e dominação sobre os outros. Essa interpretação obscura omite completamente a mais importante das dimensões da Estratégia, o Propósito, e não considera o conceito mais fundamental dos conceitos estratégicos, a Grande Estratégia.

Como vimos no caso de Marco Licínio Crasso, o mau uso da Estratégia, a ignorância e o desprezo pela Grande Estratégia levam à autodestruição. Primeiro vem a derrocada do incauto praticante do lado sombrio e depois, por ele ser o strategos, o líder, também vem a destruição ao seu entorno.

Devido a essa dinâmica há muito conhecida por todos os povos há milênios, os tribunos de Roma, conscientes do "crasso erro" que o arrogante Crasso estava cometendo e das consequências que seu ato de hubris desencadearia sobre todas as famílias romanas que haviam cedido seus filhos, maridos e pais para servir nas legiões do cônsul, saíram às ruas para amaldiçoá-lo. Enquanto o cônsul marchava em direção à sua aventura de tentar conquistar a Pártia, grandes e poderosas maldições foram proferidas em seu caminho. Tão poderosas eram essas maldições que diziam ser fatais, até mesmo para aqueles que as lançavam. No entanto, a provocação a Nêmesis por parte de Crasso, que buscava uma guerra apenas para aumentar sua própria glória, teria consequências tão graves e ao mesmo tempo tão previsíveis que os tribunos se encorajaram a proferir essas maldições em seu caminho como verdadeiros kamikazes metafísicos.

O Conhecimento Secreto de Alexandre o Grande, assim como muitos outros considerados esotéricos pelos gregos, exige um grande autoconhecimen-

---

[33] *Considerando os dois exemplos históricos mencionados anteriormente, o Tratado de Versalhes e a Primeira Guerra Púnica, ambos foram vitórias a curto prazo, mas grandes fracassos a médio prazo.*

to e requer muito do praticante para que não o interprete de maneira equivocada, não o utilize de forma parcial e termine causando autodestruição.

Este talvez seja o motivo mais importante e relevante para entender por que Alexandre poderia reivindicar de Aristóteles a abertura de um conhecimento esotérico.

IV. Aníbal e a ausência de uma Grande Estratégia

Aníbal Barca utilizou o Princípio Estratégico Essencial, as Cinco Sabedorias Estratégicas, sua criatividade, coragem, prudência, liderança e imensa resiliência para se vingar de Roma. Mas assim como seu pai Amílcar, que havia criado seus quatro filhotes de leão para destruir Roma, seu descendente, o "novo Alexandre cartaginês", havia baseado sua empreitada e seu objetivo de vida no ódio jurado a Roma. Tanto Amílcar quanto Aníbal estavam muito distantes de considerar a paz e a prosperidade como objetivos finais de suas empreitadas. Em outras palavras, Aníbal Barca não considerou uma Grande Estratégia porque o ódio o cegava. O grande ponto cego de Aníbal não era seu olho esquerdo infectado e arruinado durante a travessia dos pântanos do Arno, mas sim o fato de não compreender que a ausência de uma Grande Estratégia traria consequências impensáveis para Cartago.

Inicialmente, Aníbal foi a Nêmesis de Roma, já que estes haviam cometido hybris ao humilhar Cartago após a Primeira Guerra Púnica. Mas, no final, Aníbal acabou fracassando porque Fábio Máximo estava certo: os planos de Aníbal não eram sustentáveis a longo prazo e o objetivo do cartaginês era simplesmente destruir Roma.

A omissão de uma Grande Estratégia por parte de Amílcar e Aníbal foi, essencialmente, similar à omissão do Japão durante seu momento de loucura nacionalista antes e durante a Segunda Guerra Mundial. A ausência de uma Grande Estratégia acabou levando à destruição do Japão e também de Cartago. *Carthago delenda est.* "Além disso, opino que Cartago deve ser destruída", dizia um famoso senador romano mais de setenta anos depois, sempre que terminava um discurso no Senado.[34] Mais de sete décadas se passaram desde a decisão de Aníbal de atacar Roma, mas os romanos não se esqueceram.

É importante concluir a história de Amílcar e Aníbal Barca enfatizando que, apesar da genialidade estratégica de ambos nas quatro dimensões da Estratégia - Princípios Estratégicos, Inovação, Liderança e Sistemas Estratégicos - o simples fato de não terem um propósito transcendental, um propósito nobre ou um propósito "de acordo com a Natureza" (equilibra-

---

[34] *Catão, o Velho, também conhecido como Catão, o Censor (234 a.C. - 149 a.C.), foi um político, militar e escritor romano.*

do) significou, a longo prazo, a perda de tudo o que mais lhes era querido. Não é coincidência que algo semelhante tenha ocorrido com Crasso. Não se engane, lembre-se de que o strategos é uma poderosa mistura de saber pensar e bons valores, e se você tiver que escolher um, sempre fique com os bons valores.

Pois, depois que Roma venceu a Segunda Guerra Púnica, apesar das incríveis proezas de Aníbal, as legiões foram a Cartago vários anos depois para destruí-la completamente. Em 149 a.C., um exército romano sob o comando do cônsul Mânio Manílio desembarcou no norte da África com intenções de vingança. Os cartagineses, cansados de guerras, renderam-se e entregaram reféns e suas armas. No entanto, os romanos não haviam aprendido sua lição e estavam novamente dispostos a serem intolerantes e a cometer hybris, assim como haviam feito ao término da Primeira Guerra Púnica, durante o tempo de Amílcar Barca. Manílio exigiu que a cidade fosse completamente destruída e abandonada. Era novamente um ataque frontal.

Os cartagineses, nessa situação, não tiveram outra escolha a não ser se defenderem com todas as suas forças.

O que Filipe II teria feito? Ele teria perdoado Cartago e oferecido uma aliança comercial? Não é difícil imaginar que essa seria uma possibilidade para Filipe, que se orgulhava mais de seus conhecimentos de Estratégia do que de sua valentia em batalha.[35] O que Alexandre teria feito?[36] Mesmo sendo muito jovem, ele era capaz de fazer a paz com todos os seus inimigos a ponto de eles chegarem a amá-lo. Para exemplificar essa magnanimidade, fundamental para a Grande Estratégia, não podemos esquecer que a rainha-mãe da Pérsia passou a amar Alexandre como se fosse seu próprio filho e, quando ele morreu, ela parou de comer de tanta tristeza e também faleceu. Em 326 a.C., o rei indiano Poro foi derrotado por Alexandre nas selvas do Punjab e, em seguida, recebeu uma oferta de amizade, a devolução (e ampliação) de suas terras e um tratamento real. Mas os romanos não eram assim. A cultura romana admirava o homem obstinado, irredutível e guerreiro. Ao ouvir a exigência do cônsul Manílio, os cartagineses mataram todos os itálicos presentes na cidade, ofereceram liberdade a todos os seus escravos em

---

[35] *Essa afirmação, já citada anteriormente, demonstra uma semelhança de pensamento e apreciação entre o pai Filipe II e seu filho Alexandre. A frase repetidamente citada de Alexandre, dizendo a Aristóteles que preferia se destacar pelo conhecimento do que pela grandiosidade de suas conquistas e poderes imperiais, tem a mesma conotação.*

[36] *Seus críticos talvez apontariam que o palácio de Persépolis foi incendiado devido à sua negligência, mas na realidade, uma bebedeira que termina com as cortinas em chamas não se compara com a exigência de destruir a cidade que os romanos estavam apresentando aos cartagineses.*

troca de que estes lutassem para defender a cidade, convocaram seus melhores estrategistas e pediram para enviar uma embaixada a Roma para ganhar mais alguns dias. Eles fecharam as portas da cidade, fortificaram os muros, se prepararam para resistir e se rearmaram com tudo o que puderam encontrar ou produzir.

O confronto que se seguiu foi de fortaleza contra fortaleza, dos romanos contra a Cartago fortificada, e durou dois anos. Finalmente, os romanos romperam as muralhas da cidade e, após uma luta encarniçada e horas de combates casa por casa, os cartagineses se renderam. Os quinhentos mil sobreviventes foram vendidos como escravos. Posteriormente, a cidade foi destruída e nivelada. O incêndio e a destruição da cidade duraram dezessete dias. Apenas ruínas restaram, e seu território foi declarado amaldiçoado.

Vimos que vários personagens históricos que possuíam parte ou até mesmo todo o Conhecimento Secreto de Alexandre desejaram usá-lo para obter mais poder, fama, reconhecimento ou simplesmente para se vingar. Todos eles terminaram suas vidas de maneira triste, derrotados e destruídos, por um motivo ou outro. O próprio Napoleão, aquele que orgulhosamente homenageava os Grandes Comandantes da Antiguidade, acabou sendo derrotado por seu próprio ego e exilado em uma ilha no meio do Oceano Atlântico, ficando sabendo que sua querida Mesa havia sido presenteada ao rei George da Inglaterra. Os sucessores de Alexandre, com exceção de Ptolomeu, todos morreram de maneira violenta ou traídos.

Ptolomeu, um dos jovens que estudaram com Alexandre na Escola Real de Pajens da Macedônia, foi o único dos sucessores que soube ajustar seus objetivos aos seus meios, ser moderado e não pretender ficar com todo o poder que havia sido conquistado por Alexandre. [37]Ptolomeu foi o único que morreu em seu leito e velho.

Talvez agora entendamos melhor por que Sun Tzu escreveu suas tábuas recorrendo a uma linguagem metafórica e claramente esotérica, e com grande sabedoria afirmava que a suprema arte, a mais excelente do seu método, era vencer sem lutar.

Mas estamos no século XXI e hoje em dia todo conhecimento está disponível de uma forma ou de outra. Tudo é "exotérico" e muito poucos conhecimentos permanecem ocultos. Apesar de haver motivos muito válidos para que Alexandre mantivesse Aristóteles oculto há mais de dois mil anos, hoje, com a revolução digital e na era da informação, não se trata mais de esconder conhecimento, mas de expô-lo e explicá-lo com toda a clareza possível e com todos os avisos necessários.

---

[37] *Quando questionado sobre quem deveria sucedê-lo, Alexandre aparentemente respondeu "o mais forte", uma resposta homérica que levou ao seu império ser dividido e disputado por seus generais conhecidos como os diádocos ou "sucessores".*

Porque, enquanto alguns desejam confundir e promovem falácias, meias verdades, fórmulas mágicas ou pílulas douradas, e outros promovem versões obscuras de Estratégia sob o nome de "A Arte da Guerra", "As Leis do Poder", maquiavelismo amoral e similares, para vender e enriquecer, é fundamental que se exponha o verdadeiro significado holístico de Estratégia e Grande Estratégia. O que esses promotores das versões obscuras, parciais, mal compreendidas ou simplesmente maquiavélicas não contam é que todas elas falharam a longo prazo.

Nenhuma dessas versões se torna Sabedoria. Se você olhar ao seu redor, é provável que perceba que homens ambiciosos e egocêntricos se aproveitam do conhecimento que chamam de "estratégia" para buscar seus benefícios a curto e médio prazo. Não os imite, esteja ciente de que a única boa Estratégia, aquela que lhe servirá para ser feliz e obter a experiência plena da vida, é aquela que busca como resultado final a paz, a prosperidade e a plenitude de seu propósito pessoal.

A afirmação de Sun Tzu de que a maior arte da Estratégia é vencer sem lutar é pura sabedoria.

Assim, a conclusão mais sábia é que a Natureza não recompensa o mal. A Natureza não favorece e não recompensa o egocentrismo e muito menos o ódio. A Natureza tende ao equilíbrio, à cooperação e também ao necessário ajuste para alcançar a justiça. Porque a sabedoria é o meio entre dois extremos e "nada em excesso" é a síntese de tudo.

Lembre-se da paráfrase a Schwarzkopf: "O strategos é uma poderosa combinação de 'saber pensar' e 'bons valores'. Mas se você deve escolher um, sempre fique com os bons valores." Utilize o conhecimento que está adquirindo para fazer o bem, para equilibrar sua vida, para alcançar seus objetivos nobres, para estimular sua inovação, para aumentar sua resiliência, para ajudar os outros, para elevar sua comunidade, e você terá um sucesso maior do que imagina.

O rei Ciro, o Grande, fundador do Império Persa, foi um dos poucos imperadores da antiguidade amados e respeitados por todos. Até mesmo seus inimigos, os gregos, o admiravam, e certamente Alexandre, assim como muitos reis, o tomaram como exemplo. Ciro dizia que o "maior conhecimento deve causar uma expansão em generosidade, bondade e justiça. Somente aqueles perdidos na escuridão veem o aumento do conhecimento como uma oportunidade para aumentar sua ganância".[38]

Nisso, o grande Aníbal Barca falhou.

---

[38] *Xenofonte, A Ciropédia. A Ciropédia é considerada uma mistura de história e ficção, e seu objetivo principal é transmitir lições morais e políticas através da figura de Ciro. Embora a obra não seja considerada um relato histórico preciso, ela teve uma influência significativa no pensamento político e militar da época.*

V. Uma conhecida anedota

Não poderíamos deixar passar a oportunidade de refletir sobre um encontro pessoal final entre dois dos Grandes Comandantes da Mesa de Napoleão, ainda mais porque eles foram grandes antagonistas e fazem parte de nossa jornada.

No final de sua vida, Aníbal se encontra novamente na cidade de Éfeso com o único romano que o havia derrotado. A anedota foi registrada por Tito Lívio, Apiano Alexandrino e Plutarco. Trata-se de um diálogo entre Cipião Africano, o maior strategos de Roma, e Aníbal, sobre quem teria sido o melhor estrategista da História.

Abaixo, no diálogo, apresento as versões dos historiadores mencionados:[39]

Durante a reunião que tiveram em um ginásio, Cipião pergunta a Aníbal quem, em sua opinião, teria sido o maior estrategista de todos os tempos

Aníbal disse a ele:

— Alexandre da Macedônia.

Cipião concordou a respeito, considerando também Alexandre o melhor, e lhe perguntou novamente quem seria o segundo, após o macedônio. Aníbal respondeu:

— Pirro de Epiro, pois não é possível encontrar alguém mais extremamente valente do que esses dois reis.

Embora isso já incomodasse Cipião, ele perguntou novamente a quem concederia a terceira posição, esperando que pelo menos o escolhesse em terceiro lugar. Mas Aníbal disse:

— A mim mesmo, pois ainda jovem conquistei a Ibéria e fui o primeiro, depois de Hércules, a atravessar os Alpes com um exército. E após invadir a Itália, sem que nenhum de vocês tivesse coragem de me impedir, destruí quatrocentas cidades e coloquei a luta às portas da própria capital, sem receber ajuda econômica ou militar de Cartago.

Ao perceber que o romano estava quase ofendido, Aníbal disse:

— Eu, por minha vez, me colocaria à frente de Alexandre.

Ao dizer isso, Aníbal honrou Cipião, já que o romano havia derrotado um strategos que se considerava quase superior a Alexandre.

Se houvesse um conselho inspirado nos de Memnon de Rodes e de Fábio Máximo, que falasse sobre a Grande Estratégia, seria este:

Não se engane. Estratégia não é a arte da guerra, estratégia é a arte de pensar bem. Considere o bem. Se você não considerar a Grande Estratégia, a própria Natureza se encarregará de destruir seus planos. A Natureza não tem pressa, mas alcança tudo. Pense e avalie corretamente o seu destino.

---

[39] *Apiano de Alexandria foi um historiador greco-romano, autor de uma obra intitulada "História Romana". O décimo primeiro volume dessa obra, um dos poucos que se conservaram completos, relata a anedota entre Aníbal e Cipião. Apiano é conhecido por suas descrições detalhadas dos eventos históricos e sua obra abrange um período abrangente da história romana, desde os primórdios até o final da República Romana.*

ESTRATÉGIA
O Conhecimento Secreto de Alexandre o Grande

Estátua de Fábio Máximo de Baptist Hagenauer no Grande Parterre de Schönbrunn, Viena.

24 - A Quinta Sabedoria Estratégica

I. Se falhou, não reinicie a ação da mesma maneira.
Se não funciona, aprende-se com os erros e tenta-se novamente.

Para colocar em prática os cinco axiomas que estão na área subaquática do nosso iceberg, o estrategista precisa usar a razão, desenvolver autoconhecimento (1SE), resiliência (2SE), inovação (3SE), desenvolver controle emocional (4SE) e, como veremos agora, adotar uma mentalidade de crescimento (5SE).

A Quinta Sabedoria Estratégica (5SE) completará o sistema de pensamento que sintetiza a forma de pensar e agir de Alexandre e dos Grandes Comandantes da história.

Lembre-se de que a Estratégia é uma arte racional e os axiomas são óbvios porque refletem a realidade e a natureza das coisas. Portanto, sendo assim, não é necessário ser um Aníbal, um Alexandre ou um Napoleão para pensar de forma estratégica e seguir a lógica da Quinta Sabedoria Estratégica (5SE) que diz: "Se falhou, não reinicie a ação da mesma maneira".

Neste capítulo, compartilharemos uma análise um pouco mais profunda deste quinto axioma, pois será a compreensão do que está "oculto" que poderá lhe proporcionar maior possibilidade de crescimento e transformação.

Quando Basil Liddell Hart analisou as batalhas mais importantes e significativas da história ocidental, ele não se preocupou em aprofundar as crenças que determinavam o pensamento de Alexandre e dos Grandes Comandantes que Napoleão havia recomendado estudar para descobrir o Segredo da Estratégia. O trabalho do estrategista inglês concentrou-se mais em observar, identificar e aprender como eles haviam pensado e agido no campo de batalha e, a partir disso, extrair conclusões sobre o que é e como se pensa em Estratégia.

No entanto, neste capítulo, veremos uma maneira muito específica de pensar e que você precisa compreender e adotar se quiser ter sucesso. Porque nenhum dos Grandes Comandantes, e nenhum bom estrategista da história, era teimoso e obstinado o suficiente para vencer apenas pela simples repetição de suas ações. Pelo contrário, os grandes estrategistas são indivíduos que adicionam inovação e criatividade à resiliência.

Albert Einstein definiu a loucura como o ato de "fazer a mesma coisa repetidamente e esperar resultados diferentes". Essa definição é importante porque nos ajudará a lembrar a racionalidade da Quinta Sabedoria Estratégica (5SE).

Como vimos, a Segunda Sabedoria Estratégica lembra ao estrategista que nenhum plano resistirá ao contato com o inimigo e, portanto, será necessário se adaptar às circunstâncias. No entanto, é a Quinta Sabedoria Estratégica que indica ao estrategista como prosseguir caso a ação tenha falhado.

Quando o plano "não resistir ao contato com o inimigo", o estrategista conseguirá reiniciar as ações fazendo alguma mudança, pois, caso contrário, estaria agindo como um louco que repete a mesma ação esperando um resultado diferente. Infelizmente, esse comportamento repetitivo não é tão raro e não é exclusivo de pessoas com sérios problemas psicológicos. O psiquiatra e especialista em liderança Manfred Kets de Vries afirma que, em seus longos anos de prática, tratou muitas pessoas inteligentes, incluindo executivos brilhantes, que, sem estarem cientes, ficaram presas em suas antigas formas de interagir e começaram a adotar uma forma de pensamento mágico: acreditavam que fazendo a mesma coisa repetidamente, obteriam um resultado diferente.[40] Mais uma vez, o autoconhecimento é a única coisa que pode ajudar o indivíduo a identificar esse tipo de comportamento em si mesmo e, somente então, ele terá a possibilidade de tentar modificá-lo.

Podemos ilustrar a Quinta Sabedoria Estratégica com a clássica história do inventor americano Thomas Alva Edison. Raramente percebemos que o primeiro passo desse inventor, cientista e empresário foi conceber a ideia de produzir luz sem provocar uma combustão. Essa ideia por si só representava uma enorme mudança de paradigma, pois até aquele momento (cerca de 1879), a luz só era produzida por meio da queima de madeira, fósseis e óleos. O simples fato de pensar em produzir luz sem combustão já parecia absurdo e evidentemente impossível para os contemporâneos de Thomas Edison.

No entanto, o professor Edison estava convencido de que sua ideia era viável e iniciou os testes. O processo foi longo e todos os testes iniciais falharam. Edison já havia tentado cinquenta vezes e falhado em cada oportunidade, mas não se desanimou. No entanto, depois de quinhentos testes fracassados, o professor Edison, que já era conhecido, embora ainda não tão famoso, chamou a atenção do público. A curiosidade das pessoas por suas ideias não era tão grande quanto a curiosidade de ver o homem que aparentava ser um louco tentando algo impossível e que já havia falhado centenas de vezes. Quando lembramos desse inventor nos dias de hoje, costumamos associá-lo à perseverança, mas em sua época muitos o consideraram excêntrico ou simplesmente louco. No entanto, Edison entendia que em qualquer processo de inovação é preciso ter muitas ideias e que a maioria delas não será "boa". Como inventor, ele sabia que nenhuma grande ideia jamais nasceu pronta ou completa.

---

[40] *Isso aconteceu com os romanos e também pode acontecer conosco.*

Naqueles tempos em que Thomas Edison estava aplicando a Quinta Sabedoria Estratégica em seu grande projeto, um repórter de um jornal conhecido o entrevistou e perguntou se, após quinhentas tentativas e quinhentos fracassos, ele não se sentia desanimado. O repórter parecia insinuar que tantos fracassos indicariam que o processo deveria ser dado como encerrado.

O repórter ficou surpreso quando Edison explicou que ele não rotulava as tentativas falhadas como fracassos. Do seu ponto de vista, as quinhentas falhas forneciam informações valiosas e cada uma delas desempenhava sua função no longo processo de inovação. O inventor disse que agora conhecia quinhentas maneiras de como não fazer e, portanto, a cada dia estava mais perto de descobrir a maneira correta.

Esta é uma história conhecida e certamente inspiradora, mas gostaria de convidá-lo a observar a maneira muito específica de pensar que está por trás do que foi dito por Thomas Edison. Porque aqueles que observam apenas o "visível" nem sempre serão capazes de perceber quando o estrategista está no processo de aplicar a Quinta Sabedoria Estratégica. Longe de se desanimar com as aparentes falhas, o estrategista estará seguindo o processo natural de criatividade e inovação que qualquer estratégia exige. Será esse processo de criatividade que permitirá ter muitas ideias, boas e ruins, e eventualmente chegar à inovação.

Existem duas maneiras de ver o mundo e apenas uma delas é adotada pelos Grandes Comandantes, grandes cientistas, inventores e personagens positivos da humanidade. Essas duas maneiras diferentes de ver o mundo foram identificadas e conceitualizadas pela Dra. Carol Dweck, professora de psicologia da Universidade de Stanford.

II. Mentalidade de Crescimento vs. Mentalidade Fixa

Existem dois tipos de mentalidades e podemos adotar apenas uma delas em um dado momento. Ou temos a Mentalidade de Crescimento ou a Mentalidade Fixa.

Essa distinção foi feita pela doutora Dweck para explicar por que algumas pessoas conseguem crescer, superar seus desafios e sair transformadas de suas experiências, enquanto outras, em circunstâncias semelhantes, ficam frustradas, não crescem e permanecem sem mudanças ao longo dos anos. Esse estudo é muito relevante para compreender a Quinta Sabedoria Estratégica, pois nos dará a chave para entender como algumas pessoas conseguem perseverar de forma criativa diante das provações, enquanto a maioria tende a desistir após algumas falhas. Tudo dependerá da mentalidade que você adotar.

A Quinta Sabedoria Estratégica "se você falhou, não recomece da mesma maneira", lida primeiramente com o fato de que o *strategos* tentou e falhou. Muitas vezes, uma tentativa malsucedida é interpretada como um fracasso, e foi essa interpretação, que também era compartilhada pela doutora Dweck, que inicialmente a estimulou a iniciar seu trabalho de pesquisa sobre como os seres humanos enfrentam e lidam com o fracasso. No início de sua pesquisa, a Dra. Dweck interpretava as falhas como fracassos e em nenhum momento havia ocorrido a ela que existia outra maneira de interpretar uma falha. Isso mudou quando, no meio do trabalho de pesquisa, ela encontrou pessoas que pensavam de forma muito diferente.

Ao estabelecer grupos de teste nos quais os participantes eram submetidos a situações difíceis que inevitavelmente levavam à experiência de falhar, a pesquisadora não observou nada inesperado. Grande parte do grupo reagia evitando os desafios ou simplesmente se recusando a enfrentá-los após algum tempo. Para esses indivíduos, havia um limite para se sentirem humilhados, pois cada teste era um risco de humilhação, e cada falha era considerada um fracasso. Cada falha marcava o limite da capacidade pessoal do indivíduo. Consequentemente, após falharem algumas vezes, os participantes tendiam a desistir e, dessa forma, evitavam se expor a mais fracassos. Isso não surpreendeu a pesquisadora, pois ela já havia observado o mesmo sentimento e reação em si mesma e em outros colegas.

Mas a surpresa veio quando ela identificou outro grupo de pessoas que não reagiam ao fracasso da mesma maneira. Esse grupo, do qual ela não tinha consciência anteriormente, simplesmente não considerava as falhas como fracassos. Em vez de abandonar os testes e se desencorajar, esse grupo de pessoas sentia-se estimulado, até mesmo entusiasmado, com o processo de tentar e falhar. Esses indivíduos não tinham problemas com o fato de não alcançar o objetivo logo de primeira, e pareciam não esperar alcançá-lo na primeira ou segunda tentativa. Em vez de interpretar as experiências como falhas, eles as consideravam como lições. A doutora ficou ainda mais surpresa ao constatar que essas pessoas pareciam desfrutar e amar o processo de falhar várias vezes! Isso chamou muito a atenção da cientista e de sua equipe em Stanford, pois os participantes eram crianças pequenas e não tiveram tempo para adotar conscientemente uma maneira específica de ver o mundo.

Depois de anos realizando testes de todos os tipos, psicológicos e físicos, a doutora Carol S. Dweck chegou à conclusão de que existem dois tipos de mentalidades. Ela sintetizou essas duas "maneiras de ver o mundo" e as chamou de Mentalidade Fixa e Mentalidade de Crescimento.

As pessoas com Mentalidade de Crescimento, que haviam surpreendido a pesquisadora, são aquelas que acreditam que é natural que a inteligência e as habilidades se expandam e melhorem por meio do esforço. Para as pessoas com Mentalidade de Crescimento, as falhas são bem-vindas porque são consideradas parte de um processo natural e esperado de aprendizagem.

Por outro lado, as pessoas com Mentalidade Fixa acreditam que sua inteligência e habilidades são permanentes, imutáveis e não podem ser significativamente melhoradas. Com essa forma de pensar, é natural que considerem cada teste como uma situação estressante, onde sua única preocupação é manter sua autoimagem e evitar a sensação de humilhação que surge ao constatarem que seu nível de inteligência ou habilidade é limitado. As falhas são temidas e é natural que as pessoas com Mentalidade Fixa as evitem.Lembre-se de que grande parte das pessoas tende a pensar que precisam focar em suas fraquezas para tentar melhorá-las (em vez de se concentrarem em suas fortalezas). Se, além desse erro estratégico (veja o *Princípio Estratégico Essencial*), adicionarmos o fato de que muitos também adotam uma Mentalidade Fixa, então você pode imaginar que são muitos os que vivem focados em suas fraquezas, falhando, desistindo de tentar e depois se sentindo fracassados.

III. As duas maneiras de se ver a si mesmo

Após comprovar a existência dessas duas mentalidades, a Dra. Dweck observou ao longo dos anos que as pessoas com uma Mentalidade de Crescimento tinham alta autoestima, apesar das falhas e fracassos. Por outro lado, aquelas pessoas que adotaram uma Mentalidade Fixa tinham baixa autoestima, mesmo com menos falhas. A cada falha, as pessoas com Mentalidade Fixa se sentiam diminuídas e, para evitar serem julgadas, desistiam do processo. Essa maneira específica de pensar as levava a acreditar que, se falhassem, eram inúteis, que não eram inteligentes. É previsível que uma pessoa que pense dessa forma não tenha a coragem de recomeçar uma nova tentativa após falhar. Seria simplesmente muito pesado, muito humilhante e uma carga negativa desnecessária para a autoestima.

Se observarmos com atenção a Quinta Sabedoria Estratégica (5SE), podemos ver que com uma Mentalidade Fixa dificilmente alguém poderia ser um bom strategos, pois não poderia cumprir nem mesmo aquilo que já está assumido na 5SE: que o strategos não desistirá diante de uma falha.

Para cumprir a primeira parte da 5SE, aquela que implicitamente afirma que o strategos voltará a agir depois de ter falhado anteriormente, o indivíduo deve acreditar em si mesmo, deve compreender que a expansão da inteligência e das habilidades pessoais é parte de um processo natural.[41]

"Você deve acreditar em si mesmo."

- SUN TZU

---

[41]   *Nas últimas décadas, os cientistas descobriram que o cérebro humano tem uma capacidade muito maior de desenvolvimento contínuo do que se imaginava. O desenvolvimento da inteligência depende mais da intenção e esforço do que de algum tipo de base fixa com a qual se nasce.*

Mas acreditar em si mesmo não será suficiente. Porque o indivíduo pode ser corajoso para se recuperar após uma falha, mas se, ao reiniciar a ação, o strategos tentar exatamente da mesma maneira como falhou anteriormente, então isso não é Estratégia, é a definição de loucura proposta por Einstein.

Essa anedota de coragem e caráter, mas de total omissão da Quinta Sabedoria Estratégica, pode nos ser útil:

Em 1999, a Copa América de futebol foi disputada no Paraguai. Em uma noite fria de 4 de julho, na pequena cidade de Luque, as seleções da Argentina e da Colômbia jogavam uma partida da fase de grupos. Naquela noite, o jogador argentino Martín Palermo demonstraria que se pode ser corajoso e acreditar em si mesmo, mas que sempre é necessário considerar e seguir a Quinta Sabedoria Estratégica: Se falhou, não recomece da mesma maneira.

Logo no início da partida, aos 5 minutos, o árbitro marcou um pênalti a favor da Argentina. Martín Palermo, centroavante da seleção albiceleste, pegou a bola e encarregou-se de executar o pênalti. Palermo colocou a bola no ponto branco a doze passos do gol, afastou-se e esperou. Quando o árbitro autorizou a cobrança com um apito curto, Palermo correu e chutou forte a bola em direção ao centro do gol, no alto. A bola subiu, raspou na trave e voou para fora. Não é tão comum, mas são coisas que acontecem no futebol.

No início do segundo tempo, a Argentina perdia a partida por 1 a 0 e não conseguia marcar gols, até que, aos trinta minutos, o árbitro marcou outro pênalti a favor da Argentina. Desta vez, o técnico Marcelo Bielsa indicou que outro jogador que não Palermo executasse o pênalti. Bielsa quis aplicar a Quinta Sabedoria Estratégica, mas Palermo, com muita coragem e confiança em si mesmo, pegou a bola e encarregou-se de executar o pênalti. Palermo colocou a bola no ponto branco a doze passos do gol, afastou-se e esperou. Quando o árbitro autorizou a cobrança com um apito curto, Palermo correu e chutou forte a bola em direção ao centro do gol, no alto. A bola subiu, desta vez nem raspou na trave e voou para fora... É muito raro, mas são coisas que acontecem no futebol.

Imagine a sensação de ser um jogador profissional selecionado como o mais adequado para marcar os gols para sua seleção nacional e falhar em dois pênaltis seguidos em uma partida da Copa América! Três minutos depois, a Argentina estava perdendo por 2 a 0.

Menos de quinze minutos depois, quando a partida já estava perto do fim, o árbitro marcou um terceiro pênalti a favor da Argentina. Nesta terceira ocasião, o técnico nem teve tempo de intervir e indicar que outro jogador executasse o pênalti. Martín Palermo, com muita coragem e confiança em si mesmo, pegou a bola e encarregou-se de executar o pênalti. Palermo colocou a bola no ponto branco a doze passos do gol, afastou-se e esperou. Quando o árbitro autorizou a cobrança com um apito curto, Palermo correu e chutou forte a bola em direção ao centro do gol, no alto. A bola subiu, o goleiro colombiano parecia adivinhar para onde iria a bola e a desviou sem muita dificuldade. A Argentina perdeu a partida por 3 a 0.[42]

Lembre-se que é fundamental para o estrategista acreditar em si mesmo e que com uma Mentalidade de Crescimento ele poderá interpretar as falhas como lições e não como fracassos. No entanto, ao reiniciar a ação, não deve fazê-lo da mesma maneira.

Conheça a si mesmo, conheça suas forças e fraquezas. Foque em suas forças, ajuste seus objetivos aos seus recursos e busque a oportunidade (a dispersão). Adapte-se às circunstâncias, mas não esqueça seu objetivo. Escolha o caminho menos esperado, mantenha o controle emocional e evite ataques frontais. Procure o caminho de menor resistência e, se falhar, retome a ação tentando novamente de outra maneira.

Com seus anos de pesquisa, a Dra. Carol S. Dweck demonstrou que ao adotarmos a Mentalidade de Crescimento, não apenas mudamos o significado do fracasso, mas também mudamos a interpretação que damos ao esforço. Para aplicar a Quinta Sabedoria Estratégica, é necessário adotar uma Mentalidade de Crescimento e entender que o caminho à frente é um processo que exigirá paciência, esforço e criatividade. Roma não foi construída em um dia, e os romanos precisaram, assim como Palermo, de três derrotas antes de considerar mudar.

Sou o mestre de mil derrotas.

BOB FISHER, LENDÁRIO CAMPEÃO MUNDIAL DE XADREZ

IV. Da Mente Fixa para a Mente de Crescimento - uma transição possível?

Se você já possui uma Mentalidade de Crescimento, a Quinta Sabedoria Estratégica será clara e até mesmo óbvia (como convém a um axioma). No entanto, se você possui uma Mentalidade Fixa, isso pode parecer menos intuitivo e até mesmo pode duvidar que um ser humano possa mudar e progredir além de sua capacidade presente ou inata. Independentemente da sua mentalidade, será natural para você acreditar no que acredita. Pessoalmente, acredito que mudar de mentalidade também é um processo, mas para que essa mudança ocorra, é fundamental que o indivíduo responda inicialmente a duas perguntas:

A primeira é: Você acredita que se nasce com uma Mentalidade de Crescimento ou acredita que ela é adotada? Essa pergunta é semelhante à

---

[42] *A Martín Palermo aconteceu algo semelhante ao que aconteceu com Roma (guardando as devidas proporções) contra Aníbal. Três vezes, Cipião, Longo e Flaminio atacaram Aníbal da mesma maneira e três vezes foram derrotados.*

segunda e mais conhecida: Você acredita que uma pessoa nasce líder ou se torna líder? Embora ambas as perguntas sejam pessoais e, portanto, cada indivíduo terá sua própria opinião, há apenas uma resposta que poderíamos considerar correta em qualquer situação.

Imagino que, se você está lendo este livro e chegou até aqui, você seria daqueles que acreditam que o ser humano pode aprender, mudar e evoluir. No entanto, essa não é a resposta mais correta, porque a realidade é que existem muitos casos de pessoas que parecem não evoluir. Para refletir sobre a única resposta correta para essa pergunta, convido você a conhecer o mito da Esfinge. Esse mito nos revelará qual é a resposta mais adequada para essas duas perguntas muito similares.

No mundo antigo, a Esfinge era uma criatura mitológica com cabeça humana e corpo de leão, que guardava os caminhos e as entradas dos templos. A versão grega chamada Esfinge (Σφίγξ), mais malévola do que sua contraparte egípcia, possuía cabeça de mulher e asas. Como toda história mitológica, essa também está repleta de símbolos e arquétipos. Se você observar atentamente a mensagem oculta por trás da história, logo perceberá qual é a resposta correta para as duas perguntas. A Esfinge era um ser de grande violência e tremenda força. Segundo conta Hesíodo, um desses animais mitológicos havia chegado à cidade de Tebas e decidiu se sentar na entrada da conhecida polis beócia. A partir de então, as pessoas não queriam mais passar pelo caminho que levava à cidade, porque a Esfinge selecionava aleatoriamente os viajantes e lhes propunha um terrível desafio.

— "Decifra-me ou morre!" - ameaçava a Esfinge ao infeliz viajante selecionado, que já não podia entrar na cidade nem voltar atrás sem antes responder ao monstro.

Imagine-se no lugar de um desses viajantes. Ao chegar em frente aos portões da cidade murada, você vê a enorme Esfinge grega e a reconhece como aquela que Hesíodo chamava de "a ruína dos cadmeus". Ela havia chegado "da parte mais distante da Etiópia" para causar terror em Tebas e arredores.

Nesse momento, você descobre que a Esfinge também havia sido enviada por Hera, a mesma deusa que havia enlouquecido Héracles[43] para que ele matasse sua própria família.

Você já está cansado da jornada e, ao ver a Esfinge, percebe que ela é exatamente como Apolodoro descreve, um monstro com rosto e busto de mulher, patas de leão, corpo de cão, cauda de dragão e asas de pássaro. Seu rosto é

---

[43]   *Heracles significa "Glória de Hera" ou, talvez mais precisamente, "A glória obtida por meio de Hera". A palavra "Heracles" é derivada da união das palavras gregas "Hera" (referindo-se à deusa Hera) e "kleos" (que significa glória ou fama). Como Heracles era considerado filho de Zeus e Hera, seu nome reflete sua conexão com a deusa Hera e a glória que ele alcançou por meio dela.*

pálido, a boca cheia de veneno, os olhos parecem brasas acesas e as asas estão manchadas de sangue. Você ouve alguém dizer que obviamente esta não é uma esfinge egípcia, já que as esfinges faraônicas são mais benignas e não parecem tão aterrorizantes. De fato, a esfinge que você precisa enfrentar é uma sphinx grega realmente terrível. Mas, como você vem de longe e caminhou várias semanas para chegar a Tebas, não pode mais voltar atrás. Tudo o que você deseja é chegar à cidade e descansar. No entanto, entre o seu descanso e o momento presente estão os portões da cidade, ao lado dos quais está a enorme esfinge de força titânica e enigmas complicados. Ela parece estar dormindo e você acredita que isso é bom.

Agora, preste atenção à Esfinge e ao seu enigma, pois é uma analogia que revelará a resposta que buscamos. Se você estivesse nessa situação, prestes a entrar em Tebas, mas com a possibilidade de ser selecionado pela Esfinge, a primeira pergunta para você seria: Você seria daqueles que se animariam a correr o risco e tentar passar? Se a resposta for não, então você fica do lado de fora de Tebas e não alcançará seu destino. Se a resposta for sim, você já demonstrou grande coragem, pois o risco é grande e você pode morrer ao tentar entrar na cidade. Ou talvez você seja apenas temerário, pois não conhece a esfinge. Mas, de qualquer forma, lá vai você, corajoso ou temerário.

À medida que você se aproxima dos portões, diminui o passo e tenta passar silenciosamente para não acordar a Esfinge. No entanto, ela abre um de seus olhos e te vê. O monstro se levanta, abre suas asas e com um sorriso de satisfação diz: "Decifra-me ou morres!"

Nesse momento, você não tem escolha. A Esfinge te selecionou. Você deve responder ao seu enigma e se der a resposta errada, será devorado. Mas se responder corretamente, não apenas viverá e alcançará seu destino, mas também derrotará a Esfinge, que será obrigada a se autodestruir.

O susto inicial e a possibilidade de morte o deixam mudo. Você fica esperando a pergunta, o enigma. A Esfinge sabe que pode perguntar o que quiser, então não espere que a pergunta seja a mesma feita a Édipo, ou a Odisseu, ou a qualquer pessoa que tenha passado antes de você. A Esfinge é o arquétipo do seu inconsciente, não um monstro previsível que sempre faz a mesma pergunta.

A pergunta para você é: As habilidades e a inteligência do ser humano são fixas ou se expandem com o esforço?

Como acontece com as perguntas que vêm do inconsciente, a resposta que você der ao enigma definirá qual será o seu destino. Qual seria a sua resposta para a Esfinge?

Há aparentemente duas alternativas, mas apenas uma é a resposta correta. Independentemente da sua convicção pessoal, medite antes de responder.

Considere também que, sendo uma resposta de vida ou morte, você não deve esquecer que o mito da Esfinge esconde mensagens mais profundas do que aquelas que podem ser identificadas à primeira vista.

Imagino que você já tenha escolhido sua resposta antes e acredita que é óbvia. Já vimos que para aplicar a Quinta Sabedoria Estratégica, precisamos adotar uma Mentalidade de Crescimento, portanto, está claro que a resposta é positiva, que as habilidades e a inteligência podem se expandir com o esforço.

Com essa resposta em mente, você se dirige calmamente e confiante para a Esfinge e entrega sua resposta com voz clara e segura: "As habilidades e a inteligência do ser humano se expandem com o esforço!"

Agora, relaxado por ter tido a coragem de tentar passar e também a sabedoria para responder corretamente, você olha tranquilamente e orgulhosamente para a Esfinge. Um sorriso de satisfação se forma em seus lábios devido à certeza de que essa é a resposta correta.

Se essa foi a sua resposta, então a última coisa que você se lembrará é da imagem da Esfinge olhando de volta para você com um sorriso e dizendo claramente as seguintes palavras: "Você está certo."

Mas ao dar o primeiro passo para continuar seu caminho e entrar em Tebas, a Esfinge se lança sobre seu pequeno e frágil corpo e o destroça para depois devorá-lo. Você foi devorado até o último osso!

O que aconteceu? Não sabemos. São coisas da Esfinge. São enigmas e evidentemente a resposta não era a correta. Mas vamos supor que você tenha outra chance, afinal, seu encontro com a Esfinge é apenas imaginário.

Vamos tentar novamente. Agora você sabe que essa não era a resposta correta. Como você está chegando ao final do livro e conhece a Quinta Sabedoria Estratégica, você não se desanima. Você pede uma nova chance e aparece novamente diante da terrível Esfinge.

— "Decifra-me ou morres!" - novamente o horrível monstro te desafia como em um terrível déjà vu.

Agora você tem uma nova chance. Deve responder ao enigma e se errar mais uma vez, não alcançará seu destino desejado. Mas se responder corretamente, viverá e descansará.

A pergunta é a mesma: As habilidades e a inteligência do ser humano são fixas ou se expandem com o esforço?

Sendo uma pergunta binária e tendo uma segunda chance, a resposta correta parece estar clara. Agora, com total confiança, aplicando a Quinta Sabedoria Estratégica, você dá a resposta lógica: «As habilidades e a inteligência do ser humano são fixas!"

Você olha para a Esfinge com a certeza de que esta deve ser a resposta correta. Embora você mesmo possa discordar se tiver uma Mentalidade de

Crescimento. Mas não pode haver outra resposta. Novamente, um sorriso de satisfação se forma em seus lábios. Mas ao ver a Esfinge também sorrir, você fica inquieto.

Se essa foi a sua resposta, então a última coisa que você se lembrará é da imagem da Esfinge olhando de volta para você com um sorriso e dizendo claramente as seguintes palavras: "Você está certo."

E quando estiver pronto para partir e entrar em Tebas... a Esfinge se lança sobre você e o destroça para depois devorá-lo! Você foi destroçado pelas garras do monstro e devorado mais uma vez, até o último osso!

Mas como isso pode ser? O que aconteceu? Não sabemos. São coisas da Esfinge. São enigmas e evidentemente não era a resposta correta. Mas vamos supor que você tenha uma terceira e última chance.

Agora, sendo um strategos, ou pelo menos pensando que já era um antes de errar duas vezes, você insiste e pede uma terceira e última chance. Deve aplicar a Quinta Sabedoria Estratégica mais uma vez, mas agora não sabe qual é a resposta do enigma. Você repassa todas as Cinco Sabedorias Estratégicas e também o Princípio Estratégico Essencial. Chega até a pensar em Grande Estratégia e não encontra a resposta do enigma. Começa a perceber que a Esfinge, o arquétipo do Inconsciente, não é um animal tão simples como pode parecer inicialmente.

Na Grécia, afirmavam que a dieta das esfinges era composta por temerários e incautos que, subestimando-a, caíam em seus enigmas mortais. Mas, tendo sido devorado duas vezes, você agora deveria ter a resposta correta.

A pista para responder a esse enigma estava sobre o dintel do Oráculo de Delfos: "Conhece-te a ti mesmo" (γνῶθι σεαυτόν, gnóthi seautón). Esta é a síntese de toda a sabedoria e aqui você encontra a resposta ao enigma.

A única resposta que uma esfinge aceitaria como sendo a correta seria a verdadeira. E a única resposta verdadeira para a pergunta "As habilidades e a inteligência do ser humano são fixas ou se expandem com o esforço?" é:

— "Assim como você pensa, assim é!"

Porque se o indivíduo acreditar que suas habilidades e inteligência são fixas, e não pode desenvolvê-las nem expandi-las com esforço, então quando esse indivíduo encontrar dificuldades no caminho e enfrentar seus medos e desafios pessoais inevitáveis, quando descobrir suas limitações e fraquezas; e quando o caminho se tornar mais difícil do que antecipado, então ele se lembrará de que suas habilidades são fixas e limitadas, que ele é inteligente apenas até certo ponto. O indivíduo pensará assim e desistirá. Então, quando a esfinge perguntar se as habilidades e a inteligência são fixas ou se expandem com esforço, o viajante responderá que são fixas, e a esfinge ouvirá sua resposta e lhe dirá a verdade: "Você está certo", e o pobre será devorado.

Mas se o indivíduo acreditar que suas habilidades e inteligência podem ser desenvolvidas e expandidas por meio de esforço consciente e constante, então, quando encontrar dificuldades no caminho, seus medos e inseguranças, as exigências da disciplina e do esforço; quando o caminho se tornar íngreme, ele lembrará que sua inteligência se expandiu, que suas habilidades cresceram e que ainda poderá continuar crescendo, e que as falhas não importam porque não são fracassos, mas sim lições. Nesse momento, embora muitos desistam e fiquem para trás, esse indivíduo poderá recuperar a fé em si mesmo e continuará tentando mais uma vez, de maneira diferente. Então, quando a esfinge perguntar se as habilidades e a inteligência são fixas ou se expandem com esforço, o viajante responderá "sim, que se expandem com esforço", e a esfinge lhe dirá a verdade: "Você está certo" e também o devorará.

Será devorado porque esse indivíduo acreditou que sua resposta é válida para todos. Mas acontece que essa resposta é apenas válida para aqueles que acreditam que é possível, para aqueles que sabem que tudo é um processo e que o caminho para alcançar as virtudes mais valiosas e importantes exigirá esforço e constância.

Portanto, o primeiro passo para cumprir a Quinta Sabedoria Estratégica é ter a coragem de tentar novamente e depois ser criativo para fazê-lo de maneira diferente. Mas para superar efetivamente a esfinge, arquétipo do seu próprio inconsciente, coragem não é suficiente. A resposta que você tem dentro de si será válida apenas para você e determinará o seu destino. Guarde sua resposta para si mesmo, mas sempre responda à esfinge com a verdade.

— As habilidades e a inteligência... são fixas ou se expandem com o esforço?

— Assim como você pensa, assim é. Conheça a ti mesmo.

Édipo e a Esfinge, gravura, de acordo com Jean Auguste Dominique Ingres, MET.

25 - A Doma de Bucéfalo

A Doma de Bucéfalo por François Schommer (1850).

—"*Embora tenha morrido aos 33 anos, que nome ele deixou para trás!*"

NAPOLEÃO BONAPARTE

Durante a viagem, Bonaparte conversou sobre os guerreiros da Antiguidade, especialmente Alexandre, César, Cipião e Aníbal[44]. Bourrienne, seu secretário privado e biógrafo, perguntou qual ele preferia, Alexandre ou César.

— "Coloco Alexandre no primeiro lugar", disse Napoleão, "mas admiro a excelente campanha de César na África. No entanto, o fundamento da minha preferência pelo rei da Macedônia é o plano e, acima de tudo, a execução

---

[44] *Memórias de Napoleão Bonaparte, por Louis Antoine Fauvelet de Bourrienne. Capítulo XXXV.*

de sua campanha na Ásia...[45] Aqueles que são completamente ignorantes na Arte da Estratégia só podem culpar Alexandre por ter passado sete meses sitiando Tiro. Da minha parte, eu teria ficado lá por sete anos, se necessário", —comentou Napoleão.

Seu secretário, Louis Antoine F. de Bourrienne, confessava-se ignorante na Arte da Estratégia, mas admirava os planos engenhosos concebidos pela mente de Bonaparte e suas observações inteligentes sobre os Grandes Comandantes da Antiguidade e da era moderna. Certa madrugada, enquanto viajavam juntos em uma carruagem, o secretário quis saber mais motivos pelos quais Napoleão considerava Alexandre o maior estrategista da história. Bonaparte disse a ele que, além do cerco de Tiro, considerava a conquista do Egito e a jornada ao Oasis de Siwa como provas definitivas da genialidade de Alexandre na arte da Estratégia. Com interesse, Napoleão dava detalhes e explicações a Bourrienne sobre a maneira de pensar do jovem macedônio.

Passaram-se mais de dois mil anos desde a morte de Alexandre o Grande, mas Napoleão o escolheu para estar no centro da Mesa dos Grandes Comandantes. O maior comandante da história tem sido uma figura de fundo em nossa busca pelo Segredo da Estratégia e esteve presente indiretamente em vários trechos de nosso caminho.

Ao descobrir o significado original da Estratégia e sua natureza esotérica, falamos sobre seu pai, Filipe II, o homem rude e inteligente que reformou a Escola Real de Pajes da Macedônia, transformando-a em uma Escola de Estratégia, liderada pelo próprio Aristóteles. Leia-se a carta de Alexandre a seu antigo professor reivindicando o fato de ele estar ensinando abertamente em Atenas um conhecimento categorizado como esotérico e que anteriormente só havia sido ensinado a ele e a seus colegas na Escola de Estratégia em Pela e Mieza.

Também conhecemos Héracles, o herói a quem Alexandre considerava seu modelo e ancestral. Exploramos todos os níveis do iceberg metafórico que revelou os princípios da Estratégia que guiavam seu pensamento e encontramos um de seus maiores admiradores e emuladores, Aníbal Barca. No entanto, além dos discursos dados a suas tropas na Índia e na Babilônia, não compartilhamos nenhuma anedota específica de sua vida. Portanto, gostaria de terminar a jornada que percorremos juntos com uma das histórias mais conhecidas sobre Alexandre desde que Plutarco a registrou quase dois mil anos atrás.

---

[45] *Observa a admiração de Napoleão pela capacidade de realmente executar o que se pensa e se propõe. A sabedoria não está em conhecer, mas sim em ser capaz de executar o que se conhece ou sabe.*

Convido você a observar este último relato, a domesticação de Bucéfalo. Esta história é baseada na pena de Plutarco[46] e inspirada nas palavras e estilo narrativo de Valerio Massimo Manfredi.[47] Agora que você obteve o Segredo da Estratégia e conhece o Princípio Estratégico Essencial, as Cinco Sabedorias Estratégicas e a Grande Estratégia, convido você a observar a história com os olhos e a mente de um stratego. Identifique no jovem Alexandre as sementes da flexibilidade e resiliência da Segunda Sabedoria Estratégica, a inovação da Terceira, a prudência da Quarta, a criatividade da Quinta e o conselho final de seu pai, Filipe, pedindo-lhe que também considere a Primeira Sabedoria Estratégica.

Mas observe além do óbvio. Observe também do ponto de vista metafórico, porque essa história reflete o grande autoconhecimento e conexão com a natureza que Alexandre possuía. A domesticação de Bucéfalo é também uma metáfora para todos nós sobre a necessidade de domar nossa "besta negra", para que ela não seja um ponto cego em nossa Grande Estratégia.

Se observares com atenção, poderás ver que há outra maneira de domar as tuas "sombras" e integrar todo o ser. De forma indireta, aceitando a realidade e o fato de que as sombras podem nos assustar, mas se nos virarmos e olharmos para a grande luz, então poderemos descansar e confiar.

Isso ocorreu no ano de 344 a.C., quando Alexandre era uma criança de doze anos de idade. A Macedônia era uma terra montanhosa habitada por homens rudes, orgulhosos e amantes de cavalos. Em certo dia, um homem chamado Filônico, vindo da Tessália, terra dos mais renomados cavalos gregos, chegou ao reino de Filipe com a intenção de vender um magnífico cavalo negro de ébano, um exemplar notável da Tessália.

Naquela manhã, Alexandre ouviu gritos e relinchos que pareciam rugidos de uma fera, de uma quimera enfurecida. Ele abandonou suas tarefas na Escola Real e saiu correndo para ver o que estava acontecendo. O som agudo e assustador ecoava pelo ar, enquanto os moços e homens encarregados dos estábulos de Filipe gritavam e davam ordens em meio aos sons de cascos que pareciam ser feitos de bronze, fazendo a terra tremer.

Ao chegar ao campo aberto, onde seu pai e seus amigos observavam a besta que não podia ser controlada por cinco homens, Alexandre testemunhou a presença imponente de um magnífico garanhão negro. Coberto de suor reluzente, o cavalo erguia-se majestosamente sobre suas poderosas patas traseiras. Os jovens bravamente o cercavam, tentando enlaçá-lo e controlá-lo com cordas e rédeas. No entanto, o cavalo enfurecido desferia coices podero-

---

[46] *Plutarco, Vidas paralelas, "Alexandre".*
[47] *Valerio Massimo Manfredi, "Alexandros".*

sos, derrubando os cuidadores e arrastando-os por vários metros, fazendo-os engolir poeira e terra.

O enorme corcel ofegava, inspirava profundamente e soltava relinchos de ira, sacudindo sua longa e negra crina em meio à grande confusão.

Em momentos de pausa, o cavalo baixava a cabeça, respirava profundamente e batia o chão com uma das patas dianteiras. Uma saliva sanguinolenta cobria o lábio inferior do magnífico animal, que relinchava, sacudindo a cabeça e tensionando os músculos, pronto para dar um coice no próximo cuidador que ousasse se aproximar.

Filipe e seus amigos admiravam a beleza e a impressionante potência do animal. O rei já havia tentado domá-lo e mal havia conseguido sair ileso da tentativa. Sem desviar os olhos da besta, Filipe dirigiu-se a Filônico, perguntando pelo preço do cavalo. O comerciante tessálio respondeu treze talentos, um valor que era suficiente para adquirir uma dúzia de trirremes e que, certamente, tornava o cavalo o animal mais caro de toda a Grécia. No entanto, apesar de sua potência e porte formidável, o cavalo parecia completamente indomável para Filipe. Os experientes domadores não conseguiam acalmar o cavalo, e, tendo esgotado sua paciência, o rei ordenou que Filônico o levasse de volta à Tessália antes que matasse um de seus homens.

Ao ouvir isso, Alexandre, como se tivesse sido impulsionado pelo próprio espírito do cavalo, levantou-se e exclamou, com emoção transbordante:

— Não, por Zeus! Que magnífico cavalo estão perdendo por não terem o conhecimento e a coragem para lidar com ele!

O rei Filipe mal olhou para o filho e, a princípio, não disse nada. No entanto, o menino repetiu sua afirmação, demonstrando determinação, e seu pai, observando-o audaz e corajoso, respondeu:

— Criticas aqueles que têm mais anos do que tu, como se soubesses ou pudesses lidar melhor com o cavalo.

Alexandre, emocionado, respondeu novamente:

— Posso fazê-lo e melhor do que qualquer um!

O rei olhou para seu filho e viu um menino audaz e inteligente. Então, Alexandre pediu-lhe uma oportunidade para domar o cavalo.

— Qual será a consequência de tua temeridade se não conseguires domá-lo após ofenderes esses homens muito mais experientes do que tu? - perguntou Filipe, olhando para o menino e depois voltando-se para seus amigos que ouviam atentamente o diálogo entre o rei e seu filho.

— Por Zeus - disse Alexandre -, eu mesmo pagarei o preço completo do cavalo.

Todos começaram a rir, zombando da audácia do garoto, mas Filipe se voltou para os cuidadores e ordenou que se afastassem. Os moços obedeceram e soltaram as cordas com as quais tentavam controlar o animal, deixando-o ir embora. O cavalo se esticou, deu um último coice e afastou-se para o lado oposto.

Enquanto todos haviam tentado domar o cavalo da maneira tradicional, enfrentando-o com força, Alexandre observou atentamente as repetidas tentativas dos cuidadores e do próprio rei. O jovem príncipe, porém, enxergou além da natureza selvagem de Bucéfalo. Ele via o que ninguém mais conseguia ver. O jovem Alexandre tinha a certeza de que, ao abordar a situação de forma diferente, sem enfrentar o cavalo de maneira bruta, mas escolhendo um caminho inesperado, ele seria capaz de domar a enorme e poderosa besta negra.

O menino caminhou até onde o cavalo estava e segurou levemente a rédea que os cuidadores haviam deixado em seu grosso e poderoso pescoço. Ele sussurrou algo que ninguém, além do vento e do cavalo, ouviu. O cavalo parecia responder com um relincho e um bufido ardente. Alexandre sussurrou novamente algumas palavras e, segurando suavemente pelas rédeas, o guiou e o virou em direção ao sol, colocando-o de frente para a luz para que sua sombra desaparecesse diante dele.

Segundo relata Plutarco, ele percebeu que o cavalo ficava incontrolável apenas quando o sol estava atrás dele. Era, portanto, a sua própria sombra no chão, dançando de um lado para o outro, que assustava Bucéfalo. Alexandre agora podia vê-lo de perto, iluminado pela brilhante luz solar, e notou uma marca branca em sua testa grande e negra, bem no meio do crânio, em forma de estrela. A cabeça e o pescoço do animal eram poderosos como os de um boi.

— Bucéfalo - sussurrou Alexandre. Bucéfalo... "Cabeça de boi". Esse será o seu nome.

Ele se aproximou um pouco mais, quase tocando-o. O menino tinha percebido o que ninguém mais havia percebido e agora faria o que ninguém havia pensado em fazer. Ele conduziu o majestoso cavalo em direção à luz solar, fazendo com que seus olhos não vissem as sombras projetadas. E assim, como se tocado por uma magia divina, o cavalo se acalmou. Relinchou, erguendo a cabeça com orgulho, sacudindo a crina ao vento e inflando o peito poderoso. O menino, então, percebeu a permissão concedida pelo animal e suavemente se desfez de sua capa, deixando-a cair no chão como um leve suspiro. Seus olhos encontraram os olhos do cavalo, chamejantes de fogo, e ele saltou graciosamente sobre a garupa, sem qualquer dificuldade. Inicialmente tenso, Bucéfalo se acalmou quando o menino puxou levemente as rédeas, sem punições ou toques bruscos, transmitindo uma sensação de tranquilidade.

O rei Filipe e seus amigos, silenciosos e atônitos, testemunhavam a cena. Seus corações acelerados, aguardavam a explosão do cavalo e a iminente queda do jovem príncipe.

No entanto, o "garoto de Filipe" estendeu a mão e acariciou o pescoço do cavalo, sussurrando com ternura:

— Queres correr comigo? Queres correr?

Bucéfalo bufou, e Alexandre o virou, apertando suavemente o ventre do animal com seus calcanhares. Com um grito vigoroso, o menino exclamou:

— Vamos, Bucéfalo!

E assim, o magnífico garanhão, impulsionado pela ânsia de correr, lançou-se adiante, esticando seu reluzente dorso, estendendo a cabeça, as patas e a longa cauda negra como a noite sem lua. O som estrondoso de seus cascos ecoava como trovões, fazendo a terra tremer, anunciando o destino que juntos abalariam e silenciariam nações.[48]

O rei Filipe e seus amigos mal podiam acreditar no que testemunhavam. Por um momento, permaneceram em um silêncio tenso. No entanto, quando viram o menino dominando o cavalo com destreza e graça, irradiando felicidade e um sorriso radiante, todos os presentes explodiram em aplausos emocionados.

Alexandre trouxe Bucéfalo de volta e parou diante de seu pai, cujos olhos já estavam marejados de lágrimas. Filipe se aproximou, emocionado, e ajudou o garoto a desmontar. Abraçou-o com força, beijando-lhe a cabeça, e orgulhosamente, com lágrimas, proclamou em voz alta, para que todos ouvissem:

— "Meu filho, procure um reino digno de tua grandeza; a Macedônia não é grande o suficiente para ti!"[49]

---

[48] *"Et siluit terra in conspectu eius" ("e a terra silenciou em sua presença"). Macabeus, 1:13.*

[49] *Plutarco, Vidas paralelas, "Alexandre".*

Epílogo

> *Deves saber que os conhecimentos esotéricos, aqueles cuja publicação lamentas porque a partir de agora não permanecerão escondidos como segredos, nem estão publicados nem deixam de estar, pois estes serão compreensíveis apenas para aqueles que nos prestaram atenção.*
>
> ARISTÓTELES A ALEXANDRE

Duas décadas de contato direto com corporações globais, com o mundo das finanças e do marketing de consumo, despertaram em mim a clara impressão de que muitas pessoas ficaram involuntariamente presas a um sistema regido por um pensamento materialista que controla completamente a estrutura econômica e cujo objetivo final é envolver a pessoa em um jogo temporário que promete segurança econômica e reconhecimento às custas de suas almas, mentes e corpos.

É importante que esse conhecimento antigo, oculto por tanto tempo devido à tendência de ser usado para guerras, esteja disponível também para pessoas de boa vontade que saberão como utilizá-lo para evitar conflitos, fracassos, excessos e gerar paz interior e verdadeira prosperidade; um florescimento. Nossa atual obsessão e orgulho pelos avanços tecnológicos nos fizeram esquecer e desprezar a sabedoria do passado. A sabedoria que nos lembra com uma voz quase inaudível que a ciência da vida é a ciência suprema e a arte de viver, a melhor das artes. Essa antiga sabedoria do "nada em excesso" é aquela que pode salvar a humanidade do século XXI, porque é aquela que pode impedir que caiamos inadvertidamente no erro de cometer hubris. Se realmente desejamos ser livres e autônomos, não podemos continuar acreditando em um sistema que nos diz para usar nosso tempo de vida para acumular riquezas passageiras, buscar notoriedade fugaz e ambicionar poderes e prazeres superficiais.

A razão para dedicar vários anos à pesquisa e escrita desta obra tem sido o profundo desejo de contribuir de maneira significativa para aquelas pessoas que estão inconscientemente presas a uma forma de pensar que não lhes traz os resultados de que tanto necessitam e desejam. Em outras palavras, apresentar--lhes uma alternativa racional capaz de torná-las livres através da introspecção.

Assim como tem sido desde tempos imemoriais, o conhecimento da Estratégia continuará sendo um "segredo" para muitos e será transmitido como todos os segredos, de boca em boca, de estrategistas para estrategistas. Talvez agora seja mais fácil entender por que Alexandre expressava sua insatisfação a Aristóteles. Mas também é compreensível o desejo de seu professor de tornar público o "conhecimento secreto de Alexandre" em benefício de alguns, é verdade, mas também na tentativa de garantir que não se perdesse com o tempo. Apesar de seus esforços, muitos dos escritos de Aristóteles se perderam. Mas hoje em dia, independentemente das cartas históricas ou romantizadas de Alexandre que nos chegam de milênios atrás, o "conhecimento secreto" que ele não queria que fosse publicado deve estar disponível para aquelas pessoas que, devido à honestidade de seus motivos, sua boa vontade, paciência e esforço em melhorar a si mesmas, decidiram pensar de maneira diferente.

Seguindo a tradição dos conhecimentos exclusivos, chamados de "esotéricos" pelos gregos, este livro que acabaste de terminar não é para qualquer pessoa e "será compreensível apenas para aqueles que nos prestaram atenção". Existem certos níveis de conhecimento e introspecção que, devido às suas características intrínsecas, não estão ao alcance de todos. No entanto, tu já és uma das poucas pessoas no mundo que pode afirmar com certeza e confiança compreender os princípios e fundamentos da arte da Estratégia. Utiliza-os para continuar estudando, para continuar aumentando o teu autoconhecimento e transmiti-los apenas a pessoas de intenção pura e boa. Lembra-te do que foi dito por Ciro, o Grande: "maior conhecimento deve causar uma expansão na generosidade, amabilidade e justiça. Apenas aqueles perdidos na escuridão veem o aumento do conhecimento como uma oportunidade para aumentar sua ganância".

Se o Conhecimento Secreto de Alexandre o Grande, trouxe luz e gerou uma transformação positiva em ti, convido-te a tornar-te um portador da tocha e, quando tua intuição indicar, transmitir essa luz aos outros. Tens em mãos um caminho superior que oferece equilíbrio, liberdade e leva à paz e prosperidade para homens e mulheres de boa vontade. Recebeste os princípios e axiomas que estavam no cerne do conhecimento da Estratégia possuído por Alexandre, o maior dos líderes seculares da história universal e o único que verdadeiramente mereceu o título de Grande na arte da Estratégia, não apenas por ter sido invencível em todas as circunstâncias, mas também por ter pensado e vivido universalmente, como um verdadeiro e original habitante do Cosmos.

Espero sinceramente que este livro continue a servir-te como consulta e estudo, pois representa a experiência, a tradição e o enorme custo que o ser humano já pagou através da experiência individual e coletiva para saber como pensar e como caminhar em direção ao futuro. Essa sabedoria está dentro de nós, porque somos parte da Natureza e do todo. Boa viagem e com certeza nos encontraremos novamente no final da grande obra que é a tua vida e a minha. Enquanto isso, até que tenhas chegado ao fim, não te esqueças da tua Grande Estratégia!

> *"Certamente preferiria me destacar no conhecimento do que é excelente do que pela grandeza de minhas conquistas e poderes imperiais."*
>
> ALEXANDRE O GRANDE (328 a.C.)

Bibliografia

Ansoff, H.Igor (1965) *Estratégia Corporativa*.
Arriano, Lucio Flavio. *Anábasis de Alexandre*, Martin Hammond (trad.) Oxford World's Classics.
Ayrault Dodg, Theodore. *Hannibal: Uma História da Arte da Guerra entre Cartagineses e Romanos até a Batalha de Pidna, 168 a.C., com um relato detalhado da Segunda Guerra Púnica*.
Bacon, Francis. *Obras Completas* (Centaur Classics).
Bonaparte, Napoleão, *Manual do Oficial. Máximas de Guerra de Napoleão*. Forgotten Books (2018) (Edição em inglês de 1831).
Cássio Dio - *História de Roma*.
Diodoro Sículo, *O Reinado de Filipe II: As narrativas gregas e macedônicas*, Livro XVI.
Durant, Will. *A Vida da Grécia: A História da Civilização*, Volume 2.
Dweck, Carol S., Bernadette Dunne, et al. *Mentalidade: A Nova Psicologia do Sucesso*.
Fauvelet de Bourrienne, Louis Antoine, *Memórias de Napoleão Bonaparte*. Nova York, Charles Scribner's Sons, 1891.
Fox, Robin Lane. *Alexandre o Grande*. Penguin Books Ltd.
Freeman, Philip. *Alexandre o Grande*. Simon & Schuster.
Gabriel, Richard A. *Filipe II da Macedônia: Maior que Alexandre*, 2010.
Lane Fox, Robin. (2005) *O Mundo Clássico: Uma História Épica de Homero a Adriano* (Londres: Allen Lane).
Liddell Hart, Basil H. (1927) *Grandes Capitães Revelados* (W. Blackwood and Sons, Londres; Greenhill, Londres, 1989).
-----. (1954) *Estratégia, segunda edição revisada*, Londres: Faber and Faber, 1967.
-----. (1963) Prefácio para *A Arte da Guerra* de Sun Tzu de Samuel B. Griffith (Oxford University Press, Londres).
Plutarco, *Biografia de Crasso*.
Porter, M. E. (1980) *Estratégia Competitiva: Técnicas para Análise de Indústrias e Concorrentes*. Free Press, Nova York, 1980.
----- (1996) *O que é Estratégia?*. Harvard Business Review, Nov/Dez 1996.
Renault, Mary. *A Natureza de Alexandre*, Open Road Media.
Rumelt, R (2011) *Boa Estratégia/Má Estratégia: A Diferença e Por Que Isso Importa*, Crown Business.
Sun, Wu; Griffith, Samuel B. (trad.) (1963), *A Arte da Guerra de Sun Tzu*, Oxford University Press.
Wilcken, Ulrich. *Alexandre o Grande*. Hauraki Publishing.

Sobre o Autor

Manuel Bogado é o fundador da SIWA Strategy Oracle.

O autor é especialista internacional em Estratégia e Liderança, com mais de 25 anos de experiência em diferentes áreas do mundo corporativo, ONGs e governos. Economista de formação (Brasil - Mackenzie), possui mestrado em Diplomacia e Política Internacional com especialização no Oriente Médio. Estudou Pensamento Estratégico e Liderança na Harvard Business School e foi selecionado pelos governos do Japão, Inglaterra e Israel para desenvolver estudos relacionados à Estratégia e Liderança. Ocupou cargos de liderança em níveis local, regional e global em algumas das maiores corporações do mundo (como Nações Unidas, Johnson & Johnson, ABN AMRO, HSBC).

A natureza multinacional e multicultural de suas experiências, que incluem viagens para mais de 50 países e residências no Brasil, Paraguai, Estados Unidos, Inglaterra, Japão, França, Egito, Italia e México, o posiciona como "cidadão global". Suas fascinantes experiências de vida ao redor do mundo, conhecimento de história e culturas, espiritualidade e acuidade intelectual lhe deram uma habilidade rara de cativar o leitor e guiá-lo em direção a revelações profundas que desencadeiam uma transformação em seus processos de pensamento.

O autor desenvolveu ferramentas conceituais inovadoras, como os 4 Reinos da Liderança©, as 5 Dimensões da Estratégia©, as 5 Sabedorias Estratégicas©, o Triângulo SIWA©, a Pirâmide das Eras Estratégicas© e o Princípio Estratégico Essencial© para capacitar qualquer pessoa disposta a desenvolver as habilidades fundamentais de Estratégia e Liderança.

Atualmente, o autor reside com sua esposa, Alessandra, suas filhas e seus animais de estimação, em uma comunidade serena localizada ao longo da costa norte do Pacífico.

Se você estiver interessado em oportunidades de conferências ou mentoria individual em inglês, português, espanhol ou italiano, ou para qualquer outra consulta, visite seu perfil no LinkedIn para contatá-lo diretamente.

As oportunidades são limitadas, mas como ensina Sun Tzu: 'as oportunidades se multiplicam à medida que são aproveitadas'.

Contrate a palestra de Manuel Bogado e vivencie uma jornada única pela história, além de aprender estratégia e liderança! Escaneie o QR Code e fale com nossa equipe.

Made in the USA
Monee, IL
08 February 2025

10960804R00164